DESCRIPTION

DES

UNIFORMES

DES TROUPES COLONIALES

EN FRANCE ET AUX COLONIES

VOLUME ARRÊTÉ

À LA DATE DU 1ᵉʳ JANVIER 1910

PARIS

L. FOURNIER

ÉDITEUR MILITAIRE

264, Boulevard Saint-Germain

(En face du Ministère de la Guerre)

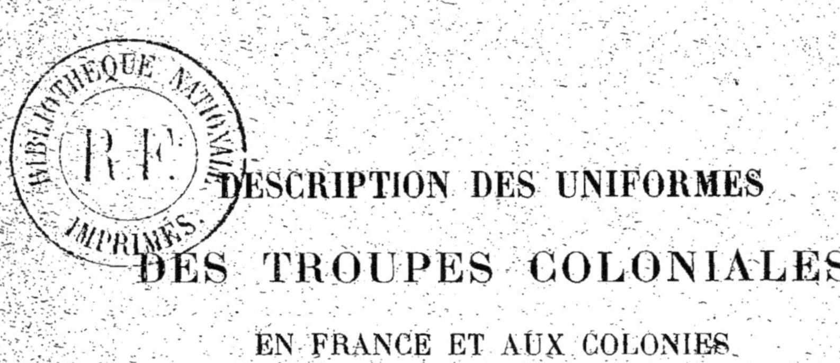

DESCRIPTION DES UNIFORMES
DES TROUPES COLONIALES
EN FRANCE ET AUX COLONIES

DESCRIPTION

DES

UNIFORMES

DES TROUPES COLONIALES

EN FRANCE ET AUX COLONIES

VOLUME ARRÊTÉ

A LA DATE DU 1er JANVIER 1910

PARIS

L. FOURNIER

ÉDITEUR MILITAIRE

264, Boulevard Saint-Germain

(En face du Ministère de la Guerre)

TROUPES COLONIALES

*Description des Uniformes des Troupes Coloniales
en France et aux Colonies*

Mise à jour jusqu'au 1er janvier 1910

Paris, le 30 septembre 1903.

PREMIÈRE PARTIE

OFFICIERS
ET EMPLOYÉS MILITAIRES SOUS-OFFICIERS

TITRE PREMIER

Modèles généraux à l'infanterie, à l'artillerie et aux divers corps des troupes coloniales.

CHAPITRE PREMIER

Habillement.

ART. 1er. — AIGUILLETTES.

Les aiguillettes sont en or ou en argent mat.

Elles se composent de deux nattes à trois brins, terminées chacune par un nœud et par un ferret ciselé, en argent doré ou en argent, selon les nattes, présentant à sa partie supérieure trois casques romains de forme antique traversés par une épée, et, sur la même ligne, à la partie inférieure, trois petites branches de chêne et de laurier. Ce ferret est surmonté d'un coulant en forme de couronne. Longueur du ferret seul : 60^{mm} ; hauteur du coulant : 12^{mm}.

Aux deux nattes, sont joints deux cordons redoublés, dont les

1

deux bouts sont réunis sous une patte en drap du fond de l'effet qui se fixe sur l'épaule.

La grosseur des cordons qui forme l'aiguillette est de 5^{mm} ; ils sont faits en cannetille.

Les aiguillettes présentent les dimensions suivantes :

	de la grande natte (y compris le ferret) . .	$1^m,00$
Longueur	de la petite natte (y compris le ferret) . .	$0,75$
	du grand cordon développé . .	$1,00$
	du petit cordon développé . .	$0,80$

Ces dimensions s'appliquent aux officiers de corpulence moyenne.

L'aiguillette se fixe sur l'épaule droite, sous l'épaulette, la contre-épaulette ou la patte d'épaule. L'un des deux cordons doubles et la natte la plus courte se rattachent au premier bouton de l'effet et pendent sur la poitrine. La plus longue des deux nattes, après avoir passé sous le bras, vient se rattacher au 2e bouton ; le bras droit est passé dans l'autre double cordon qui pend librement.

ART. 2. — CAPOTE EN DRAP AVEC PÈLERINE MOBILE A CAPUCHON.

Confectionnée en drap fin, dit cuir laine, bleu foncé. Doublée en plein, corsage et pans en satin de Chine fort (noir), sauf aux devants, qui sont parementés en drap du fond sur une largeur de 190^{mm} en haut et de 50^{mm} au bas. Ce parementage peut être de deux morceaux. Les manches sont doublées en satin de Chine noir.

Devants. — Le bord intérieur et celui qui se raccorde avec le dos sont taillés en ligne droite. Ils croisent sur la poitrine, au moyen de cinq gros boutons d'uniforme de chaque côté, également espacés entre eux d'environ 130^{mm}, selon la taille de l'officier, et dont le premier reçoit la pointe supérieure du revers. Boutonnières correspondantes.

La croisure est telle que, la capote étant boutonnée, les deux rangées de boutons forment deux lignes espacées de 160^{mm} en haut et 140^{mm} en bas.

La longueur des devants est telle que la capote tombe à 330^{mm} de terre, l'officier étant debout. Leur largeur est, pour les tailles moyennes, de 450^{mm} à la hauteur de l'emmanchure, de 470^{mm} à la ceinture et de 540^{mm} au bas. Dans chaque angle inférieur est pratiquée une boutonnière percée obliquement, parementée en drap et servant au besoin à rattacher les pans aux boutons de taille par derrière.

Dos. — Formé de deux pièces réunies par une couture verticale au milieu. Elle laisse au bas une fente de 540ᵐᵐ environ, selon la taille, se fermant à volonté au moyen de boutons noirs et de boutonnières pratiquées dans une sous-patte non apparente.

Le dos tombe comme le devant, à 330ᵐᵐ de terre.

Martingales. — A la hauteur de la taille, sont placées deux martingales en drap, doublées du même ; longueur apparente de chacune 240ᵐᵐ ; largeur 40ᵐᵐ, tête arrondie. Celle de gauche est percée de deux boutonnières espacées d'environ 120ᵐᵐ. Celle de droite porte deux petits boutons d'uniforme correspondants pour faire varier à volonté la largeur du dos. Une ouverture de 45ᵐᵐ laissée à la naissance des martingales permet de les retirer en dedans lorsqu'on n'en fait point usage.

Un gros bouton d'uniforme est solidement attaché près du pied de chaque martingale. La position de ces deux boutons, ainsi que des martingales, doit être réglée de manière que le ceinturon placé par-dessus la capote puisse, en cas de besoin, s'appuyer sur eux.

Collet. — Doublé du même drap souple et se rabattant sur l'encolure, avec un cran de 15ᵐᵐ à chaque extrémité. Hauteur totale : 80ᵐᵐ.

Le collet porte à ses angles l'attribut spécial à chaque arme ou service.

Manches. — D'une seule pièce, ronde du bas, sans fentes ni parements.

Largeur	en haut, à 100ᵐᵐ au-dessous de la couture supérieure d'emmanchure. . .	0ᵐ,280
des manches ployées	à la saignée.	0 ,250
en deux.	au poignet.	0 ,220

Poches. — Cette capote est garnie de six poches, savoir :

Au devant de gauche, à hauteur du 3ᵉ bouton, une poche plate dont l'ouverture extérieure horizontale est bordée d'une petite patte de 30ᵐᵐ de haut percée au milieu d'une boutonnière recevant un petit bouton d'uniforme qui ferme la poche ;

Au devant de droite, une semblable poche, mais dont l'ouverture, située en dedans du côté de la doublure, n'est point apparente ;

De chaque côté des devants, sur les hanches, une poche dont l'ouverture horizontale, de 190ᵐᵐ, est apparente au dehors. Elle se recouvre d'une patte volante de la même longueur et de 70ᵐᵐ de haut qui se rentre à volonté dans la poche ;

Derrière, et de chaque côté de la capote, à 25^{mm} en contre-bas du passage de la martingale, existe une double ouverture (hauteur 190^{mm}). L'une sert d'entrée à la poche et l'autre, indépendamment de la première, permet d'introduire la main sous le vêtement ; l'ouverture libre de gauche peut être utilisée pour le passage de la poignée de l'épée ou du sabre lorsque le ceinturon est agrafé sous la capote. Cette double ouverture, qui est une interruption dans la couture d'assemblage du dos avec les devants, est simplement garnie d'un parementage intérieur en drap du fond.

Boutons d'uniforme. — Formés d'une coquille plate en plaqué, or ou argent, sertie sur un culot plat en cuivre. La coquille est estampée de l'attribut spécial à chaque corps ou service.

Gros boutons.	{ Diamètre.	0^m,021
	Hauteur.	0 ,009
Petits boutons.	{ Diamètre.	0 ,015
	Hauteur.	0 ,007

Pèlerine mobile à capuchon. — Du même drap que la capote ; le capuchon seul est doublé comme celle-ci. Les deux pièces sont réunies à demeure par une couture à l'encolure. La pèlerine présente de chaque côté un cran de 30^{mm}. Les devants sont parementés en drap du fond sur la largeur de 60^{mm}. Un parementage circulaire, renforcé intérieurement par un droit-fil en toile, règne au-dessous de l'assemblage de la pèlerine et du capuchon (largeur 60^{mm}).

Une forte agrafe est cousue à l'encolure.

Le devant de gauche de la pèlerine est percé de quatre boutonnières en drap, dont l'une à 30^{mm} au-dessous du cran, les trois autres espacées de 140^{mm} pour recevoir quatre petits boutons d'uniforme, cousus sur le côté droit, à 40^{mm} en dedans du bord ; ces boutons ont les mêmes dimensions que les petits boutons de la capote.

Une petite patte volante en drap, doublée du même (longueur 100^{mm}, largeur environ 30^{mm}), est attachée, près du bord gauche du capuchon, à un bouton noir autour duquel elle pivote à volonté et va se rattacher par son autre extrémité à un second bouton noir placé à 75^{mm} au-dessus du premier.

Cette patte étant développée sert, au besoin, à fermer le capuchon sous le menton. A cet effet, un bouton correspondant est cousu à droite.

La longueur de la pèlerine est telle que son bord inférieur dépasse de deux centimètres l'extrémité de la main, les bras étant étendus le long du corps.

Les autres dimensions, pour une taille moyenne, sont les suivantes :

Développement à l'encolure (non compris les deux crans). $0^m,530$
—   sur les bords inférieurs . .   .   . 0 ,820
Hauteur du capuchon sur les bords du devant   .   0 ,420
Largeur à 50ᵐᵐ au-dessous de l'arête supérieure. .   0 ,380

Le port de la pèlerine est facultatif.

Art. 3. — Capote et manteau en caoutchouc.

Les officiers sont laissés libres de faire confectionner les capotes ou manteaux en tissu caoutchouté qu'ils ont la faculté de porter suivant le modèle et avec le tissu qui leur paraît le plus avantageux.

Toutefois, ces effets doivent toujours être de couleur noire et pourvus de boutons non métalliques également noirs.

Ils ne portent ni insignes de grade, ni numéro du corps ou attribut.

Le port de ce vêtement est entièrement facultatif.

Art. 4. — Culotte dite hongroise.

La culotte est collante dans toute sa partie inférieure jusqu'au dessous du genou. L'ouverture se ferme au moyen d'une rangée de boutons extérieurs en nacre ou en corne noire, dont le plus élevé ne doit pas dépasser le niveau inférieur de la rotule.

Dans la partie supérieure, elle est aisée.

L'ampleur de cette partie et la longueur des cuisses sont assez grandes pour qu'aucun des mouvements du cavalier ne puisse être gêné.

Les poches sont pratiquées sur les côtés.

La culotte est ornée de passepoils ou bandes attribués à chaque corps ou service.

Aux colonies, les officiers portent la même culotte confectionnée en drap léger.

Pour les exercices et les manœuvres, les officiers, adjudants et assimilés peuvent porter, en France et aux colonies, une culotte confectionnée en flanelle bleu foncé, de même coupe que la culotte de drap.

ART. 5. — CULOTTE EN TOILE BLANCHE OU KAKI.

Est identique, en ce qui concerne la coupe et les dimensions, à la culotte de drap décrite à l'article ci-dessus.

Confectionnée en toile blanche ou en coutil fin blanc ou de nuance dite « kaki », semblable à celle de la troupe (30 fils en chaîne et 28 en trame).

ART. 6. — GILET DE TRAVAIL (1).

En drap satin bleu foncé, coupé droit et fermant sur la poitrine au moyen de neuf boutons d'uniforme (diamètre 10^{mm}). Une poche de gousset sur chaque côté des devants, une petite poche sur le haut du côté gauche.

ART. 7. — JAMBIÈRES EN DRAP ET EN TOILE BLANCHE ET KAKI (LEGGINS).

Pour les officiers montés et pour les officiers non montés, lorsqu'ils font usage de la culotte sans les jambières en cuir.

Les jambières en drap et en toile, simulant le bas du pantalon, se portent avec la culotte et dans les conditions où est toléré le port du pantalon d'ordonnance en drap et en toile.

Ces jambières sont en étoffe semblable à celle de la culotte, partant du jarret et tombant sur le cou-de-pied comme un bas de pantalon.

Une ouverture d'environ 100^{mm} est placée à la partie supérieure et fermée de manière à serrer la jambe par trois boutons placés en avant de la bande.

Ces jambières sont fixées par une bande intérieure en percale forte qui s'attache à la culotte au moyen d'un des boutons destinés à maintenir la botte. La hauteur de ces jambières varie suivant la taille de l'officier, le point de départ étant pris au-dessous du pli du jarret ; les bandes ou passepoils des jambières doivent être de l même longueur que celles de la culotte et disposées de manière à continuer exactement ces dernières.

ART. 8. — MANTEAU EN DRAP AVEC PÈLERINE MOBILE À CAPUCHON.

Confectionné en drap fin, dit cuir laine, bleu foncé, doublé en plein, corsage et pans en satin de Chine noir, sauf la partie anté-

---

(1) Le port du gilet de travail n'est toléré que pour l'intérieur des bureaux, des établissements, des magasins, ateliers ou chantiers de construction.

rieure des devants, qui est parementée en drap du fond sur une largeur de 200^{mm} en haut et de 50^{mm} en bas. Ce parementage peut être de plusieurs morceaux solidement cousus. Les manches sont également doublées en satin de Chine noir.

Devants. — Leurs bords antérieurs coupés en ligne droite sont, dans toute leur longueur, remplis, rabattus et piqués ensuite derrière le rempli. Ils croisent sur la poitrine au moyen de six gros boutons d'uniforme de chaque côté, également espacés entre eux d'environ 100^{mm}, selon la taille de l'officier, et dont le premier reçoit la pointe supérieure du revers. Boutonnières correspondantes. La croisure est telle que, le manteau étant boutonné, les deux rangées de boutons dessinent sur la poitrine deux lignes verticales espacées entre elles de 130^{mm} en haut et de 120^{mm} en bas. La longeur des devants doit être telle que les bords inférieurs du manteau tombent à 330^{mm} de terre, l'officier étant debout ; leur développement, mesuré en ligne droite, est de 730^{mm} environ. A chaque angle inférieur des devants est pratiquée une boutonnière percée obliquement, parementée en drap et servant, au besoin, à relever le pan du manteau à l'aide d'un bouton d'uniforme correspondant, placé sur le derrière de la taille à la naissance des martingales.

Dos. — Formé de deux pièces réunies par une couture verticale au milieu. Elle laisse au bas une fente de 580^{mm} environ, selon la taille, se fermant à volonté au moyen de quatre boutons noirs et d'un même nombre de boutonnières correspondantes, dans une sous-patte non apparente.

Dans le haut du dos existe un pli crevé de 100^{mm} de développement, arrêté dans la couture d'assemblage de l'encolure avec le collet.

Le dos tombe comme le devant à 330^{mm} de terre.

Martingales. — Dans chaque couture d'assemblage des devants avec le dos, à hauteur de la taille et à environ 220^{mm} de distance de la couture d'emmanchure, est pratiquée une ouverture de 60^{mm} de longueur donnant passage à une martingale en drap, doublée du même, avec tête arrondie. Chaque martingale doit avoir 60^{mm} de largeur sur 260^{mm} de longeur apparente. Elles sont fortement arrêtées à l'intérieur au moyen d'une piqûre faite sur le bord de l'ouverture appartenant à chaque devant.

La martingale de gauche est percée de deux boutonnières faites en drap, la première à environ 15^{mm} de la naissance et l'autre à 110^{mm}. La martingale de droite porte deux petits boutons d'uniforme correspondants.

L'extrémité des martingales est percée d'une boutonnière destinée à les fixer à l'intérieur lorsque l'on n'en fait point usage ; à cet effet, deux petits boutons d'os sont cousus sur la doublure du vêtement pour recevoir les extrémités des martingales.

Collet. — En drap du fond du vêtement, doublé du même. Ses angles sont légèrement arrondis et se rabattent sur l'encolure (hauteur partout 130^{mm}). Il est coupé de manière qu'étant relevé il couvre les oreilles sans gêner en rien les mouvement de la tête. A gauche, sous le collet, existe une petite patte volante en drap du fond doublé du même ; elle est rectangulaire et arrondie à ses extrémités (longueur 100^{mm}, largeur 30^{mm}). Elle est attachée à un petit bouton d'uniforme cousu à environ 40^{mm} de l'encolure, autour duquel elle pivote à volonté, et va se rattacher, par son autre extrémité, à un second bouton placé à 75^{mm} au-dessus du premier. Cette patte, étant développée, sert au besoin à maintenir les extrémités du collet lorsqu'il est relevé ; à cet effet, un bouton d'uniforme est cousu à droite.

Au pied du collet et en dedans est placée une forte agrafe avec sa porte. L'une et l'autre doivent être assujetties avec beaucoup de solidité.

Le collet porte à ses angles l'attribut spécial à chaque arme ou service.

Manches. — D'une seule pièce avec parements bottes de 200^{mm} de hauteur pouvant se relever à volonté. A leur partie supérieure un fort embu est pratiqué pour recevoir en dedans l'épaulette, le cas échéant.

Largeur des manches ployées en deux.	en haut, à 100^{mm} au-dessous de la couture d'emmanchure	0^m,260
	à la saignée.	0 ,250
	au poignet.	0 ,230

Poches. — Le manteau est garni de six poches, savoir :

1° Sur le devant de gauche à hauteur du 4e bouton, une poche plate dont l'ouverture extérieure horizontale est bordée d'une petite patte de 30^{mm} de haut, percée au milieu d'une boutonnière recevant un petit bouton d'uniforme qui ferme la poche ;

2° De chaque côté des devants, un peu au-dessous des hanches et à hauteur du dernier rang de boutons, existe une poche dont l'ouverture de 180ᵐᵐ est recouverte par une patte volante de même longueur sur 80ᵐᵐ de hauteur, et qui se rentre à volonté dans cette poche ;

3° A l'intérieur, sur le devant de droite, est pratiquée dans la doublure une poche dite à portefeuille ;

4° Derrière, de chaque côté, à 25ᵐᵐ en contre-bas du passage de la martingale, existe une double ouverture (hauteur 190ᵐᵐ). L'une sert d'entrée à la poche et l'autre, indépendante de la première, donne passage à la main pour s'introduire au-dessous du vêtement. Cette double ouverture est une interruption dans la couture d'assemblage des devants avec le dos ; elle est simplement garnie d'un parementage intérieur en drap du fond et d'un cœur en cuir à chaque extrémité.

Boutons d'uniforme. — Formés d'une coquille en plaqué or ou argent, sertie sur un culot plat en cuivre. La coquille est estampée d'un attribut spécial à chaque corps ou service.

Gros boutons.	Diamètre.	0ᵐ,020
	Hauteur	0 ,011
Petits boutons.	Diamètre.	0 ,015
	Hauteur.	0 ,006

Pèlerine mobile à capuchon. — Le manteau est complété par l'adjonction d'une pèlerine composée d'une rotonde et d'un capuchon cousu à demeure. Elle s'adapte au vêtement à l'aide de cinq boutons cousus à la base du collet en dessous, et de boutonnières correspondantes pratiquées près de la couture d'encolure de la rotonde avec le capuchon.

Le tracé de la rotonde présente deux courbes concentriques dont l'une intérieure dessine l'encolure et s'ajuste à la base du capuchon, et l'autre détermine le bord inférieur. Sa superficie totale représente un cercle complet. Elle est formée de deux morceaux joints par une couture qui se trouve sur le milieu du dos ; ses bords libres sont dans le prolongement de cette couture sur le tracé ; ils tombent naturellement sur le milieu de la poitrine. Celui de gauche est percé de quatre boutonnières faites en drap, la première à 50ᵐᵐ au-dessous de l'encolure, celle du bas à 140ᵐᵐ environ du bord inférieur. Ces boutonnières sont également espacées entre elles, et le bord de droite est garni de quatre petits boutons d'uniforme correspondants. Ces boutons ont les mêmes dimensions que les petits boutons du manteau. L'encolure et les devants de la rotonde sont parementés en drap sur une largeur de 120^{mm} en haut, de 40^{mm} au bas des devants et de 120^{mm} à l'encolure.

La longueur de la rotonde est telle que son bord inférieur dépasse de deux centimètres l'extrémité de la main, les bras étant étendus le long du corps.

Le capuchon, en deux morceaux, est arrondi à son sommet ; sa base est cousue à demeure à l'encolure de la rotonde ; le capuchon seul est doublé comme le manteau en satin de Chine noir.

Une agrafe et sa porte sont cousues à l'encolure.

Une petite patte volante en drap, doublée du même (longueur 100^{mm}, largeur 30^{mm}), est attachée, près du bord gauche du capuchon, à un bouton noir autour duquel elle pivote à volonté, et va se rattacher, par son autre extrémité, à un second bouton noir placé à 75^{mm} au-dessus du premier. Cette patte étant développée sert, au besoin, à fermer le capuchon sous le menton. A cet effet, un bouton correspondant est cousu à droite.

Le port de la pèlerine est facultatif.

Art. 9. — PALETOT DE MOLLETON (AUX COLONIES SEULEMENT) (1)

Le paletot de molleton est confectionné en molleton bleu foncé ; il est du modèle de celui de la troupe (infanterie coloniale), hors les différences suivantes :

Les boutons sont du même modèle que la tunique de drap.

Il est doublé jusqu'à 10^{cm} du bord inférieur en satin de Chine ou en tissu noir appelé « béatrice ». Les manches sont doublées en satinelle.

A l'intérieur de la poche de gauche, sur le revers du côté extérieur, est appliquée une pochette affectée exclusivement au paquet individuel de pansement et fermée au moyen d'un petit bouton d'os par une patte pourvue d'une boutonnière. La pochette appliquée et la patte sont du tissu de la doublure.

Outre les deux poches que comporte le paletot de la troupe, chacun des deux devants comporte deux poches de poitrine, l'une intérieure à droite, l'autre extérieure à gauche. La poche intérieure est de la même étoffe que la doublure ; la poche extérieure passepoilée

---

(1) L'usage du paletot de molleton est facultatif.

en haut en drap du fond, est pratiquée à environ $0^m,03$ au-dessous du niveau de la deuxième boutonnière. Elle est recouverte d'une patte sans boutonnière et a une profondeur de $0^m,12$ environ et une longueur d'ouverture de 0^m10, le milieu de l'ouverture sur l'alignement de la rangée de boutons.

Le collet droit en drap du fond mesure 0^m04 de hauteur moyenne; il est coupé carrément sur le devant et se ferme au moyen de deux agrafes. Chaque pointe du collet reçoit un écusson en drap du fond portant l'attribut; à l'intérieur sont fixés cinq petits boutons métalliques destinés à maintenir un faux-col blanc de percale qui dépasse d'environ 3 millimètres le bord supérieur du collet.

Les marques distinctives du grade et les brides d'épaulettes, pour les corps et services qui portent l'épaulette, sont posées comme sur la tunique de France; toutefois, le gousset d'épaulettes n'est pas posé, non plus que les pattes rectangulaires des parements. Une fente analogue à celle de la tunique est pratiquée sur le côté gauche pour le passage de la bélière et du crochet de sabre.

ART. 10. — PANTALON D'ORDONNANCE DES OFFICIERS NON MONTÉS.

Confectionné en drap satin, sans plis, avec ceinture doublée en percaline jaune. Le devant et le derrière sont coupés à poil descendant.

Devant est une brayette fermée par quatre boutonnières percées dans une sous-patte en drap, parementée en percaline noire adaptée sous le devant de gauche; celui de droite porte autant de boutons à trous. A ce devant de droite est ajoutée une languette triangulaire en drap, doublée en percaline jaune, de toute la hauteur de la fente et large en haut d'environ 70^{mm} avec boutonnière dans l'angle supérieur, qui se rattache à un bouton cousu sous la ceinture à gauche; cette languette sert à mieux fermer la brayette.

La ceinture est d'un seul morceau de chaque côté. Elle a de hauteur environ 50^{mm} par devant et 30^{mm} par derrière. Le devant est percé d'une boutonnière, à 15^{mm} environ du bord supérieur; ses deux extrémités, derrière, sont réunies par un soufflet triangulaire d'environ 60^{mm} de large, en haut, et de 140^{mm} de long, sur les côtés. Elle porte six boutons à trous pour l'attache des bretelles.

Deux martingales, en drap doublées en croisé de coton noir, sont cousues à l'endroit des reins. Elles sont placées de manière que

leur pointe d'arrêtement se touve à 10^{mm} au-dessous de la couture
de la ceinture. La martingale de gauche ne doit pas dépasser la
couture du soufflet ; elle porte une boucle en fer verni cousue à demeure ; elle a environ 100^{mm} de longueur. Celle de droite a 150^{mm}
environ de longueur. Leur largeur est de 40^{mm} à la base, de 30^{mm}
environ à l'extrémité. Un parementage en percaline noire, d'environ
100^{mm} de longueur sur 50^{mm} de hauteur, est appliqué en dedans,
sous l'attache de chaque martingale.

Le pantalon monte de manière à bien emboîter les hanches et arrive
à égale distance entre le nombril et le creux de l'estomac ; il se
porte avec des bretelles et sans sous-pieds ; il tombe par dessus la
botte, droit sur le cou-de-pied, sans y former de plis ; le derrière,
légèrement convexe, descend à environ 10^{mm} du bord supérieur du
talon de la botte. Le devant est échancré du bas d'environ 15^{mm}, plus
ou moins, selon la conformation du cou-de-pied, pour le dégager.
Le bas du pantalon est ourlé en dedans de chaque jambe sur 15^{mm}
environ, et parementé en toile de lin sur une hauteur de 60^{mm} environ.

Sur le côté de chaque cuisse, est pratiquée une poche en toile de
lin. L'ouverture de chaque poche est le long et en arrière de la cou-
ture latérale extérieure ; elle a 180^{mm} de côté et commence à 40^{mm} du
bas de la ceinture ; le fond de la poche doit arriver à l'aine ; ses dimensions sont les suivantes :

Longueur totale	0^m,300
Largeur en haut, près de la ceinture	0 ,100
Plus grande largeur	0 ,180

La fente de la poche est parementée, en dedans, de drap du fond
sur 45^{mm} au moins du côté qui touche la cuisse et sur 30^{mm} environ
de l'autre côté, afin que dans aucune position la toile de la poche ne
soit apparente.

Un gousset de montre est placé sur le devant de droite à 30^{mm} du
bord supérieur de la ceinture (ouverture et profondeur, 80^{mm} environ). Son ouverture est bordée d'une petite patte droite de 20^{mm} de
hauteur environ.

Le pantalon est garni intérieurement d'un entre-jambes en percaline jaune de quatre morceaux ; les deux de derrière sont des
quarts de cercle d'environ 120^{mm} de rayon, ceux de devant ont la
même forme au bas et la même largueur et vont en diminuant
jusqu'à la ceinture, où ils n'ont que 50^{mm} de large environ.

Tous les boutons de brayette, bretelles et ceinture, sont en métal et à trous.

Largeur moyenne du pantalon prise (pour exemple) sur un pantalon ayant une longueur de 1^m040 mesurée le long de la couture latérale extérieure.

Largeur du pantalon ployé en deux	en haut des cuisses, vis-à-vis de l'enfourchure.	0^m,360
	au genou.	0 ,270
	au bas.	0 ,230

Il est fait usage, aux colonies, d'un pantalon semblable confectionné en drap léger.

Pour les exercices, les manœuvres et le service de bureau, les officiers, adjudants et assimilés peuvent porter, en France et aux colonies, un pantalon confectionné en flanelle bleu foncé, de même coupe que le pantalon de drap.

ART. 11. — PANTALONS D'ORDONNANCE DES OFFICIERS MONTÉS.

Confectionné en drap satin, sans plis, avec ceinture en drap doublée en percaline jaune.

Le devant et le derrière sont coupés à poils descendants.

Devant est une brayette, fermée par quatre boutonnières percées dans une sous-patte en drap, parementée en percaline noire et adaptée sous le devant de gauche. Celui de droite, auquel est ajoutée une languette en drap, doublée en percaline jaune, de forme triangulaire (largeur totale en haut, environ 90^{mm}), s'engage sous celui de gauche de toute la hauteur de la fente, et porte des boutons correspondants aux boutonnières. Cette languette porte, à son angle supérieur, une boutonnière qui se rattache à un bouton placé en dedans de la ceinture gauche et sert à fermer l'ouverture de la brayette.

La ceinture est légèrement cintrée, et, de chaque côté, faite en deux morceaux, pour mieux s'ajuster à la courbure des flancs (hauteur partout, environ 50^{mm}). Elle est fermée, sur le devant, par deux boutons, dont l'un est fixé sur la couture qui joint la ceinture au devant du pantalon et est tournée en dedans ; elle est garnie de six autres boutons qui reçoivent les bretelles. Ces boutons sont consolidés, à l'intérieur, par une rondelle en cuir qui repose sur la doublure de la ceinture. Ses deux extrémités derrière sont réunies

par un soufflet triangulaire d'environ 60^{mm} de large en haut sur
160^{mm} de longueur.

Deux martingales en drap, doublées en croisé de coton noir, sont
cousues à l'endroit des reins. Elles sont placées de manière que
leur point d'arrêtement se trouve à 10^{mm} au-dessous de la couture
de la ceinture. La martingale de gauche ne doit pas dépasser la couture du soufflet ; elle porte une boucle en fer verni noir cousue à
demeure et à environ 120^{mm} de longueur. Celle de droite à 150^{mm} de
longueur.

Leur largeur est d'environ 40^{mm} à la base et de 30^{mm} à l'extrémité. Un parementage en percaline noire, d'environ 50^{mm} de hauteur sur 100^{mm} de longueur, est appliqué en dedans, sous l'attache
de chaque martingale.

Le pantalon monte de manière à bien emboîter les hanches ; il se
porte avec des bretelles ; il est garni de sous-pieds (1) et arrive à
égale distance entre le nombril et le creux de l'estomac ; il tombe
par-dessus la chaussure, droit sur le cou-de-pied, en formant deux
ou trois plis pour empêcher de tirer sur les boutons des sous-pieds,
l'officier étant à cheval, le derrière, légèrement creusé par le bas,
tombe sur l'éperon sans former de plis au niveau du talon de la
chaussure ; le devant est cintré en dedans de 10 à 15^{mm} à sa partie
inférieure pour dégager le cou-de-pied. Le bas du pantalon est
ourlé en dedans et parementé en toile de lin, sur une hauteur de
60^{mm} environ. Deux boutons sont cousus sur le parementage de
chaque jambe, et servent à fixer les sous-pieds en cuir noir dont
la largeur est de 30^{mm}, sur une longueur proportionnée au pied, et
qui sont percés à chaque bout d'une boutonnière.

Les poches et le gousset de montre sont semblables à ceux du
pantalon des officiers non montés et placés de la même manière.

Le pantalon est garni intérieurement d'un entre-jambes en percaline jaune de quatre morceaux. Les deux de derrière sont des quart
de cercle de 150^{mm} de rayon environ. Ceux de devant ont la même
forme en bas et la même largeur ; ils remontent en diminuant jusqu'à la ceinture, où ils n'ont que 50^{mm} de large environ.

Tous les boutons de brayette, bretelle, ceinture et sous-pieds, sont
en métal et à trous.

---

(1) Les officiers de toutes armes et les officiers sans troupes montés ne font
pas usage du sous-pied quand ils sont à pied.

Largeurs moyennes principales du pantalon prises (pour exemple) sur un pantalon ayant une longueur de 1ᵐ 110, mesurée le long de la couture latérale extérieure :

Largeur, le pantalon ployé en deux, à plat	en haut des cuisses, vis-à-vis de l'enfourchure.	$0^m,370$
	au-genou	$0.,280$
	au bas des jambes	$0.,250$

Il est fait usage, aux colonies, d'un pantalon semblable, confectionné en drap léger.

Pour les exercices, les manœuvres et le service de bureau, les officiers, adjudants et assimilés peuvent porter, en France et aux colonies, un pantalon confectionné en flanelle bleu foncé, de même coupe que le pantalon de drap.

ART. 12. — PANTALON EN TOILE BLANCHE OU KAKI.

Semblable, en ce qui concerne la coupe et les dimensions, au pantalon d'ordonnance dont l'officier et assimilé, ou employé militaire, fait usage.

Confectionné en toile blanche ou en coutil fin blanc ou de nuance dite « kaki » comme celui de la troupe (30 fils en chaîne et 28 fils en trame au centimètre carré).

ART. 13. — PELISSE (1).

La pelisse est confectionnée en drap de la couleur adoptée pour le dolman ou la tunique.

Elle se compose de deux devants, d'un dos, de deux manches et d'un collet ; sa longueur est telle qu'elle déborde le bas du dolman, de la tunique ou de la vareuse, et ne touche pas la selle de l'officier étant à cheval.

Devants. — Chaque devant est orné sur la poitrine de cinq brandebourgs, formés chacun de quatre brins de tresse carrée en poil de chèvre noir de 6ᵐᵐ d'épaisseur ; ils sont également espacés entre eux et décrivent sur la poitrine des lignes parallèles et légèrement cintrées. Le brandebourg du haut, placé à environ 35ᵐᵐ de la base du collet, se dirige vers l'épaule pour s'arrêter au milieu de

____

(1) Les officiers montés et non montés, de toutes armes et de tous services, peuvent faire usage de la pelisse en dehors des prises d'armes.

celle-ci ; celui du bas doit arriver à la taille, c'est-à-dire à la même hauteur que la partie supérieure des rosaces formées par les galons du dos décrits plus loin.

La fermeture s'effectue au milieu du devant au moyen d'olives guipées à point de Milan (longueur 50^{mm}, largeur au milieu 13^{mm}), solidement fixées près du bord des brandebourgs du côté droit ; les extrémités des brandebourgs opposés à la fermeture se terminent par un trèfle à double torsion, et à la jonction des tresses qui forment ces brandebourgs, se trouve une olive placée au commencement de ce trèfle dont la saillie est d'environ 45^{mm}.

L'angle inférieur de chaque devant est légèrement arrondi.

Une pique formée par un galon soubise en poil de chèvre noir de 20^{mm} de largeur est dessinée sur chaque hanche ; les angles horizontaux sont placés à 20^{mm} au-dessous de la hauteur de la taille ; les deux extrémités inférieures font suite aux galons d'encadrement. L'intérieur de ces piques est garni de fourrure. Dans la pique de gauche est pratiquée une ouverture verticale de 60^{mm} pour le passage du crochet du sabre ou de l'épée.

Sur les devants, la pelisse est pourvue de quatre poches, dont deux dissimulées par le deuxième brandebourg du haut ; les deux autres, coupées obliquement, sont placées entre la pique de côté et les extrémités des brandebourgs du bas.

A l'intérieur, à droite et à gauche du vêtement, deux poches, dites de portefeuille, sont également pratiquées dans la doublure ; elles ont une profondeur de 190^{mm} environ.

Dos. — Le dos est d'un seul morceau.

Les coutures du dos, jusqu'au bas, sont dessinées par deux galons soubise, gaufrés, en poil de chèvre noir (largeur 15^{mm}).

Sur ces galons, et à 250^{mm} environ du bord inférieur de l'effet, est formée une rosace de même galon également gaufré (largeur 20^{mm}) ; l'une de ces branches, celle externe, va se perdre à 50^{mm} sous l'encadrement (mesuré en dedans du triangle), l'autre va rejoindre à la même distance celle du côté correspondant, pour y former avec elle la pointe d'un V.

Le haut du dos est orné dans a partie large d'une chamarrure dite « papillon », faite en soutache de poil de chèvre noir de 2^{mm} de largeur (plus grande largeur du papillon, 200^{mm} ; hauteur, 280^{mm} environ).

Les devants et les bords inférieurs de la pelisse sont garnis d'une fourrure (largeur 50^{mm} environ) encadrée, à l'intérieur, d'un galon soubise en poil de chèvre noir, de 20^{mm} de largeur ; ce galon est posé à plat et non gaufré.

Manches. — Les manches sont coupées en deux morceaux ; elles n'ont aucune ouverture et présentent au bas, ployées en deux, une largeur de 190^{mm} ; elles sont tenues très aisées.

Les manches sont ornées dans le bas d'un faux parement bordé d'un galon soubise en poil de chèvre noir de 20^{mm} de largeur. Ce parement forme sur le dessus de la manche une pique dite fer de lance ; il a 50^{mm} de largeur dans sa partie courante ; la hauteur de la pique, mesurée du bas de la manche à sa pointe, est de 355^{mm}, la largeur aux pointes horizontales est de 170^{mm}.

Une fourrure couvre tout le parement ainsi que l'intérieur de cette pique.

Les manches ne comportent aucun insigne de grade.

Collet. — Le collet est de forme rabattue, dite à la saxe, avec un pied de 30^{mm} de hauteur environ, afin d'encadrer le collet du vêtement porté sous la pelisse. La longueur du tombant est de 90^{mm} mesurée aux bords du collet ; derrière 70^{mm}.

Il est coupé de manière qu'étant relevé, il couvre les oreilles sans gêner les mouvements de la tête.

Le dessus du collet est entièrement garni de fourrure (hauteur de la fourrure : aux bords libres, 130^{mm} ; derrière, 110^{mm}).

Sous le collet et aux angles, sont placés deux petits boutons noirs, dont un reçoit une boucle en tissu élastique destinée à maintenir le collet lorsqu'il est relevé.

Un cordon, dit « fourragère », est formé par une double tresse carrée semblable à celle des brandebourgs ; au devant de droite, à 110^{mm} du bord, est cousue la partie dormante de ce cordon (longueur, 220^{mm}) ; au milieu se trouve un passant fixe et à l'extrémité une olive guipée à « points de Milan » (longueur 45^{mm}, diamètre 18^{mm}) ; au devant de gauche est attaché, dans les mêmes conditions, le cordon à échelle (longueur, 480^{mm}), avec quatre passants fixes qui composent autant de boucles ou d'échelons pour recevoir l'olive du dormant.

La doublure du corsage de la pelisse et les poches du devant sont en étoffe molletonnée ; ces poches sont bordées d'une fourrure de 50^{mm} de largeur. Les poches de poitrine, intérieures et extérieures, sont en croisé de coton noir.

Toutes les fourrures sont en astrakan noir frisé.

La pelisse, quel que soit le vêtement sur lequel elle est portée, doit être fermée au moyen des olives à ce destinées.

ART. 14. — PELISSE COLONIALE.

La « pelisse coloniale » est confectionnée en moleton bleu. Le corsage est doublé, jusqu'à 100^{mm} environ du bord inférieur de l'effet, en satin de Chine noir.

Elle est composée de : deux devants, deux petits côtés, un dos, un collet et deux manches.

Sa longeur est telle qu'elle déborde le bas de la tunique et ne touche pas la selle quand l'officier est à cheval.

Devants. — La pelisse se ferme droit au moyen de sept gros boutons d'uniforme à culot plat en or ou en argent suivant le corps. Le devant de droite s'engage de 50^{mm} environ sous celui de gauche, celui ci est percé de boutonnières correspondantes faites en moleton. Celle du haut se trouve placée à 35^{mm} de la base du collet, celle du bas à 190^{mm} environ de la base de l'effet. Sur le devant gauche est pratiquée une ouverture verticale de 60^{mm} pour le passage du crochet du sabre.

Sur les devants, la pelisse est pourvue de quatre poches disposées de la manière suivante :

1° Deux de chaque côté de la poitrine, placées un peu au-dessus du troisième bouton du haut ; elles sont garnies d'une patte se fermant au moyen de deux petits boutons d'uniforme en métal. Ces poches ont une longueur d'ouverture de 150^{mm} et une profondeur de 200^{mm} ;

2° Deux à hauteur du dernier bouton, garnies de patte sans fermeture (longueur d'ouverture de ces pattes 170^{mm}, profondeur 170^{mm}).

Dos. — Le dos est d'un seul morceau, il ne comporte ni galons soubises, ni basques.

Manches. — Les manches sont composées en deux morceaux ; elles n'ont aucune ouverture et présentent, en bas, ployées en deux, une largeur de 190^{mm}. Elles sont tenues très aisées.

Elles ne comportent pas de pattes rectangulaires, ni parements. Elles sont garnies de galons de grade en or ou en argent, suivant le métal du bouton, en trait côtelé. Le premier galon est à 70^{mm} du bord de la manche.

Collet. — Le collet est de forme rabattue dite « à la saxe » avec un pied de 30^{mm} de hauteur environ, afin d'encadrer le collet du vêtement porté sous la pelisse.

La longueur du tombant est de 90^{mm} mesurée du bord du collet ; derrière 70^{mm}. Il est coupé de manière qu'étant relevé, il couvre les oreilles sans gêner les mouvements de la tête.

Sous le collet et aux angles sont placés deux petits boutons noirs, dont un reçoit une boucle en tissu élastique destinée à maintenir le collet quand il est relevé.

Les angles du collet ne reçoivent aucun insigne ou attribut.

Brides d'épaulettes. — La pelisse porte sur les épaules des brides d'épaulettes analogues à celles de la tunique.

A l'intérieur et de chaque côté de la poitrine sont pratiquées deux poches dites « à portefeuille » d'une longueur de 200^{mm} environ.

ART. 15. — TUNIQUE DE DRAP.

La tunique ample est confectionnée en drap bleu foncé, le corsage est doublé jusqu'à 100^{mm} environ du bord inférieur de l'effet, en satin de Chine noir ou en tissu appelé « béatrice », les manches sont doublées en même tissu.

Elle est composée de deux devants, de deux petits côtés, d'un dos avec basque rapportée, d'un collet et de deux manches.

Devants. — La tunique se ferme droit sur la poitrine au moyen de sept gros boutons d'uniforme pour l'infanterie et les services et de neuf gros boutons d'uniforme pour l'artillerie. Le devant de droite, qui porte les boutons, s'engage de 40^{mm} environ sous celui de gauche ; celui-ci est percé de boutonnières correspondantes faites en drap ; celle du haut se trouve placée à 35^{mm} de l'encolure, celle du bas à 200^{mm} environ du bord inférieur de l'effet.

Les bords des devants sont passepoilés en drap du fond et le bord inférieur est remplié et piqué à petit cordon.

Chaque devant comporte une pince dont la longueur est variable suivant la taille.

Sur le devant gauche est pratiquée, pour donner passage à la bé-

lière et au crochet; une fente verticale de 80^{mm} de longueur, passepoilée et bridée à ses extrémités. Cette fente est placée à 30^{mm} de la
couverture d'assemblage du petit côté et à 120^{mm} du bord inférieur
du devant.

Pour les corps et services qui portent l'épaulette, sur chaque
épaule est cousue une bride en galon d'or ou d'argent en trait côteliné (longueur 0^m,090, largeur 0^m,010). Elle est doublée en drap
du fond et fixée sur le vêtement de manière que l'épaulette soit
maintenue bien droite sur l'épaule. Un gousset en drap est placé à
0^m,025 environ de la couture d'encolure pour recevoir l'agrafe de
l'épaulette ou de la patte d'épaule.

Dos. — Le dos, d'une seule pièce, mesure au bas de la taille,
pour un effet moyen, 85^{mm} de largeur.

La basque du dos, d'une hauteur moyenne de 200^{mm} (variant suivant la taille de l'officier), comporte deux pattes taillées en accolade,
en drap du fond, passepoilées du même drap. Ces pattes sont garnies de six gros boutons d'uniforme, dont deux à la naissance de
la patte, deux au milieu et deux au bas.

Collet. — Pour l'artillerie, le collet est en drap fin écarlate passepoilé en drap du fond ; il est en velours cramoisi pour les médecins
et en velours vert pour les pharmaciens. Pour l'infanterie et les
autres corps, il est en drap du fond et doublé en noir comme le
corsage.

Il se ferme carrément par devant, au moyen de deux agrafes;
il est garni intérieurement d'un cuir et reçoit sur sa doublure un
galon noir de 10^{mm} de largeur percé pour recevoir cinq petits boutons en métal blanc destinés à fixer le col blanc, qui ne doit dépasser tout autour que de 2^{mm} à 3^{mm}.

Chaque angle du collet est garni d'une patte en drap du fond
taillée en accolade, sur laquelle est brodé l'attribut distinctif spécial.

La hauteur moyenne du collet sera de 40^{mm}.

Manches. — Les manches sont en deux morceaux, un dessus et
un au-dessous ; sur le dessus des manches est appliquée à demeure
une patte rectangulaire (hauteur 100^{mm}, largeur 40^{mm}), en drap
ou en velours de la même couleur que le collet de la tunique. Cette
patte est garnie de trois petits boutons d'uniforme à culot plat (diamètre du bouton 17^{mm}).

Les manches se terminent par un parement droit de 70^{mm} de hauteur, piqué sur son bord supérieur.

La largeur moyenne des manches est la suivante : en haut 230^{mm}, à la saignée 190^{mm}, et au bas 150^{mm}.

Les manches de la tunique sont garnies de galons en or ou en argent, selon le métal du bouton, en trait côtelé (largeur 7^{mm}) placés parallèlement et immédiatement au-dessus du parement.

Le premier galon touche le passepoil. Les galons sont espacés entre eux de 4^{mm} ; leur nombre détermine le grade de l'officier.

À l'intérieur du vêtement sont cousues, sur la doublure, deux poches dites « à portefeuille » du même tissu que la doublure (ouverture de la poche 160^{mm}, profondeur 190^{mm}).

Les devants sont parementés en drap du fond sur une largeur de 60^{mm} environ ; le bord intérieur de l'effet est paramenté en drap sur une hauteur apparente de 100^{mm}.

Lorsque la tunique des officiers passera à la 2e tenue, il pourra y être pratiqué, sur chaque devant, un peu au-dessous de la 3e boutonnière, une poche de poitrine d'une profondeur de 0^m,190 et dont l'ouverture, de 0^m,150 sera passepoilée en drap du fond.

Il est fait usage, aux colonies, d'une tunique semblable confectionnée en drap léger.

« Pour les exercices, les manœuvres et le service de bureau, les officiers, adjudants et assimilés peuvent porter, en France et aux colonies, une tunique confectionnée en flanelle bleu foncé, de même coupe que la tunique de drap. »

ART. 16. — TUNIQUE DE TOILE BLANCHE.

Confectionnée en toile blanche ou en coutil fin blanc.

Elle se ferme droit sur la poitrine au moyen de sept gros boutons d'uniforme pour l'infanterie et les services et de neuf gros boutons d'uniforme pour l'artillerie ; ces boutons sont mobiles et également espacés.

Sur chaque côté du devant, cette tunique est pourvue d'une poche de poitrine (profondeur 190^{mm}, longueur de l'ouverture 150^{mm}) appliquée, sans patte, munie d'une boutonnière percée verticalement sur la poche appliquée et correspondant à un petit bouton d'uniforme mobile placé sur le corps du vêtement. Le bord supérieur de la poche, un peu au-dessous de la 3ᵉ boutonnière (entre le 3ᵉ et 4ᵉ bouton pour l'artillerie).

Sur le côté gauche se trouve une ouverture verticale d'environ 0ᵐ,05 placée à environ 0ᵐ,15 du bord inférieur de la tunique pour donner passage à la bélière du sabre.

Le collet droit, en toile du fond, mesure 0ᵐ,04 de hauteur moyenne ; il est coupé carrément sur le devant et se joint à l'ouverture au moyen de deux agrafes. De chaque côté de l'ouverture est placé un écusson mobile portant l'attribut, fixé au moyen de goussets et d'agrafes système Duthoit.

Le collet porte en dedans cinq petits boutons métalliques destinés à maintenir un faux-col blanc, de percale, qui dépasse d'environ 0ᵐ,003 le bord supérieur du collet.

Le dos est formé d'un seul morceau. Les coutures d'assemblage avec les petits côtés sont ornées à partir de la taille d'une patte à deux pointes espacées de 0ᵐ,08. Ces pattes sont garnies de quatre gros boutons d'uniforme mobiles, à culot plat, placés un sur chaque pointe.

Les manches sont coupées d'un seul morceau ; le parement des manches est rond et mesure 0ᵐ,07 de hauteur ; il est posé à l'extérieur de la manche et piqué à la machine en haut et en bas.

Les marques distinctives du grade sont placées sur une bande mobile, en drap ou en velours de la couleur du collet de la tunique, ajustée sur la manche au moyen de brides de toile, à 0ᵐ,07 de l'extrémité.

Les galons sont, pour toutes les armes et services, en or ou argent, façon dit trait côtelé, de 0ᵐ,007 de largeur.

Sous chaque épaule, la tunique est renforcée intérieurement par une bande de forte toile repliée sur elle-même en trois épaisseurs et piquée à la machine, d'une largeur de 0ᵐ,06 à 0,07 à l'encolure et de 0ᵐ,09 à 0ᵐ,10 à l'emmanchure, fixée à la tunique, d'une part, au pied du collet, de l'autre, à la tête de la manche, et enfin sur l'épaule même par les coutures du gousset extérieur en toile du fond placé à 0ᵐ,025 environ de la couture d'encolure pour recevoir l'agrafe de l'épaulette.

Pour les corps et services qui portent l'épaulette, chaque épaule est ornée d'une bride mobile d'épaulettes en galon, dit trait côteliné, de 10ᵐᵐ de largeur, longueur 90ᵐᵐ, du même métal que le galon de grade. Cette bride est doublée en drap du fond de la tunique de drap léger ; elle traverse la toile de la tunique par deux fausses boutonnières ménagées à cet effet, traverse également le renfort intérieur et s'agrafe à elle-même sous l'épaule renforcée du vêtement.

Mêmes dispositions pour ce qui concerne les corps et services non porteurs de l'épaulette, hors les modifications ci-après :

Le gousset extérieur en toile du fond n'existe pas, non plus que les brides d'épaulettes et les fausses boutonnières destinées à leur passage. Des brides en toile sont disposées pour qu'on puisse y fixer, au moyen de crochets, les pattes d'épaule de la grande tenue.

ART. 17. — TUNIQUE DE TOILE KAKI.

Confectionnée en toile ou en coutil de même nuance que le paletot kaki de la troupe. Conforme à la tunique de toile blanche, avec les modifications suivantes :

Sur chaque côté du devant, cette tunique est pourvue de deux poches appliquées. Les poches supérieures sont posées comme sur la tunique de toile blanche, celles du bas à $0^m,10$ de la rangée de boutons et à $0^m,20$ environ du bord inférieur du vêtement, sur une longueur de $0^m,17$. Toutes ces poches sont recouvertes par des pattes sans boutons.

A l'intérieur de la poche inférieure de gauche, sur le revers du côté extérieur, est appliquée une pochette affectée exclusivement au paquet individuel de pansement et fermée au moyen d'un petit bouton d'os par une patte pourvue d'une boutonnière. La pochette appliquée et la patte sont en toile du fond.

Le dos, formé d'un seul morceau, ne comporte ni pattes ni boutons. Les manches, coupées d'un seul morceau, n'ont pas de parements.

Les marques distinctives du grade, les brides d'épaulettes et les attributs du collet, sont posés comme il a été dit pour la tunique de toile blanche.

Les épaules n'ont ni renfort intérieur ni gousset d'épaulettes.

ART. 18. — VESTON EN CUIR.

Les officiers, adjudants et assimilés sont autorisés à faire usage d'un veston en cuir avec boutons noirs, dont l'emploi est réglementé par les gouverneurs militaires, les commandants de corps d'armée ou les commandants supérieurs aux colonies.

TITRE PREMIER

CHAPITRE II
Coiffure.

ART. 19. — BONNET DE POLICE.

Le bonnet de police a, extérieurement, la même forme que celui de la troupe ; il est en drap de la couleur de la tunique, les oreilles sont bordées d'un passepoil écarlate.

Les galons de grade sont en tresse de 3^{mm}, en or ou en argent.

Les tresses sont placées sur le devant de la calotte en forme de V renversé ($\wedge$), comme pour la troupe ; elles sont espacées entre elles de 3^{mm}.

ART. 20. — BÉRET.

Aux colonies, il est fait un usage facultatif d'un béret.

Le béret comprend un bourrelet de tour de tête, un turban et une couronne ; il est fabriqué en laine mère cardée, teinte en bleu foncé. Il est tricoté sur métiers rectilignes, de manière que le tissu forme une série de secteurs ininterrompue dont les deux extrémités sont réunies par un remaillage ou remontage radial de maille à maille sans couture. On compte sept mailles, par centimètre, dans le sens de la largeur, et huit mailles (quatre rangs) dans celui de la hauteur, après foulage ; le tricot est terminé par une queue d'arrêt au centre de la couronne.

Le béret est garni et apprêté de la même manière que le drap de soldat.

Dimensions :

Diamètre du béret mesuré extérieurement. . . . . 0^m,345
Hauteur du turban (pour toutes les pointures). . . . 0 ,090
Hauteur du bourrelet de tour de tête, environ. . . . 0 ,018
Poids minimum du béret confectionné pour toutes les pointures . . . . 0^k,175

Attributs du béret :

1° INFANTERIE

Ancre encâblée brodée en cannetille et paillettes d'or pour les officiers et en filé d'argent pour les adjudants et assimilés (hauteur 40 m/m) ; elle est cousue sur un écusson en drap bleu foncé fin et fixé sur le béret par un rabattement en soie de la nuance de l'effet.

2° ARTILLERIE ET CORPS ASSIMILÉS.

Grenade brodée en cannetille et paillettes d'or pour les officiers et en filé d'argent pour les adjudants et assimilés (diamètre de la bombe 15 m/m, longueur de la flamme 45 m/m) ; elle est posée de la même façon que l'attribut de l'infanterie.

ART. 21. — CASQUE COLONIAL.

Semblable à celui de la troupe.

Les attributs, spéciaux à chaque arme et service, sont en cuivre doré et bruni.

ART. 22. — COIFFE COUVRE-CASQUE.

Semblable à celle de la troupe.

ART. 23. — KÉPI.

Le képi se compose d'un bandeau, d'un turban, d'un calot, d'une jugulaire, d'une visière (d'un attribut, selon le cas), de deux ventouses et d'une coiffe intérieure.

Bandeau. — Consiste en une bande de drap satin ou de velours, selon le cas.

Il est coupé à poils descendants et est muni sur son devant d'un attribut s'il y a lieu.

Turban. — Est formé de quatre pièces verticales de drap satin, coupées à poils descendants, assemblées avec le calot, le bandeau et entre elles, par des coutures ornées de soutaches ou de broderie.

Calot. — En drap satin de forme ronde, légèrement renfoncé dans les bords du turban, qui forme sur le pourtour du premier une saillie d'environ 10^{mm}. Une soutache est cousue autour du calot sous laquelle viennent se perdre les soutaches qui ornent les coutures verticales du turban.

Sur le calot est figuré un nœud hongrois formé avec la même soutache : diamètre 80^{mm}.

Jugulaire. — Une fausse jugulaire en petit galon de métal façon dite en trait côtelé, de la couleur du bouton d'uniforme est appuyée sur la visière et fixée de chaque côté du képi par deux petits boutons d'uniforme de 0^m,005 de diamètre, auprès desquels sont placés, sur la fausse jugulaire, deux petits passants faits du même galon.

Le képi est muni, outre la fausse jugulaire, d'une jugulaire dite à coulisse, composée de deux bandes de cuir verni noir se croisant l'une sur l'autre au moyen de deux coulants également en cuir verni. Les bandes et les coulants sont bordés d'une soutache en or ou en argent, selon la nature du bouton d'uniforme, de 2^{mm} de largeur. Cette jugulaire, qui peut s'enlever à volonté, s'adapte sur le képi à l'aide de deux petits boutons d'uniforme cousus à droite et à gauche du bandeau, et d'une boutonnière pratiquée à chaque extrémité de la jugulaire.

Visière. — En cuir verni noir, de 4^{mm} d'épaisseur environ. Elle est doublée en maroquin vert et bordée d'un très petit jonc en cuir mince verni. Sa largeur, au milieu, est de 45^{mm} ; son développement extérieur est proportionné à la pointure ; pour celle moyennne, il est de 360^{mm}.

Sa coupe intérieure forme une gorge parée qui s'engage entre le drap du bandeau et la coiffe en basane. Lorsque l'officier est coiffé, la visière doit présenter une inclinaison de 30 degrés au-dessous de l'horizon.

Les visières sont divisées en trois séries portant les numéros 1, 2 ou 3, selon la coupe intérieure qui leur est donnée ; chaque série correspond avec les pointures de tête de la manière suivante :

Visière n° 1 pour les grosseurs de tête de 54 centimètres et au-dessous ;

Visière n° 2 pour les grosseurs de tête de 55 à 56 centimètres ;

Visière n° 3 pour les grosseurs de tête de 57 centimères et au-dessus.

Ventouses. — A gauche et à droite du turban, à 15^{mm} environ au-dessous de son bord supérieur et à 7^{mm} en avant des soutaches latérales, existe une ventouse en-cuivre percée de sept trous et peinte de la couleur du turban. Elle traverse l'épaisseur du turban, celle de la coiffe en soie, et s'arrête intérieurement au moyen d'une dentelure, également en cuivre, dont les dents, au nombre de six, se rabattent sur la surface de la coiffe.

Garniture intérieure. — Le képi est garni intérieurement d'une bande de cuir noir de la hauteur du bandeau et d'une coiffe en soie noire.

Forme générale du képi. — Vu de profil, le képi a la forme d'un cône tronqué, dont la base est elliptique. Son arête antérieure présente une ligne verticale ; l'arête postérieure est fortement penchée vers le calot et dessine au bas, à l'assemblage du turban et du bandeau, une rondeur pour loger la base du crâne, qui doit s'y emboîter complètement.

Dimensions

			N° 1	N° 2	N° 3
Bandeau	Hauteur apparente		0ᵐ040		
Turban	Hauteur	devant	0 050		
		derrière	0 110		
Calot	Diamètre	pour les pointures de 55 et au-dessous	0 140		
		pour les pointures de 56 et 57	0 145		
		pour les pointures de 58 et 59	0 150		
		pour les pointures de 60 et au-dessus	0 155		
	Distance entre la soutache du calot et la couture d'assemblage avec le turban		0 005		
Fausse Jugulaire	Longueur apparente		0 300		
	Largeur		0 006		
Jugulaire	Longueur	Déployée de la jugulaire	0 500		
		De chaque bande non compris celle du coulant et de sa pointe	0 260		
	Largeur		0 012		
Visière	Écartement des deux pointes		0ᵐ170	0ᵐ185	0ᵐ195
	Flèche de concavité intérieure		0 080	0 085	0 090
	Largeur transversale au bas de la concavité		0 155	0 160	0 165
	Épaisseur du cuir de la visière		0 004	0 004	0 004
	Largeur de la visière au milieu		0 045	0 045	0 045
Ventouse	Diamètre		0 015		
Boutons d'uniforme	Diamètre		0 005		
Képi confectionné	Hauteur totale, non compris le renfoncement du calot	devant	0 080		
		derrière	0 150		

CHAPITRE III

Équipement.

ART. 24. — BANDES MOLLETIÈRES.

Les officiers et adjudants d'infanterie peuvant faire usage de bandes molletières du modèle en usage dans les troupes alpines, dans toutes les circonstances où ils sont autorisés à porter les jambières.

« Aux colonies, en tenue de campagne, tous les officiers et adjudants peuvent également faire usage de bandes molletières du même modèle, en molleton ou en kaki, au lieu et place des jambières. »

ART. 25. — BOTTES (PORTÉES AVEC LA CULOTTE).

§ 1er. — Elles sont confectionnées sur deux formes : l'une pour le pied droit, l'autre pour le pied gauche ; la tige est en vache vernie, l'avant-pied en veau ciré, la semelle et le talon en cuir fort, bien tanné et bien battu.

§ 2. — Le talon est plat, d'une hauteur de 20^{mm}, entièrement droit ; le taquet étant supprimé, l'éperon est placé à hauteur du contrefort.

§ 3. — L'avant-pied ou empeigne n'est pas du même morceau que la tige ; il se prolonge au-dessus du cou-de-pied par une baguette arrondie à son sommet et remontant sur la tige d'environ 40^{mm}. L'assemblage a lieu au moyen d'une jointure intérieure, consolidée par deux piqûres qui maintiennent en même temps une double empeigne en veau blanc.

§ 4. — Un contrefort en vache vernie est placé extérieurement au-dessus du talon.

Sa hauteur est de 60^{mm} sur les côtés et de 70^{mm} par derrière, où il s'amincit en forme de baguette, pour remonter tout le long de la tige.

§ 5. — La hauteur de la tige est telle que, la botte étant chaussée, le bord d'ouverture vienne affleurer à 60^{mm} au-dessous du milieu de la rotule. Il est ensuite échancré progressivement jusqu'à une profondeur de 30^{mm} environ, de manière à laisser complètement libre la flexion du genou.

La doublure formant la partie rigide de la tige est en vache lissé. Elle est maintenue intérieurement par une piqûre invisible à l'extérieur, qui la relie à une autre doublure en veau blanc se prolongeant sous la partie molle jusqu'en bas du contrefort.

L'intervalle pouvant former un pli entre le contrefort et la partie rigide est de 60^{mm}.

La tige, d'un seul morceau, est assemblée par derrière au moyen d'une couture dite surjet, recouverte par la baguette décrite au paragraphe 4. Cette baguette, d'une largeur uniforme de 15^{mm}, est appliquée contre la tige par une piqûre de chaque côté, qui en prend toute l'épaisseur.

Le bord supérieur de la tige est retourné intérieurement, rentrant de 10^{mm} et recouvert par la doublure, contre laquelle il est maintenu par une piqûre circulaire. (Dans l'intérêt de la solidité et de la durée de l'effet, il y a avantage à ce que toutes ces piqûres soient faites à la main.)

§ 6. — Les tirants, d'une hauteur de 120^{mm} et s'arrêtant à un demi-centimètre au-dessous du bord supérieur de la tige, sont en fil tissé. Ils sont placés à l'intérieur et maintenus des deux côtés par deux piqûres apparentes exécutées verticalement sur 50^{mm} de hauteur ; leurs dimensions sont calculées ainsi pour éviter qu'ils puissent dépasser la tige.

§ 7. — On fait usage avec cette botte des éperons à la chevalière décrits à l'article 30.

ART. 26. — BOTTINES D'ORDONNANCE.

Les bottines sont confectionnées sur deux formes, l'une pour le pied droit, l'autre pour le pied gauche.

Les différentes pièces qui composent la bottine sont : la tige en deux morceaux, le contrefort et le sous-contrefort, les tirants, la semelle extérieure ou semelle forte dite seconde, la semelle intérieure dite première, la trépointe, la cambrure et le cambrillon, le bon-bout, les sous-bouts et fers à cheval du talon.

Tige. — La tige est en deux morceaux de cuir de vache corroyé, nourri et noirci au cirage sur chair ; l'épaisseur est de 2^{mm} à $2^{mm}.5$. Le morceau de l'avant, cambré à froid, forme par son prolongement l'avant-pied ou empeigne ; l'autre morceau, formant le derrière, également cambré à froid, descend jusqu'au talon. Ils sont réunis sur les deux faces latérales de la jambe par deux jointures extérieures.

La hauteur de la tige est de $0^m,26$ à la jointure latérale à partir du talon, et le pourtour supérieur ne doit pas être inférieur à $0^m,38$ pour la pointure 28, et en augmentant de 1 cent. par pointure.

Contrefort et sous-contrefort. — Le derrière de la tige est renforcé à sa partie inférieure par un contrefort extérieur, en croupon de vache de même nature que la tige et de même épaisseur ; la hauteur apparente du contrefort est de 53^{mm} à l'arrière, et de 48^{mm} à l'avant sur la ligne de la jointure (pointure 28), et proportionnée à la pointure (1^{mm} de variation par pointure). Ce contre-fort doit être aminci sur ses bords, près de la couture, de manière à ne présenter qu'une saillie légère sur la tige.

Il est fixé au moyen d'une piqûre continue sur ses bords supérieurs et latéraux et de trois piqûres verticales, savoir : les deux premières, placées de chaque côté de la tige, à 12^{mm} en arrière de la jointure, la troisième sur le derrière du talon, chacune d'elles réunissant à la fois le contrefort, le sous-contrefort et la tige.

Les angles du contrefort sont arrondis, les bords latéraux débordant la jointure latérale de la tige de 2^{mm},5 environ, se terminant en arc de cercle à 0^m,02 en avant de la carre du talon.

Tirant. — Le tirant est en cuir ciré, demi-nourri, de 2^{mm} à 2^{mm},5 d'épaisseur et de 25^{mm} de large. La branche extérieure a 0^m,10 de long, la branche intérieure n'a que 0^m,06 ; elles doivent recouvrir les coutures et affleurer l'ouverture de la bottine, et être solidement cousues sur 35^{mm} de hauteur et à raison de trois points par centimètre.

Semelle extérieure dite seconde. — En cuir fort ou cuir à la jusée tanné seulement et bien battu.

Elle est d'un seul morceau dans toute la longueur du pied ; son épaisseur, après battage, doit être de 4^{mm}5 au minimum, son bout est large et légèrement arrondi, ses dimensions varient suivant la pointure.

La semelle seconde est à lisse un peu forte jusqu'à la cambrure, à partir de laquelle les arêtes sont arrondies jusqu'au talon.

Le clouage de la semelle se compose, selon la pointure, de 50 à 58 clous. La moitié des clous borde, sans la dépasser, la couture sur tout le pourtour de la semelle en avant de la cambrure. L'autre moitié est répartie près du bord externe et sous le gros orteil. Ils sont espacés entre eux d'environ 3^{mm} et disposés d'après le modèle annexé à la notice F du cahier des charges du 4 octobre 1899.

Ces clous galvanisés sont à tête demi-sphérique unie, mesurant après galvanisation au zinc :

Tige harpon (modèle du ministère de la guerre).	Hauteur (harpon compris).	6^{mm}5
	Épaisseur (tige seule).	1 5
Cette tige est carrée et se termine par un harpon à la base carrée.	Hauteur (tige seule)	3 5
	Diamètre du harpon.	2
	Hauteur du harpon.	3
Diamètre de la tête demi-sphérique.		7
Hauteur totale du becquet galvanisé.		10

La cambrure vissée contient deux rangs de vis : le premier rang est de 6 à 8 vis en dehors et de 8 à 10 vis en dedans ; il est placé à 8ᵐᵐ environ de l'extrémité des bords de la semelle seconde.

Le deuxième rang, à 3ᵐᵐ du premier rang, comporte 3 vis en dehors et 4 vis en dedans.

La couture de la semelle forte, à l'avant pied, avec la trépointe, doit être faite à 3 ou 4ᵐᵐ du bord de la semelle, à raison de 3 points sur une longueur de 15ᵐᵐ.

Semelle intérieure dite première. — En cuir de vache lissé bien tanné, d'une épaisseur de 3ᵐᵐ à 3ᵐᵐ5, d'une régularité convenable et sans être trop serré afin de mieux tenir la couture.

Trépointe. — En vache lissée de très bonne qualité, d'un seul morceau de 3ᵐᵐ à 3ᵐᵐ5 d'épaisseur.

La semelle seconde et la trépointe ne doivent pas se disjoindre.

Cambrure et cambrillon. — Chacun d'un seul morceau, pris dans les parties basses de la peau ; la cambrure est en cuir de vache lissé et le cambrillon en cuir fort.

La cambrure doit avoir une épaisseur égale à celle de la tige (2ᵐᵐ à 2ᵐᵐ,5) ; la cambrure et le cambrillon doivent avoir des dimensions suffisantes pour remplir exactement le vide qu'ils ont à combler, afin de produire un remplissage convenable de la bottine.

Ce remplissage pourra être complété au moyen d'un petit morceau de cuir dit chiquet, collé au bout et au-dessus de la cambrure.

Talon. — Le talon se compose d'un bon-bout, en cuir fort de même épaisseur et qualité que celui de la semelle extérieure, de sous-bouts et de fers à cheval, également en cuir fort ; ces pièces ne doivent pas se disjoindre.

Le talon, d'une hauteur de 40ᵐᵐ, ne doit pas comporter, outre le bon bout, moins de 5 et plus de 7 sous-bouts, y compris les fers à cheval. Il est vissé en deux parties : la première série de vis relie un sous-bout au fer à cheval, la semelle seconde, le contrefort, le sous-contrefort, la tige et la semelle première ; la deuxième série relie les semelles aux autres sous-bouts qui constituent le talon.

Il faut 10 à 12 vis pour la première opération et 8 à 10 pour la seconde.

Chaque talon est renforcé, selon la pointure, de 42 à 45 chevilles en fer qui fixent le bon bout : 24 de ces chevilles forment une première ligne sur le pourtour du talon ; 10 à 12 sont disposées au deuxième rang, sur le bord externe ; enfin, un groupe de 9 est formé sur deux rangs parallèles à l'arête transversale : le premier de 5, le second de 4 chevilles.

Les carres verticales du talon sont arrondies pour ne pas couper les sous-pieds.

Fil à employer. — Le fil de chanvre, d'excellente qualité, dont on doit se servir pour les coutures, est formé par la réunion, au moyen de poix, de 10 brins ou branches de fil n° 6 pour la semelle première, et de 8 brins de fil n° 6 pour la semelle seconde.

La bottine doit tomber d'aplomb, c'est-à-dire que l'avant de la semelle et la surface entière du talon doivent toucher le sol quand la chaussure est posée à plat. En outre, il est indispensable que, lorsqu'on tend la tige avec la main, la jointure ne tire pas au bras et que cette tige tombe d'équerre, c'est-à-dire ni en avant ni en arrière.

La bottine se porte sous le pantalon.

Les officiers montés de toutes armes font usage de bottines avec le pantalon d'ordonnance.

Ces bottines sont garnies d'éperons d'ordonnance fixés au talon par des vis ou des ressorts dits « boîtes ».

Toutefois, les officiers montés ou non montés peuvent remplacer la bottine d'ordonnance par des chaussures qui ne présentent ni boutons, ni piqûres, ni lacets apparents.

Art. 27. — Chaussures coloniales

Les différentes chaussures sont conformes au modèle de la tenue de France, hors les modifications ci-après :

Les bottes sont à tiges molles ou dures, à volonté, et sont d'un usage facultatif ;

Les jambières de cuir sont d'un modèle et d'un usage facultatifs. Elles sont de couleur noire ou fauve, suivant qu'elles sont portées avec les brodequins de cuir noir ou fauve.

Le port des souliers de toile blanche est facultatif en dehors du service. Le port des souliers ou des brodequins de cuir fauve est facultatif en dehors du service, avec le pantalon et la culotte de toile blanche ou kaki, et, en tenue de campagne, avec le pantalon ou la culotte en toile kaki.

ART. 28. — CEINTURON DE SABRE OU D'ÉPÉE DES OFFICIERS
DE TOUS GRADES.

§ 1er. — En cuir fauve; se compose d'une ceinture et d'une bélière.

§ 2. — La ceinture est en deux morceaux, savoir :

1° Une bande antérieure qui porte à l'un de ses bouts une boucle à rouleau en cuivre doré, avec passant en cuir (hauteur de la boucle dans œuvre, 35mn; largeur de la boucle dans œuvre, 15mm; largeur du passant, 11mm). Un passant coulant, en cuir fauve de la même largeur, court le long de cette bande. Par son autre extrémité, la bande est enchapée, à double couture, à un trapèze de cuivre doré base inférieure dans œuvre, 25mm; base supérieure dans œuvre 11mm; hauteur dans œuvre, 35mm) dont la baguette a 3mm,5 de diamètre

La longueur de la bande antérieure, de la boucle au trapèze, varie suivant la grosseur de l'officier, de manière que, la boucle se trouvant au milieu du corps, le trapèze corresponde à la hanche, au point convenable pour le port de l'épée ou du sabre lorsque le ceinturon est bouclé.

2° Une bande postérieure percée de huit ou dix trous pour l'ardillon de la boucle du devant. Cette bande est enchapée, à double couture, par l'un de ses bouts, à l'autre côté du trapèze; par l'autre bout, elle se termine en pointe légèrement arrondie. La largeur des deux pièces de la ceinture est de 35mm, et leur longueur est proportionnée à la taille de l'officier.

§ 3. — Un crochet, dit trousse-sabre, qui reçoit l'anneau du sabre ou de l'épée, quand il se porte au crochet, est adapté à la bélière passée dans le trapèze à 45mm de la base inférieure. Il est du même fil de cuivre doré que ce trapèze (diamètre 3mm,5); son dormant a 15mm dans œuvre et son bec 45mm.

§ 4. — La bélière a 25mm de largeur; sa longueur est proportionnée à la taille (320mm environ) non compris le rempli d'enchapure de chaque bout. Elle s'enchappe à la base inférieure du trapèze au moyen du bouton de crochet de sabre et par deux boutonnières espacées de 100mm de tête en tête.

Au bas, sont percées deux boutonnières distantes l'une de l'autre de 70mm de tête en tête, qui reçoivent un bouton double en cuivre doré, ayant 13^{mm} de diamètre à la tête pour attacher la bélière à l'épée ou au sabre par le moyen d'un porte mousqueton en acier nickelé.

Le sabre ou l'épée se porte habituellement au crochet, la poignée en arrière et le bout en avant, la bélière faisant un tour autour du fourreau. Le sabre ou l'épée ne doit jamais traîner à terre, ni être porté sous le bras.

Art. 29. — DRAGONNES.

Grande tenue. — La dragonne se compose d'un cordon en soie noire pour le sabre et en frisure d'or pour l'épée, de 4^{mm} environ de grosseur et de 450^{mm} environ de longueur apparente étant ployée en deux. Les deux bouts sont réunis et rentrent dans un gland entièrement en or, pour tous grades et quel que soit le métal du bouton d'uniforme. La tête de ce gland en forme de poire (hauteur, 30^{mm}; grosseur au renflement, 17^{mm}), est recouverte à points de Milan en cannetille mate.

La frange est en grosses torsades mates (hauteur, 45^{mm}) pour officiers supérieurs, et en petites torsades mates (hauteur, 55 ^m/_m) pour les autres.

Grosseur du gland à la frange, pour tous les grades, environ 30^{mm}.

Un contour (hauteur, 10^{mm}), en petites torsades pour tous les grades, mates comme la frange, couvre la réunion de celle-ci avec la poire du gland.

Un coulant en or (hauteur, 10^{mm}), même travail que la poire, est mobile le long du cordon.

Petite tenue. — Se compose d'un cordon tressé en cuir verni noir de 4^{mm} de diamètre et d'une longueur apparente de 350^{mm} étant ployé en deux. Les deux bouts sont réunis et rentrent dans un gland qui, pour tous les grades, est confectionné avec une bande de cuir verni noir très fin, roulée sur elle-même et tailladée en petites lanières de 5 à 6^{mm}, réunies par le bas. De petites bandelettes du même cuir, tressées à points suivis, forment une tête de 15^{mm} de haut.

Un coulant en cuir verni noir est mobile le long du cordon.

Longueur totale du gland, 90^{mm}; diamètre 25^{mm} environ.

Port de la dragonne. — Au sabre, la dragonne s'attache par un nœud coulant dans l'œil ménagé à cet effet, près du pommeau du sabre. Le cordon fait quelques tours autour de la garde et vient ressortir près de la coquille, de manière que le haut de la poire du gland pende à environ 60^{mm} au-dessous de cette coquille.

À l'épée, elle forme un nœud coulant autour de la partie supérieure de la poignée immédiatement au-dessous de la branche. Le cordon en double fait ensuite plusieurs tours sur cette branche, revient se croiser au bas de la poignée et retombe en avant de manière que le haut de la tête du gland de la dragonne arrive à 40^{mm} environ au-dessous de la croisée de la branche de garde.

ART. 30. — ÉPERONS A LA CHEVALIÈRE.

L'un pour la botte droite, l'autre pour la botte gauche. Les deux branches d'éperons horizontales, légèrement arrondies intérieurement, doivent être d'une longueur suffisante pour que le sous-pied soit toujours droit ; elles sont pourvues latéralement à chaque extrémité, d'un pivot à bouton. Ces pivots servent à fixer les sous-pieds et les brides d'éperon. Le pivot externe porte une boucle roulante à ardillon à laquelle vient s'attacher l'extrémité libre de la bride d'éperon qui contourne le sous-pied.

La largeur des sous pieds et des brides est de 15^{mm} ; les brides ont la même largeur sur toute leur étendue, sauf à la partie libre, qui est taillée en pointe pour permettre son passage dans la boucle.

La tige d'éperon a 60^{mm} de longueur ; elle est horizontale comme les branches ; son extrémité est munie d'une molette à roue dentée de 15^{mm} de diamètre environ, qui ne doit être apparente qu'à la partie supérieure.

ART. 31. — ÉPERONS D'ORDONNANCE.

§ 1er L'éperon est en fer forgé et limé ; il se compose : d'une branche, d'une tige et d'une queue.

§ 2. La branche enveloppe, au dehors, le talon de la chaussure. Elle a environ 150^{mm} de développement intérieur. L'écartement entre ses deux extrémités est d'environ 75^{mm}, et la profondeur de son cintre de 55 à 60^{mm}. Elle est plate en dedans, légèrement évidée, pour l'adhérence complète avec le talon. Sa largeur uniforme est de 9^{mm}. Sa surface extérieure est, en demi-baguette, de 3 à 4^{mm} d'épaisseur. Chacune de ses extrémités forme une crosse recourbée, en contre-bas, de 12^{mm}, sur autant de largeur. Cette partie arrondie est percée d'un trou de 2 à 3^{mm} légèrement fraisé, pour recevoir une vis d'attache.

§ 3. Sur le milieu de la branche se raccorde la tige. Cette tige, qui se relève légèrement en formant un angle de 7 degrés avec le plan qui passe par l'arrêt supérieur de la branche, est droite et en baguette ronde, de 8^{mm} de diamètre près de sa jonction avec la branche, et de 10^{mm} à sa tête ou partie antérieure ; elle a 40^{mm} de long.

§ 4. La tête est refendue verticalement, dans le sens de sa longueur, sur 15^{mm}, pour recevoir une molette de 1^{mm} environ d'épaisseur, présentant 12 pointes en dents de scie de 4^{mm} environ de saillie. Diamètre de la molette mesuré au sommet des pointes, 20^{mm}. La molette est mobile autour d'un axe rivé sur les deux faces verticales de la tête.

En dedans de la branche, la tige se prolonge par une broche, de 25^{mm} de longueur et de 3^{mm} de diamètre, qui pénètre dans le talon de la chaussure.

§ 5. La queue est placée sous la jonction de la branche et de la tige. Elle a 13^{mm} de hauteur, 12^{mm} de largeur et 4^{mm} d'épaisseur ; elle est arrondie sur sa face, qui est percée d'un trou fraisé pour recevoir une vis. La queue s'applique contre le derrière du talon, dont elle suit la pente.

ART. 32. — ÉTUI ET CORDON D'ATTACHE DU REVOLVER (1).

§ 1er. — L'étui du revolver affecte la forme d'une petite fonte triangulaire, à faces plus renflées vers la droite, et dont le grand côté, à gauche, présente une arête recourbée en demi-arc ; les deux autres côtés du triangle convergent à un angle très ouvert, sur la droite.

Entièrement en cuir de premier choix, de 2^{mm}5 à 3^{mm} d'épaisseur

---

(1) Le revolver est obligatoire pour la tenue de campagne.

moyenne, il est noirci sur fleur et reçoit extérieurement une couche de vernis blanc.

L'étui se compose : 1° d'une gaine ou fourreau, avec cartouchière, passant fixe et D de support ; 2° d'un couvercle ou portière ; 3° d'une banderole. Il comporte, en outre, une courroie de ceinture pour les officiers montés.

§ 2. *Fourreau.* — En cuir, offrant assez de fermeté pour ne pas se déformer ; le fourreau est d'un seul morceau, remplié verticalement vers le milieu, de manière à donner une surface convexe en dessus et plus renflée à droite, le long du pli ; les deux bords, assemblés à l'opposite par une couture à plat faite au fil poissé, présentent, en bas, une espèce de fuseau tronqué dont le bout est fermé au moyen de deux rondelles en cuir de 3 à 4^{mm} d'épaisseur, superposées intérieurement et fixées chacune par une couture au fil poissé.

Sur le dessous du fourreau est fixé intérieurement, par une couture demi-circulaire, une cale en cuir faite de deux ou trois morceaux assemblés par des points de couture et présentant une épaisseur totale de 10 à 12^{mm}.

Le côté de la cale coupé en ligne droite est relié à la couture d'assemblage ; le côté opposé présente un profil contourné en accolade pour recevoir le devant du pontet du revolver. Les morceaux de cuir dont elle est formée sont parés dans le sens de la longueur sur l'une de leurs faces, afin d'éviter une trop grande épaisseur à l'endroit où la cale est maintenue par la couture d'assemblage.

La position de cette cale sur le corps de l'étui est telle que son extrémité supérieure est à 130^{mm} environ du sommet de l'angle arrondi du fourreau mesuré en ligne droite après emboutissage, et son extrémité inférieure à 63^{mm} de la terminaison du fourreau.

La partie inférieure, où pose l'arrêtoir du revolver, est emboutie pour que cet arrêtoir puisse s'y loger sans frottement. Il en est de même pour l'emplacement du point de mire.

Le dessous du fourreau se prolonge triangulairement pour former à gauche une oreille où se loge la crosse du revolver ; l'oreille est façonnée au moyen d'une couture froncée au fil poissé, qui relève le cuir et lui maintient sa forme ; elle est soutenue par une bordure en cuir fauve, cousue à cheval sur son bord.

§ 3. — Sur le dessus du fourreau se trouve la cartouchière comprenant :

1° Deux rangs parallèles, chacun de six gaines en cuir à l'eau, disposés verticalement pour recevoir 12 cartouches. Ces gaines sont fixées sur l'étui même et séparées entre elles par quatre points au fil poissé ; leur diamètre doit être tel que les cartouches y entrent avec un léger frottement ;

2° Une poche à soufflet en cuir de vache ou de cheval, assujettie sur le fourreau, de chaque côté, par une couture au fil poissé, et fermée au bas par un rempli retenu sous le dernier rang de gaines. Le recouvrement de la poche, arrêté par une couture, le long de l'ouverture de l'étui et en dedans, se rabat sur la poche où son bord libre, qui est taillé en accolade et percé d'une boutonnière, s'engage dans un bouton à gorge en cuivre, fixé sur le milieu de cette poche et recouvert à l'intérieur par un rond de cuir cousu.

§ 4. — Au-dessous de la poche à cartouches et à 60^{mm} du fond de l'étui, se trouve un autre bouton à gorge en cuivre, dont la rivure à l'intérieur est aussi recouverte par un rond de cuir cousu. Ce bouton sert à la fermeture du couvercle.

§ 5. — Sur le dessous du fourreau est fixé extérieurement, par quatre coutures au fil poissé (deux en haut, deux en bas), un passant ayant 130^{mm} de longueur développée sur 55^{mm} de largeur. C'est une bande en cuir noir, qui, cousue par son bord supérieur, est ensuite rabattue sur l'étui, et cousue à son bord opposé.

§. 6 — Du même côté et aux coins du bord supérieur du fourreau, sont encore fixés, par des enchapures en cuir solidement cousues, deux D de support en cuivre de 25^{mm} de largeur et de 9^{mm} de hauteur dans œuvre, destinés au passage de la banderole.

§ 7. *Couvercle.* — En même cuir que le fourreau. Il est embouti en forme de coquille, dont les bords relevés présentent une hauteur verticale de 35 à 40^{mm} avec le fond, vers le milieu. Ses bords libres sont garnis d'un jonc en cuir cousu au fil poissé.

Un contre-sanglon de fermeture est cousu en dedans du bord antérieur du couvercle ; il est percé, vers le milieu, d'une boutonnière dont l'ouverture est renforcée par deux plaques ou écussons en cuivre, fixés l'un en dessous, l'autre en dessus, par quatre rivets. Cette boutonnière vient s'engager dans le bouton à gorge décrit § 4.

§ 8. — Une bande en cuir, formant charnière de 155^{mm} de long sur 23^{mm} de large, réunit, à l'extérieur, le couvercle au fourreau par deux coutures parallèles appliquées le long des bords supérieurs du couvercle et du dessous du fourreau.

§ 9. *Banderole.* — En cuir verni noir ; à l'un des bouts est fixé, par deux coutures au fil poissé, un passant coulant en cuivre non fondu, destiné à allonger ou à raccourcir la banderole. L'autre bout est muni de deux boutonnières percées à 55^{mm} l'une de l'autre, dans lesquelles s'engage un bouton à double tête en cuivre.

§ 10. *Courroie de ceinture.* — En cuir verni noir, se compose :

1° D'une bande de ceinture faite d'un seul morceau, repliée d'un bout sur 50^{mm} de longueur pour servir d'enchapure à une boucle en cuivre à rouleau et ardillon, de 25^{mm} de largeur dans œuvre.

L'ardillon est en fer noirci ; un passant fixe en cuir est cousu dans l'enchapure, à 10^{mm} en avant de la boucle ; un autre passant coulant également en cuir et de même largeur (10^{mm}) court le long de la ceinture. A 70^{mm} de l'autre bout sont percés huit trous d'ardillon distants de 30^{mm} entre eux ;

2° D'une petite courroie d'arrêt en même cuir, fixée d'un bout par deux coutures, vers le milieu de la face interne de la bande de ceinture, et glissant sur cette bande, du côté opposé à la boucle, au moyen d'un passant coulant en cuir cousu à l'autre bout.

Dimensions de l'étui confectionné :

Étui. Fourreau.		Hauteur mesurée sur le pli hors œuvre,	0^{m}200
		Longueur développée sur les bords de la jointure depuis le bout jusqu'à l'ouverture	0 220
		Hauteur apparente du derrière au-dessus de l'ouverture prise au fond de l'oreille	0 060
		Diam. du bout du fourreau (hors œuvre) environ	0 030
		Largeur de l'ouverture (dans œuvre) mesurée depuis la couture de jonction jusqu'au pli arrondi.	0 145
Étui. Fourreau.	Passant fixe	Longueur développée	0 130
		Largeur	0 055
		Hauteur de la passe (dans œuvre)	0 090
		Distance du bout de l'étui au bord inférieur du passant	0 110
Étui. Fourreau.	D de support	Longueur des D (dans œuvre)	0 025
		Longueur apparente de l'enchapure cousue	0 042
		Distance entre les deux enchapures.	0 095
		Largeur apparente de l'enchapure cousue	0 0

		Désignation	Mesure
Étui Fourreau	Poches à cartouches	Largeur en haut entre les coutures.	0 [illegible]
		Largeur en bas entre les coutures.	0 [illegible]
		Hauteur à partir du fond non compris le rempli intérieur de (2^{mm}).	0 0[illegible]
		Développement total de la poche mesuré sur le bord supérieur.	0 [illegible]
		Longueur du recouvrement sur la couture.	0 [illegible]
		Longueur du recouvrement au milieu.	0 [illegible]
		Hauteur totale depuis la pointe jusqu'à la couture.	0 [illegible]
		Distance du bas de la boutonnière à la pointe.	0 0[illegible]
	Gaines à cartouch.	Hauteur des gaines.	0 01[illegible]
		Distance du 1er rang au fond de l'ouverture.	0 00[illegible]
		Distance entre les deux rangs.	0 0[illegible]
Étui Couvercle		Développement total du bord du couvercle.	0 [illegible]
		Longueur près du bord entre les deux angles collant le derrière dans œuvre.	0 0[illegible]
		Profondeur du derrière (dans œuvre) environ.	0 0[illegible]
		Profondeur près du contre-sanglon (dans œuvre).	0 0[illegible]
		Longueur totale du contre-sanglon.	0 [illegible]
		Largeur du contre-sanglon.	0 0[illegible]
		Distance du fond de la boutonnière à l'extrémité du contre-sanglon.	0 0[illegible]
		Longueur de la charnière en cuir.	0 15[illegible]
		Largeur de la charnière en cuir.	0 02[illegible]
Banderole		Longueur totale non compris l'enchapure.	1 [illegible]
		Longueur totale de l'enchapure.	0 030
		Largeur.	0 0[illegible]
		Largeur du passant coulant (dans œuvre).	0 0[illegible]
		Hauteur totale.	0 [illegible]
Courroie de la ceinture		Longueur totale non compris l'enchapure.	1 [illegible]
		— de l'enchapure.	0 [illegible]
		Largeur de la ceinture.	0 0[illegible]
		— des passants.	0 016
		— de la boucle (dans œuvre).	0 02[illegible]
		Longueur totale de la petite courroie d'arrêt.	0 310
		Largeur de la petite courroie d'arrêt.	0 025
		— du passant fixe (dans œuvre).	0 0[illegible]
		Distance du milieu de la couture aux bouts de la ceinture.	0 500

§ 11 - *Cordon d'attache de revolver* — Les officiers montés font usage d'un cordon d'attache de revolver fait d'une ganse noire, ronde, en poil de chèvre dite milanaise. Chaque extrémité du cordon forme anneau par un retour sur lui-même et s'attache dans une boule creuse grappée en poil de chèvre. Une des boules est fixée à 40^{mm} et l'autre à 50^{mm} environ de l'extrémité de l'anneau correspondant.

Longueur totale du cordon après formation des anneaux.   0^{m}900
Grosseur du cordon.   .   .   .   .   -0,006

L'étui de revolver se porte de la même manière que celui de la troupe.

Art. 33. — GANTS DE FRANCE.

Gants blancs. — En peau dite de castor ou en peau de chien glacée.

Gants chamois. — En peau façon castor.

Gants de nuance rouge brun. — En peau dite de chien.

Art. 34. — GANTS COLONIAUX.

Gants blancs dits de fil et soie.
Gants de nuance rouge brun, façon castor, facultatifs en service.
Gants de nuance kaki de fil ou de coton, facultatifs en service.

Art. 35. — JAMBIÈRES EN CUIR.

Pour les officiers montés ou non montés :
Les jambières en cuir se portent avec des brodequins ; les officiers montés fixent sur ces chaussures des éperons à la chevalière.
Les jambières se portent indifféremment sur la culotte ou sur le pantalon. Elles sont en cuir noir ciré ou verni ; elles affectent la forme de la jambe et sont lacées sur le côté extérieur à l'aide de crochets plats, de manière à pouvoir s'élargir au besoin, suivant qu'elles sont portées sur la culotte ou sur le pantalon. Elles prennent au-dessus du jarret et finissent à la cheville, en couvrant le haut du brodequin.

Art. 36. — PORTE-CARTES.

Le porte-cartes, en vache grenée vernie noire, est doublé à l'intérieur en toile de lin écrue. Il se compose d'un devant dont les angles inférieurs sont arrondis d'un derrière se rabattant en patelette sur le devant, sur une longueur d'environ 230^{mm} ; la partie inférieure du derrière est arrondie comme celle du devant, et le haut, formant, patelette, est taillé en demi-cercle sur un rayon de 90^{mm} environ.

Le devant et le derrière sont réunis par un soufflet de la hauteur du devant ; à la partie inférieure de ce soufflet, et de chaque côté, sont fixés deux oreillons non doublés, en toile, cousus verticalement avec la bordure intérieure de la patelette et horizontalement derrière et en dedans des bords supérieurs du soufflet. Ces oreillons, arrondis à leur partie libre, se rabattent en dedans, afin de protéger l'intérieur du porte-cartes contre la pluie.

Le porte-cartes est entièrement bordé en vache grenée vernie noire, de 15^{mm} de largeur environ.

Deux passants en cuir verni noir sont cousus à 10^{mm} environ du bord inférieur du derrière du porte-cartes et à 40^{mm} environ des bords latéraux ; le milieu de ces passants, laissé libre sur une longueur de 30^{mm} environ, est destiné au passage des courroies de sacoches, lorsque cet effet est porté sur la selle.

A 40^{mm} environ au-dessus de ces passants et à 20^{mm} environ des bords latéraux, sont cousues deux enchapures en cuir verni noir servant à fixer des dés en métal nickelé d'une épaisseur de 3^{mm} environ, dans lesquels s'engagent deux courroies en cuir verni noir.

Une des extrémités de ces courroies est rabattue, puis cousue sur une longueur de 35^{mm} environ, afin de former enchapure à une boucle rectangulaire à barrette en métal nickelé (diamètre du fil 3^{mm} environ) dont les angles sont arrondis.

A 15^{mm} environ de la barrette de la boucle et derrière chaque courroie est placé dans l'enchapure un passant en cuir verni noir (largeur 8^{mm} environ) ; un passant mobile, semblable au premier, glisse le long de ces courroies. L'autre extrémité des courroies, taillée en pointe, est percée de quelques trous pour recevoir l'ardillon de la boucle.

Ces deux courroies permettent l'adaptation du porte-cartes au ceinturon ; elles doivent être ajustées de telle sorte que le haut du porte-cartes affleure le bas de la tunique ou de la vareuse.

La fermeture du porte-cartes s'effectue, soit à l'aide d'une serrure à bouton à ressort simple, soit à l'aide d'une serrure à bouton à ressort et à clef, soit enfin à l'aide d'un verrou. Dans les trois modes de fermeture, qui sont en métal nickelé, l'écusson fixé à la patelette est arrondi à sa partie supérieure ; il mesure 30^mm de hauteur environ sur 45^mm de largeur en haut et 35^mm en bas.

L'écusson rectangulaire, placé au milieu et à 15^mm environ du bord inférieur du devant, sur lequel est fixé le mode de fermeture, doit avoir 60^mm environ de hauteur sur 35^mm de largeur environ ; les angles de cet écusson sont arrondis.

Les officiers ont la faculté de faire adapter sur le devant du porte-cartes une poche de même cuir, avec patte de recouvrement ; toutefois, cette poche doit être entièrement cachée par la patelette.

L'agencement intérieur du porte-cartes est facultatif et laissé à la disposition des officiers.

Dimensions (1) :

Devant	Hauteur	0^m260
	Largeur	0 185
Derrière (le porte-cartes fermé), hauteur (environ)		0 290
Patelette	—	0 230
Hauteur totale du morceau de cuir formant le derrière de la patelette		0 520
Largeur totale du morceau de cuir formant le derrière de la patelette		0 185
Soufflet	Longueur du développement (environ)	0 870
	Largeur minima	0 070
Oreillons	Hauteur	0 080
	Largeur	0 065
Passants des courroies de sacoches	Hauteur	0 070
	Largeur	0 020
Courroies de suspension au ceinturon	Longueur	0 460
	Largeur	0 020
Boucle des courroies	Longueur dans œuvre	0 030
	Largeur dans œuvre	0 020
Enchapure des dés	Longueur apparente	0 040
	Largeur	0 020
Dés des enchapures	Longueur dans œuvre	0 020
	Largeur dans œuvre	0 008

Le porte-cartes est placé, soit sur le côté droit du ceinturon, sa partie supérieure venant affleurer la tunique ou la vareuse, soit sur les sacoches, dont une des courroies s'engage dans les passants fixés à la face postérieure du porte-cartes.

Aux colonies, le porte-cartes doit être pourvu de trois bélières au lieu de deux.

---

(1) Ces dimensions sont invariables, à l'exception de la largeur du souffle qui pourra être augmentée selon les besoins.

CHAPITRE IV.

Armement.

ART. 37. — ÉPÉE A CISELURES.

§ 1ᵉʳ. *Lame* — Longue de 870ᵐᵐ ; les sections représentent un losange sur toute la longueur, sans pan creux ni gouttière.

§ 2. *Monture.* — Poignée en corne de buffle, ornée d'un filigrane doré. Garde et pommeau en laiton doré. A la partie supérieure, la branche de la garde porte une fente pour le passage du cordon de dragonne ; à la partie inférieure, elle se bifurque pour se raccorder avec le contour de la demi-coquille extérieure.

— Demi-coquille intérieure mobile.

La demi-coquille extérieure fixe est ornée de six drapeaux croisés derrière un attribut variant suivant le service.

§ 3. *Fourreau.* — En acier nickelé, à un seul bracelet à anneau.

ART. 38. — ÉPÉE SANS CISELURES.

§ 1ᵉʳ. *Lame* — Longue de 800ᵐᵐ ; deux pans creux depuis le talon jusqu'au milieu de la longueur ; les sections du reste de la lame représentent un losange.

§ 2. *Monture.* — Poignée en bois recouverte d'un filigrane doré entouré d'une hélice également en filigrane doré.

Garde et pommeau en laiton doré.

Demi-coquille intérieure mobile.

Demi-coquille extérieure fixe ornée d'attribut variant suivant le service ; le fond est uni.

§ 3. *Fourreau.* — En acier nickelé, à un seul bracelet à anneau.

TITRE II.

Etat-major général des troupes coloniales.

Habillement. — Coiffure. — Equipement. — Armement.

En France. — L'uniforme des généraux des troupes coloniales est, en tous points, semblable à celui des généraux des troupes métropolitaines.

Aux Colonies. — Les généraux des troupes coloniales font usage d'un uniforme semblable, mais confectionné en drap plus léger.

La tunique blanche ou kaki (pour la tenue de campagne) est du modèle général. Les insignes de grade comportent six galons d'or façon dite à trait côtelé, de $0^m,006$ de largeur, espacés entre eux de $0^m,004$ et sur lesquels sont appliqués deux ou trois étoiles à cinq branches en argent, de $0^m,020$ de diamètre environ, suivant le grade.

Pour les généraux de brigade, les étoiles sont appliquées sur le 3e et le 4e galon, à une distance d'environ $0^m,05$ d'axe en axe.

Pour les généraux de division, les étoiles sont appliquées en triangle, la première au sommet, sur le 2e et le 3e galon, les deux autres au-dessous, sur le 4e et le 5e galon, et espacés également d'environ $0^m,05$ d'axe en axe.

Ces insignes de grade sont placés sur une bande mobile en drap bleu foncé, ajustée sur la manche au moyen d'agrafes à ressort à $0^m,07$ de l'extrémité.

Le général de division commandant-supérieur des troupes en Indo-Chine porte, au-dessus et contre le galon supérieur des insignes de grade mobile, une soutache en argent de $0^m,003$ de largeur.

Les épaules reçoivent des brides d'épaulettes mobiles du modèle donné par la description des uniformes arrêtée à la date du 20 novembre 1906 (B. O. Ed. méth. vol. 104). Ces brides sont posées sur drap du fond de la tunique en drap léger.

Le casque colonial, du modèle général, est orné de deux ou trois étoiles, suivant le grade.

TITRE III.
Service d'état-major.

CHAPITRE PREMIER

**1° Officiers des états-majors particuliers de l'infanterie
et de l'artillerie coloniales
non employés au service d'état-major.**

Les dispositions relatives à l'attribut du bandeau du képi, du collet de la tunique et du manteau, contenues dans les chapitres I, II et III qui suivent, ne sont applicables qu'en temps de guerre.

En temps de paix, les officiers d'infanterie et d'artillerie coloniales conservent l'attribut spécial à leur arme (ancre ou grenade), quel que soit le service auquel ils sont affectés.

Les officiers de l'état-major particulier de l'infanterie et de l'artillerie coloniales non affectés au service d'état-major conservent l'uniforme des régiments de leur arme, sauf les différences suivantes :

Officiers de l'infanterie coloniale.

ART. 39. — TUNIQUE.

Le collet est orné, à chaque angle, d'une ancre encablée, brodée en cannetille et paillettes d'or, sur une patte en drap du fond découpée en accolade à sa partie postérieure (hauteur 45^{mm}, largeur 25 ^{mm}).

Le même attribut est porté sur les effets de toile.

ART. 40. — CAPOTE

Le collet de la capote ou du manteau est orné, à ses angles, d'une ancre brodée semblable à celle du collet de la tunique, ayant les mêmes dimensions.

ART. 41. — BÉRET.

Du modèle général.

ART. 42. — KÉPI DE 2ᵉ TENUE.

Le bandeau du képi est orné sur son devant d'une ancre semblable à celle du collet de la capote et de la tunique, (hauteur 25ᵐᵐ) sur un écusson en drap du fond.

ART. 43. — KÉPI DE 1ʳᵉ TENUE.

Le képi de 1ʳᵉ tenue est semblable à celui des officiers des régiments.

Aux colonies, il est remplacé, pour la grande tenue, par le casque colonial.

Officiers de l'artillerie coloniale.

ART. 44. — DOLMAN (Supprimé).

ART. 45. — MANTEAU.

Le collet du manteau est orné d'une grenade brodée en cannetille et paillettes d'or sur un écusson en drap bleu foncé découpé suivant le contour de l'attribut (longueur 0ᵐ060, largeur à la flamme et à la bombe 0ᵐ015) ; cette grenade est placée de manière que sa bombe repose au sommet de l'angle droit du collet, sa flamme tournée du côté de l'encolure.

ART. 46. — KÉPI.

Le bandeau porte une grenade de 20ᵐᵐ de hauteur brodée en cannetille et paillettes d'or.

Le képi de 1ʳᵉ tenue est semblable à celui des officiers des régiments.

Aux colonies, il est remplacé, pour la grande tenue, par le casque colonial.

CHAPITRE II

2° Officiers des états-majors particuliers de l'infanterie et de l'artillerie coloniales affectés au service d'état-major (1).

Les officiers des états-majors particuliers de l'infanterie et de l'artillerie coloniales affectés au service d'état-major portent l'uniforme de leur arme avec les modifications indiquées ci-après :

---

(1) Les officiers de toutes armes employés dans le service d'état-major et les officiers d'administration font usage en route, en campagne, ainsi que dans les revues et inspections passées en tenue de route ou de campagne, d'un porte-cartes du modèle général décrit à l'article 36.

Art. 47. — CAPOTE OU MANTEAU.

Le numéro, ou la grenade, du collet, est remplacé par un foudre ailé (longueur 55ᵐᵐ) brodé en frisure, neuf paillettes d'or sur l'écusson de l'arme.

Art. 48. — CULOTTE ET PANTALON D'ORDONNANCE.

Pour les officiers de la maison militaire du Président de la République, des états-majors particuliers du Ministre de la Guerre ou de la Marine, le pantalon et la culotte d'ordonnance sont ornés, sur la couture extérieure, de deux galons d'or, façon soubise hussard, de 25ᵐᵐ de largeur, cousus parallèlement à 4ᵐᵐ de distance.

Art. 49. — TUNIQUE AMPLE.

Le numéro ou la grenade, du collet, est remplacée par un foudre du modèle décrit ci-dessus.

Art. 50. — GILET DE TRAVAIL.

Du modèle général.

Art. 51. — KÉPI.

Le képi ne comporte aucun attribut.

En grande tenue, les officiers du service d'état-major portent un plumet au képi, des couleurs indiquées ci-après :

Maison militaire du Président de la République : tricolore (le rouge en bas) ;

État-major particulier du Ministre de la Guerre ou de la marine : blanc ;

État-major de l'armée et états-majors des commandants d'armée : blanc et rouge (le rouge en bas) ;

États-majors des commandants de corps d'armée et attachés militaires à l'étranger : tricolore (le rouge en bas) ;

États-majors des généraux de division : rouge ;

États-majors des généraux de brigade : bleu.

CHAPITRE III

Insignes spéciaux des officiers employés dans un service d'état-major.

Les officiers employés dans un service d'état-major portent les aiguillettes en tenue du jour et en grande tenue.

En tenue de campagne, pour les revues, les visites de corps et, en général, pour toutes les cérémonies officielles, ils portent les aiguillettes et le brassard.

En outre, ils portent en tout temps, sur le devant de la pèlerine, un insigne distinctif spécial.

ART. 52. — AIGUILLETTES.

Du modèle général (art. 1), en or mat.

ART. 53. — 1° BRASSARDS.

Brassard de l'état-major particulier du Ministre de la Guerre. — Ce brassard est fait d'une bande de tissu de soie blanche, grosse faille pliée en double, de forme rectangulaire ; sa largeur apparente est de 0^m,080 ; sa longueur, variable avec la largeur de la manche du vêtement, est approximativement de 0,380. Un grand côté et deux petits ont leurs bords repliés et cousus à point devant.

Il se fixe sur la manche gauche du vêtement et au milieu du bras, au moyen d'une patte médiane attenante à une des extrémités de l'étoffe (largeur 0^m,025, longueur 0^m,070), terminée en pointe et correspondant à une boucle en métal doré à deux ardillons (longueur dans œuvre 0^m,025, largeur dans œuvre 0^m,014), enchapée à l'autre extrémité (longueur apparente de l'enchapure 0^m,050, largeur 0^m,025).

Le brassard est orné en son milieu de deux foudres réunis horizontalement par le faisceau et brodés en or fin à cannetille mate et brillante avec paillettes (hauteur 0^m,080, largeur 0^m,028).

Les grands côtés du brassard sont bordés sur toute leur étendue d'une soutache en or de 3^{mm} de largeur.

Brassard de l'état-major de l'armée et de l'état-major des commandants d'armée. — Il est fait de deux bandes égales de tissu de soie grosse faille, l'une blanche en haut, l'autre rouge, de façon à présenter deux lés d'égale largeur ($0^m,040$), pour chaque couleur ; ces bandes sont réunies par deux piqûres parallèles internes à bords rabattus. A part cette disposition tous les autres détails de confection ainsi que les dimensions et les ornements sont les mêmes que pour le brassard ci-dessus.

Brassard de l'état-major particulier du Président de la République de l'état-major des généraux commandant un corps d'armée et des généraux gouverneurs de Paris et de Lyon. — Il est composé de trois bandes égales (largeur $0^m,027$ environ), de tissu de soie grosse faille, repliées de manière à former les trois couleurs nationales, le bleu à la partie supérieure ; ces bandes sont réunies par quatre piqûres parallèles internes à bords rabattus.

Tous les autres détails de confection, ainsi que les dimensions et la pose de la soutache, sont les mêmes que pour le premier brassard décrit ci-dessus ; toutefois, le double faisceau de foudres devra avoir son milieu à $0^m,026$ du bord supérieur, de façon à recevoir au-dessous le numéro du corps d'armée, brodé à cannetille mate (hauteur $0^m,023$) et ayant sa base à $0^m,012$ du bord inférieur du brassard. Le brassard de l'état major des gouverneurs de Paris et de Lyon ne portera que les foudres sans numéros.

Pour le brassard de l'état-major du corps d'armée des troupes coloniales, le numéro du corps d'armée est remplacé par une ancre brodée en or fin à cannetille mate (hauteur $0^m,023$), et ayant sa partie inférieure à $0^m,012$ du bord inférieur du brassard.

Brassard de l'état-major des généraux commandant une division. — Il est fait d'une bande de tissu de soie rouge ponceau grosse faille, pliée en double, de même forme et de mêmes dimensions que le premier brassard décrit plus haut. Les grands côtés sont également bordés, sur toute leur étendue, d'une soutache en or de 3^{mm} de largeur.

Pour l'état-major des divisions d'infanterie, la brassard est orné en son milieu d'une grenade brodée en or fin à cannetille mate et paillettes (hauteur $0^m,030$, largeur $0^m,023$), dont la pointe arrive à $0^m,010$ environ du bord supérieur du brassard.

Le numéro de la division (hauteur $0^m,025$), brodé à cannetille mate, est placé au-dessous, de manière à arriver à $0^m,010$ environ du bord inférieur du brassard.

Pour l'état-major des divisions de cavalerie, le brassard est orné en son milieu d'une étoile à huit branches brodée en or fin, à cannetille mate (hauteur 0^m,030, largeur 0^m,030), placée de manière à avoir son centre à 0^m,025 du bord supérieur; le numéro de la division, brodé à cannetille mate (hauteur 0^m,025), est placé au-dessous et sa partie inférieure arrive à 0^m,010 environ du bord inférieur du brassard.

Pour les brassards de l'état-major des divisions du corps d'armée des troupes coloniales, la grenade est remplacée par une ancre brodée en or fin, à cannetille mate (hauteur 0^m,030, largeur 0^m,023), dont la partie supérieure arrive à 0^m,010 environ du bord supérieur du brassard.

Le numéro de la division (hauteur 0^m,025), brodé à cannetille mate, est placé au-dessous de manière à arriver à 0^m,010 environ du bord inférieur du brassard.

Brassard de l'état-major des généraux commandant une brigade. — De même forme et de mêmes dimensions que le premier brassard décrit plus haut, mais en grosse faille bleu national.

Pour l'état-major des brigades d'infanterie, les ornements sont les mêmes que pour l'état-major des divisions, c'est-à-dire grenade et numéro brodés en or fin; ils sont aussi placés de la même manière.

Pour l'état-major des brigades de cavalerie, les ornements sont les mêmes que pour l'état-major des divisions, c'est-à-dire étoile et numéro brodés en or fin et disposés de la même façon; le numéro est brodé en chiffres arabes pour l'état-major des brigades de cavalerie de corps d'armée, et en chiffres romains pour l'état major des brigades faisant partie des divisions de cavalerie indépendantes.

Pour l'état-major des généraux commandant l'artillerie d'un corps d'armée, le brassard est orné en son milieu de canons croisés brodés en or fin cannetille mate et brillante (longueur 0^m,058, largeur 0^m,026) placés de manière à avoir leur centre à 0^m,024 du bord supérieur. Le numéro du corps d'armée, brodé à cannetille mate (hauteur 0^m,025), est placé au-dessous de manière à arriver à 0^m,011 environ du bord inférieur du brassard.

Pour l'état-major des généraux commandant le génie d'un corps d'armée, le brassard est orné d'une cuirasse surmontée d'un casque brodé en or fin, en relief à cannetille mate et brillante et filé (hauteur 0^m,031, largeur 0^m,020); cet attribut est disposé de façon que l'extrémité supérieure du motif arrive à 0^m,011 environ du bord supérieur du brassard. Le numéro du corps d'armée, brodé à cannetille mate (hauteur 0^m,022), est placé au-dessous de manière à arriver à 0^m,011 environ du bord inférieur du brassard.

Pour les brassards de l'état-major des brigades du corps d'armée des troupes coloniales, la grenade est remplacée par une ancre brodée en or fin, à cannetille mate (hauteur 0^m,030, largeur 0^m,023) dont la partie supérieure arrive à 0^m,010 environ du bord supérieur du brassard.

Le numéro de la brigade (hauteur 0^m,025), brodé à cannetille mate, est placé au-dessous de manière à arriver à 0,010 environ du bord inférieur du brassard.

Brassard de l'état-major des généraux commandant l'artillerie et le génie de plusieurs corps d'armée, ainsi que des places de Paris, Lyon, ou de l'Algérie. — Pour l'état-major des généraux commandant l'artillerie de plusieurs corps d'armée, le brassard rouge ponceau pour les généraux de division et bleu national pour les généraux de brigade, est orné à son milieu de l'attribut de l'artillerie, mesurant 0^m,050 de hauteur sur 0^m,080 de largeur.

Pour l'état-major des généraux commandant le génie et de plusieurs corps d'armée, le brassard est orné, en son milieu, de l'attribut du génie, mesurant 0^m,050 de hauteur sur 0^m,025 de largeur.

Les dispositions indiquées ci-dessus sont applicables aux brassards de l'état-major des généraux commandant l'artillerie et le génie des places de Paris, Lyon, ou l'Algérie.

Pour l'état-major du général commandant l'artillerie du corps d'armée des troupes coloniales, le numéro du corps d'armée est remplacé par une ancre brodée en or fin à cannetille mate (hauteur 0^m,025), placée au-dessous des canons croisés de manière à arriver à 0^m,011 environ du bord inférieur du brassard.

Brassard de l'état-major des généraux gouverneurs de places fortes, commandants supérieurs de la défense et de leurs adjoints. — De même forme et de mêmes dimensions que le premier brassard décrit plus haut. Il sera de couleur rouge ponceau pour les généraux de division, bleu national pour les généraux de brigade. Ce brassard recevra en son milieu un double faisceau de foudres brodés en or.

NOTA. — Les officiers employés dans les états-majors des divisions et subdivisions de l'Algérie ne portent, en temps de paix, aucun numéro sur le brassard.

Les officiers mis à la disposition du gouverneur général civil de l'Algérie portent, avec l'aiguillette, un brassard blanc et rouge et un plumet de mêmes couleurs (deux parties de rouge séparées par une partie blanche de même largeur).

Le brassard n'est pas orné de foudres.

L'insigne de la pèlerine est blanc et rouge, mêmes dispositions que pour le brassard.

Aux colonies, les officiers affectés à l'état-major du commandant supérieur des troupes du groupe de l'Indo-Chine portent les mêmes insignes que les officiers de l'état-major d'un corps d'armée : toutefois, le brassard est orné de foudres sans numéro.

Les officiers, affectés à l'état-major du commandant supérieur des troupes du groupe de l'Afrique orientale française et ceux affectés à l'état-major d'une division, portent les mêmes insignes que les officiers de l'état-major d'une division ; toutefois, le brassard est orné de foudres sans numéro.

Les officiers affectés à l'état-major du commandant supérieur des troupes de l'Afrique occidentale et des généraux commandant les brigades, aux colonies, portent les mêmes insignes que les officiers des états-majors des brigades du corps d'armée des troupes coloniales, mais l'ancre brodée est placée au milieu du brassard qui ne porte pas de numéro.

Les officiers détachés auprès des gouverneurs généraux ou des gouverneurs des colonies portent la grenade au collet des effets d'habillement et au képi, comme les autres officiers de l'arme à laquelle ils appartiennent.

Comme insignes spéciaux, les officiers détachés auprès des gouverneurs généraux portent, avec les aiguillettes, un brassard blanc et rouge et un plumet de mêmes couleurs (deux parties de rouge séparées par une partie blanche de même largeur).

Le brassard n'est pas orné de foudres.

L'insigne de la pèlerine est blanc et rouge, mêmes dispositions que pour le brassard.

Les officiers détachés auprès des gouverneurs des colonies portent seulement les aiguillettes en tenue du jour et en grande tenue, sans brassard.

ART. 54. — 2° INSIGNE DISTINCTIF
A PLACER SUR LA PÈLERINE MOBILE A CAPUCHON

Cet insigne se compose de galons en soie moirée, cousus au préalable sur des pattes en drap semblable à celui de la pèlerine. Ces galons (largeur $0^m,11$), des couleurs distinctives des brassards, sont séparés et encadrés par une soutache en or d'une largeur de $0^m,003$.

Tous les galons sont espacés de $0^m,002$ des soutaches ; pour l'état-major des généraux commandant un corps d'armée et des généraux gouverneurs de Paris et de Lyon, les galons sont contigus à la soutache.

Ces ornements, placés à $0^m,020$ au-dessous de la première boutonnière, sont fixés de manière à former, sur chaque côté du devant de l'effet, une patte rectangulaire dont la partie postérieure se termine en pointe sur une longueur de $0^m,015$ environ.

Dimensions des pattes de la pèlerine, couleurs et dispositions des galons.

Dimensions des pattes de la pèlerine.

Longueur. (l'une).	Largeur. (l'une).		
0ᵐ080	0ᵐ040	État-major particulier du Ministre.	Galons en soie blanche en haut et en bas.
		État-major général du Ministre et état-major des commandants d'armée.	Galons en soie blanche en haut, rouge ponceau au bas.
	0 045	État-major particulier du Président de la République.	Galons en soie. bleu national en haut, blanche au milieu, rouge ponceau en bas.
0ᵐ080	0ᵐ045	État-major des généraux commandant un corps d'armée et des généraux gouverneurs de Paris et de Lyon.	Galons en soie. bleu national en haut, blanche au milieu, rouge ponceau en bas.
	0ᵐ080	État-major des généraux commandant une division, des généraux de division gouverneurs de places fortes, commandants supérieurs de la défense, ou adjoints à ces commandants supérieurs, et des généraux de division commandant l'artillerie et le génie de plusieurs corps d'armée ou des places de Paris, Lyon et de l'Algérie.	Galons en soie rouge ponceau en haut et en bas.
	0 040	État-major des généraux commandant une brigade, des généraux de brigade gouverneurs de places fortes, commandants supérieurs de la défense, adjoints aux commandants supérieurs, et des généraux de brigade commandant l'artillerie et le génie d'un ou plusieurs corps d'armée ainsi que les places de Paris, Lyon et de l'Algérie.	Galons en soie bleu national en haut et en bas.

Les officiers du service géographique de l'armée portent les aiguillettes, ainsi que les signes distinctifs attribués aux officiers de l'état-major général, c'est-à-dire le plumet, le brassard et l'insigne de pèlerine blanc et rouge.

TITRE IV
Infanterie coloniale.

CHAPITRE PREMIER
Habillement.

ART. 55. — CAPOTE EN DRAP AVEC PÈLERINE MOBILE A CAPUCHON.

Du modèle général complété ainsi qu'il suit :

Collet. — Les angles du collet portent, comme ceux de la tunique, le numéro du régiment, l'insigne spécial de la section, ou l'ancre encablée, selon que l'officier est en service en France ou aux colonies.

Galons de grade. — Galons en or, en trait côtelé de 6^{mm} de largeur, placés parallèlement, le premier à 80^{mm} au-dessus de l'orifice de la manche ; les autres sont séparés par un intervalle de 4^{mm}.

Boutons d'uniforme sur la capote et sur la pèlerine.

ART. 56. — CAPOTE EN CAOUTCHOUC.

Du modèle général.

ART. 57. — CULOTTE DE DRAP.

Du modèle général. En drap de satin bleu avec passepoil en drap écarlate fin.

Aux colonies, les officiers font usage d'une culotte en drap léger.

ART. 58. — CULOTTE EN TOILE BLANCHE ET KAKI.

Semblable, comme forme et dimensions, à la culotte en drap. Confectionnée en toile blanche ou en coutil fin, blanc ou de nuance kaki.

ART. 59. — ÉPAULETTES.

Le corps et l'écusson, tous les deux de forme bombée, sont en galon d'or, dit en trait côteliné, sans dessin, broderie, ni applications quelconques.

Franges en petites torsades mates, pour officiers subalternes et en grosses torsades mates, pour officiers supérieurs. Au contour d'écusson trois tournantes : la grosse de 12^{mm} de diamètre, en bourdon mat de 1^{mm} environ et filé mat de $1/2^m/_m$, en milanaise tordue mate de $1/2^m/_m$, pour les officiers supérieurs, roulées alternativement sur âme en coton ; la tournante inférieure, diamètre 4^{mm}, en petite milanaise tordue mate, mélangée d'une autre non tordue également mate. La troisième tournante, contiguë à la frange, est du même travail que celle intérieure et de 2^{mm} de diamètre.

Leurs dimensions sont les suivantes :

Longueur du corps, du sommet à la naissance de l'écusson.	0^m130 à 0^m140
Hauteur de l'écusson, non compris les tournantes.	0 045
Largeur	0 102
— courante du corps.	0. 60
— du corps au sommet.	0 043
— de chaque pan coupé.	0 012
Longueur apparente des franges à petites torsades, pour officier subalterne.	0 090
Diamètre des petites torsades, environ.	0 0015
Longueur apparente des franges à grosses torsades pour officiers supérieurs.	0 055
Diamètre des grosses torsades, environ.	0 018

Un tout petit bouton d'uniforme est fixé en haut du corps de l'épaulette et une forte agrafe est placée en dessous, à la partie correspondante. Elle s'engage dans un petit gousset, comme sur le vêtement.

L'épaulette et la contre-épaulette sont placées près du collet, à 10^{mm} de la couture, droit sur le milieu de l'épaule, sans pencher en avant ni en arrière, les brides, en galon à trait côtelé du même métal que le corps de l'épaulette, touchant exactement de leurs deux extrémités le contour d'écusson et ajustées de manière à ne pas laisser glisser ni balloter l'épaulette. L'écusson de cette dernière doit être parfaitement horizontal.

Le sous-lieutenant porte une épaulette à franges en or mat sur l'épaule droite et une contre-épaulette sur la gauche.

Le lieutenant, une épaulette à franges en or mat à gauche, une contre-épaulette à droite.

Le capitaine, deux épaulettes à franges en or mat.

Le chef de bataillon et le major, une épaulette à grosses torsades en or mat à gauche, une contre épaulette à droite.

Le lieutenant-colonel, deux épaulettes à grosses torsades, franges et tournantes en or mat ; corps et écussons, ainsi que les brides, en argent mat.

Le colonel, deux épaulettes à grosses torsades en entier en or mat.

Il ne sera fait usage des épaulettes que pour la grande tenue ; elles ne seront pas portées sous la capote, lorsque cet effet sera prescrit pour les prises d'armes.

ART. 60. — JAMBIÈRES EN DRAP.

Du modèle général.

ART. 61. — JAMBIÈRES EN TOILE BLANCHE ET KAKI.

Semblables, comme forme et dimensions, au modèle général de la jambière en drap.

ART. 62. — PALETOT DE MOLLETON.

Du modèle général.

ART. 63. — PANTALONS D'ORDONNANCE.

Des modèles généraux. Confectionnés en drap de satin bleu avec passepoil en drap écarlate fin.

Pour les colonies, les pantalons sont confectionnés en drap plus léger.

ART. 64. — PANTALON EN TOILE BLANCHE ET KAKI.

Du modèle général.

ART. 65. — PELISSE.

Du modèle général.

ART. 66. — PELISSE COLONIALE.

Du modèle général, complété ainsi qu'il suit :

Boutons d'uniforme. Les manches sont ornées de galons en or et en argent, suivant le grade, en trait côtelé.

ART. 67. — TUNIQUE DE DR P

Du modèle général, complété ainsi qu'il suit :

Boutons d'uniforme. Les galons, en or, sont placés sur les

manches, à 4ᵐᵐ les uns des autres ; ils déterminent le grade de l'officier, savoir :

> Pour les sous-lieutenants, un rang ;
> Pour les lieutenants, deux rangs ;
> Pour les capitaines, trois rangs ;
> Pour les chefs de bataillon et majors, quatre rangs ;
> Pour les lieutenants-colonels et colonels, cinq rangs ;
> Pour les lieutenants-colonels, le deuxième et le quatrième rangs sont en métal blanc.

Le galon du sous-lieutenant touche le passepoil du parement. Il s'ensuit que, par rapport au sommet de la patte rectangulaire, le bord supérieur du deuxième galon (lieutenant) se trouve à 12ᵐᵐ au-dessous ; le bord supérieur du troisième galon (capitaine), à ras le passepoil ; le bord inférieur du quatrième galon (commandant) est à 3ᵐᵐ au-dessus ; le bord inférieur du cinquième galon (colonel et lieutenant-colonel), à 14ᵐᵐ au-dessus également.

Seuls, les officiers supérieurs ont des galons au-dessus de la patte rectangulaire.

Les angles du collet reçoivent des pattes sur lesquelles est brodé :

Pour les officiers en service en France :

a) Dans les régiments, le numéro du régiment, brodé en cannetille et paillettes d'or.

b) Dans les sections formant corps, l'insigne spécial, brodé en cannetille et paillettes d'or ;

Et, pour les officiers en service aux colonies, une ancre encablée brodée en cannetille et paillettes d'or.

ART. 68. — TUNIQUE EN TOILE BLANCHE ET KAKI.

Du modèle général.

ART. 69. — VESTON EN CUIR.

Du modèle général.

CHAPITRE II

Coiffure.

ART. 70. — BÉRET.

Du modèle général.

ART. 71. — BONNET DE POLICE.

Du modèle général. Il est confectionné en drap de la couleur de la tunique.

ART. 72. — CASQUE COLONIAL.

Semblable à celui de la troupe. Le devant est orné d'une ancre en cuivre doré bruni au mat.

ART. 73. — COIFFE COUVRE-CASQUE.

Semblable à celle de la troupe.

ART. 74. — KÉPI DE PETITE TENUE.

Du modèle général. Il est confectionné en drap fin de la couleur de la tunique. Le bandeau est orné sur le devant d'une ancre encablée brodée en cannetille et paillettes d'or (hauteur $25^m/_m$, largeur $18^m/_m$).

Soutaches de 3^{mm} de largeur en or et en argent, suivant le grade. Leur nombre est égal à celui des rangs de galons posés sur les manches de la tunique. Des soutaches surmontent le bandeau. Le premier rang, qui tient lieu de passepoil, est placé sur la couture d'assemblage du bandeau avec le turban. Les autres rangs sont placés au-dessus du premier, à une distance de 3^{mm} d'un rang à l'autre.

Les soutaches placées sur les coutures verticales du turban sont simples, sur chaque couture, pour sous-lieutenant et pour lieutenant; pour capitaine, elles sont doubles et pour officier supérieur, de tout grade, elles forment trois rangs.

Elles s'arrêtent sous la soutache horizontale la plus élevée sans paraître dans les intervalles des autres. Quel que soit le grade de l'officier, ces soutaches verticales sont du métal du bouton.

Sur le calot, un nœud hongrois est formé avec la même soutache, indépendamment de celle qui entoure la circonférence. Il est fait d'un seul brin pour tous les officiers subalternes et de deux brins pour les officiers supérieurs. Ils sont pour tous les grades du métal du bouton. Diamètre de ce nœud d'avant en arrière 110^{mm}, diamètre transversal 100^{mm}.

La fausse jugulaire est en petit galon de métal de façon dite en trait côtelé, en or. Elle est appuyée sur la visière et fixée de chaque côté du képi par deux boutons d'uniforme de 10^{mm} de diamètre auprès desquels sont placés, sur la fausse jugulaire, deux petits passants coulants faits du même galon.

Les bandes et les coulants de la jugulaire dite à coulisse sont bordés d'une soutache en or de 2^{mm} de largeur.

ART. 75. — KÉPI DE 1re TENUE.

Le képi de 1re tenue est celui du modèle général complété comme il a été dit à l'article précédent et modifié ainsi qu'il suit :

La partie antérieure seulement est renforcée par un morceau de toile gommée ou de carton placé derrière la cocarde et l'attribut et sur une longueur d'environ 40^{mm} ; les soutaches verticales du devant ainsi que l'ancre du bandeau sont supprimés.

En outre, il reçoit les ornements ci-après :

1° Une ancre en cuivre doré au mercure, fixée sur la coiffure au moyen de deux tenons et de deux petits écrous plats de façon que son organeau arrive à 4^{mm} ou 5^{mm} du centre de la cocarde et que son extrémité inférieure affleure le haut de la fausse jugulaire en petit galon d'or ;

2° Une cocarde en soie striée de 40^{mm} de diamètre cousue sur le képi de façon que le haut affleure le sommet du turban ;

3° Un pompon sphérique (37^{mm} de diamètre) en petite torsade d'or mat de 3^{mm} de diamètre. Ce pompon est légèrement incliné en avant.

En grande tenue, les lieutenants colonels, chefs de bataillon et majors, portent un plumet en plumes de coq retombantes, forme dite saule pleureur. Ces plumets présentent les couleurs nationales en trois branches horizontales égales : le bleu à la base, le blanc au milieu, le rouge au sommet. Les plumes de devant retombent de manière à affleurer la visière du képi.

La tige de ce plumet traverse une olive de 25^{mm} de haut sur 20^{mm} de grosseur en petites torsades d'or mat.

Le colonel fait usage d'une aigrette en plumes de héron, blanches, de 120^{mm} de hauteur : à la base des plumes est placé un anneau tricolore en cordonnet fin de 20^{mm} de hauteur, même olive que ci-dessus.

Les plumes de cette aigrette sont maintenues par un coulant ou anneau en argent rond et uni qui les empêche de se casser au vent.

Le pompon, le plumet et l'aigrette entrent dans un gousset en cuir cousu dans la coiffe intérieure du képi, la partie apparente de ce gousset, garnie d'un bourrelet en drap, affleure le haut du turban de manière à dissimuler la naissance de la tige porte-pompon.

Aux colonies, le képi de 1re tenue est remplacé par le casque colonial.

CHAPITRE III.

Équipement.

ART. 76. — BANDES MOLLETIÈRES.

Du modèle général.

ART. 77. — BOTTES AVEC ÉPERONS (portées avec la culotte).

Du modèle général.

ART. 78. — BOTTINES D'ORDONNANCE.

Du modèle général.

ART. 79. — BRODEQUINS.

Les officiers, montés ou non montés, font usage, avec la jambière en cuir, de brodequins lacés d'un modèle analogue à celui de la troupe; avec cette chaussure les officiers montés continuent à porter les éperons à la chevalière.

Avec le pantalon, ils peuvent porter des chaussures ne présentant ni boutons, ni piqûres, ni lacets apparents.

ART. 80. — CHAUSSURES COLONIALES.

Du modèle général.

ART. 81. — CEINTURON DE SABRE.

Du modèle général. Le ceinturon proprement dit est en cuir fauve, mais la bélière est en galon de soie noire, façon dite « soubise-hussard » doublé d'un cuir souple et léger de couleur noire.

ART. 82. — DRAGONNES.

Des modèles généraux.

ART. 83. — ÉPERONS À LA CHEVALIÈRE.

Du modèle général, en bronze d'aluminium de couleur jaune.

ART. 84. — ÉPERONS D'ORDONNANCE.

Du modèle général. Les éperons sont en cuivre poli et fixés au talon de la chaussure par des vis ou par des ressorts dits « boîtes ».

ART. 85. — ÉTUI DE REVOLVER.

§ 1er. — L'étui de revolver est semblable, quant à la forme et aux dimensions, à celui du modèle général.

Le cuir employé est de premier choix, il est noirci sur fleur et reçoit intérieurement une couche de vernis blanc ; enfin, la banderolle et la ceinture sont en cuir verni noir.

§ 2. — Les officiers montés font usage d'un cordon d'attache de revolver semblable à celui du modèle général.

ART. 86. — GANTS.

Gants blancs. — En peau dite de castor ou en peau de chien blanc glacé.

Gants chamois foncé. — En peau façon castor.

Gants de nuance rouge brun. — En peau dite de chien.

Les gants chamois et rouge brun peuvent être employés pour le service intérieur, les exercices et l'équitation.

Les gants rouge brun font partie de la tenue de campagne.

Aux colonies, les officiers sont autorisés à faire usage de gants blancs en fil et soie et de gants de couleur rouge brun, ou kaki en fil ou coton.

ART. 87. — JAMBIÈRES EN CUIR.

Du modèle général. Elles se portent indifféremment sur la culotte ou sur le pantalon.

ART. 88. — JUMELLE.

D'un modèle facultatif.

ART. 89. — PORTE-CARTES

Du modèle général. Aux colonies, muni de trois bélières au lieu de deux.

ART. 90. — SACOCHE.

Les officiers non montés sont autorisés à faire usage d'une sacoche pouvant se porter indifféremment, soit en bandoulière, soit sur le dos comme le havresac.

CHAPITRE IV.

Armement.

ART. 91. — REVOLVER.

Modèle 1892.

ART. 92. — SABRE

Sabre d'officier d'infanterie, modèle 1882.

TITRE V.

Artillerie coloniale

CHAPITRE PREMIER.
Habillement.

Art. 93. — CULOTTE DE DRAP.

Du modèle général. Confectionnée en drap bleu foncé, garnie sur les côtés d'un passepoil en drap écarlate, accompagné de deux bandes de ce même drap, rempliées en dessous et piquées sur les bords, chacune ayant 30^{mm} de largeur.

Aux colonies, les officiers font usage d'une culotte semblable confectionnée en drap plus léger.

Art. 94. — CULOTTE DE TOILE BLANCHE ET KAKI

Semblable comme forme et dimensions à la culotte en drap ; elle est confectionnée en toile blanche, ou coutil fin blanc, ou de nuance kaki.

Art. 95. — ÉPAULETTES.

Du modèle de l'infanterie coloniale.

Art. 96. — JAMBIÈRES EN DRAP ET EN TOILE BLANCHE ET KAKI.

Du modèle général. Le port de cet effet est facultatif pour les officiers montés et les officiers à pied lorsque ces derniers font usage de la culotte avec les jambières en cuir.

Art. 97. — MANTEAU EN DRAP AVEC PÈLERINE MOBILE A CAPUCHON.

Du modèle général. Les boutons portent en relief deux canons croisés sur une ancre câblée ; ils sont dorés au mat sur fond azuré. Les angles du collet sont ornés d'une grenade brodée en cannetille de paillettes d'or sur un écusson en drap bleu foncé découpé suivant le contour de l'attribut (diamètre de la bombe 0^m015, longueur de la flamme 0^m045).

Galons de grade. — En or, en trait côtelé, de 6^m/$_m$ de largeur, placés parallèlement, le premier à 10^m/$_m$ du bord supérieur du parement botte et les autres à 4^m/$_m$ d'intervalle.

ART. 98. — MANTEAU EN CAOUTCHOUC.

Du modèle général.

ART. 99. — PALETOT DE MOLLETON.

Du modèle général.

ART. 100. — PANTALON D'ORDONNANCE.

Confectionné en drap fin; semblable pour la forme, la disposition et les proportions, à celui de la troupe, il est, comme ce dernier, garni sur les côtés d'un passepoil en drap écarlate, accompagné de deux bandes de ce même drap, rempliées en dessous et piquées sur les bords, chacune ayant 30^{mm} de largeur apparente. Il a une poche de cuisse de chaque côté.

Pour les colonies, le pantalon est confectionné en drap plus léger.

ART. 101. — PANTALON EN TOILE BLANCHE ET KAKI.

Du modèle général.

ART. 101 *bis.* — PATTES D'ÉPAULES.

En tenue de campagne, les officiers font usage d'une patte d'épaule. Cette patte est formée de huit brins de tresse carrée en poil de chèvre écarlate de 0^m006 d'épaisseur. Elle est doublée en drap du fond de la tunique et se termine par un trèfle dont les boucles sont dessinées par une tresse réunie en double. Entre la doublure et la tresse existe une garniture en cuir lissé de 0^m002 d'épaisseur pour donner la rigidité nécessaire à la patte d'épaule.

Cette patte se fixe à la tunique comme les épaulettes. Sur sa partie supérieure et du côté opposé au trèfle se trouve un petit bouton d'uniforme fixe; au-dessous et correspondant à ce bouton se place une forte agrafe qui entre dans le gousset pratiqué sur l'épaule de la tunique. La patte est maintenue à l'autre extrémité par la bride d'épaule.

Dimensions :

Longueur totale pour la taille moyenne, environ.	Cm	,150
Largeur courante, environ.	0	,080
Trèfle. { largeur, environ.	0	,080
{ hauteur, environ.	0	,055

ART. 102. — PELISSE.

Du modèle général. Confectionnée en drap bleu foncé semblable à celui de la tunique.

ART. 103. — PELISSE COLONIALE.

Du modèle général complété ainsi qu'il suit :

Boutons d'uniforme. Les manches sont ornées de galons en or et en argent, suivant le grade, en trait côtelé.

ART. 104. — TUNIQUE DE DRAP.

Du modèle général, complété ou modifié ainsi qu'il suit :

Sur la patte du collet est brodée, en cannetille et paillettes d'or, une grenade du modèle de l'état-major particulier.

Cette patte est placée de manière à réserver sur son bord intérieu un liseré d'environ $0^m,0025$, laissant voir le drap du collet.

Les galons, de même forme et de mêmes dimensions que pour l'infanterie, sont placés comme il est indiqué à l'article 67.

Les officiers pourront faire pratiquer, à leur tunique de deuxième tenue, deux poches extérieures, disposées de chaque côté de la poitrine, ouvertes en biais et légèrement relevées vers l'épaule, placées entre le 3e et le 4e bouton du haut ; elles sont garnies d'une patte de $0^m,040$ de hauteur, taillée en accolade avec coins arrondis et rentrant à volonté dans les poches. Ces poches ont une largeur d'ouverture de $0^m,150$ et une profondeur de $0^m,200$.

ART. 105. — TUNIQUE DE TOILE BLANCHE ET KAKI.

Du modèle général.

ART. 106. — VESTON EN CUIR.

Du modèle général.

CHAPITRE II

Coiffure.

ART. 107. — BÉRET.

Du modèle général.

ART. 108. — BONNET DE POLICE.

Du modèle général. Il est confectionné en drap de la couleur de la tunique.

ART. 109. — CASQUE COLONIAL.

Semblable à celui de la troupe. Le devant est orné d'une grenade en cuivre doré et bruni au mat.

ART. 110. — COIFFE COUVRE-CASQUE.

Semblable à celle de la troupe.

ART. 111. — KÉPI DE 2ᵉ TENUE.

Du modèle général. Il est confectionné en drap fin de la couleur de la tunique. Le bandeau est orné d'une grenade en cannetille et paillettes d'or.

Les soutaches de grade sont placées sur le képi, de la façon indiquée pour le képi des officiers d'infanterie coloniale.

Le képi des officiers d'artillerie coloniale ne comporte pas de jugulaire dite à coulisse. Une mentonnière en cuir verni noir, de 10ᵐᵐ de largeur, se boutonne à l'intérieur de la coiffure.

ART. 112. — KÉPI DE 1ʳᵉ TENUE.

Semblable, quant à la forme, à la confection intérieure et à la disposition des soutaches, à celui des officiers d'infanterie coloniale.

Il reçoit les ornements ci-après :

1° Un trophée en cuivre doré au mat et bruni, composé de deux canons croisés et d'une ancre, surmontés d'une grenade. Le bas de ce trophée affleure le haut de la fausse jugulaire ; la pointe de la flamme arrive à 4 ou 5^{mm} du centre de la cocarde. Il est fixé sur le képi au moyen de quatre tenons et d'un écrou plat ;

2° Une cocarde et un pompon sphérique du modèle de l'infanterie coloniale.

En grande tenue, les officiers de tous grades, à l'exception des colonels, portent un plumet en plumes de coq flottantes forme dite « saule pleureur ». Il est écarlate pour les officiers subalternes. Pour les officiers supérieurs, il est tricolore par tranches égales, le rouge au sommet, le blanc au milieu, le bleu à l'extrémité. Les colonels font usage, pour la même tenue, d'une aigrette en plumes de héron. Ces deux derniers ornements sont du modèle décrit pour l'infanterie coloniale.

Aux colonies, le képi de première tenue est remplacé, pour la grande tenue, par le casque colonial.

CHAPITRE III.

Équipement.

ART. 113. — BANDES MOLLETIÈRES.

Du modèle général.

ART. 114. — BOTTES (portées avec la culotte).

Du modèle général.

ART. 115. — BOTTINES D'ORDONNANCE.

Semblables comme forme à celles de la troupe. Elles se portent sous le pantalon. Ces bottines sont garnies d'éperons d'ordonnance fixés au talon par des vis ou par des ressorts dits « boîtes ».

Toutefois, les officiers peuvent remplacer la bottine d'ordonnance par des chaussures qui ne présentent ni boutons, ni piqûres, ni lacets apparents.

ART. 116. — BRODEQUINS

Les officiers d'artillerie font usage, avec la jambière de cuir, de brodequins lacés d'un modèle analogue à celui de la troupe ; avec cette chaussure, les officiers montés continuent à porter les éperons à la chevalière.

Art. 117. — Chaussures coloniales.

Du modèle général.

Art. 118. — Ceinturon de sabre.

Du modèle général. Le ceinturon proprement dit est en cuir fauve. La bélière (largeur, 25^{mm}) est en cuir verni noir ; sa longueur est proportionnée à la taille (320^{mm} environ).

Art. 119. — Dragonnes.

Des modèles généraux.

Art. 120. — Éperons à la chevalière.

Du modèle général, en acier nickelé.

Art. 121. — Éperons d'ordonnance.

Semblables à ceux de la troupe. En fer limé et poli à tige droite et ronde, ou peu relevée, sans venir sur les talons. Ils sont fixés au talon par des vis ou par des ressorts dits « boîtes ».

Art. 122. — Étui de revolver.

Du modèle général.

Art. 123. — Gants de France.

Semblables à ceux de l'infanterie coloniale.

Art. 124. — Gants coloniaux.

Gants dits de fil et soie. Gants de nuance rouge brun (facultatifs en service). Gants de nuance kaki, de fil ou de coton (facultatifs en service).

Art. 125. — Jambières en cuir.

Du modèle général. Les officiers d'artillerie ont la faculté de porter, en tenue de campagne et de manœuvres, la jambière du modèle de la troupe, mais en vache vernie.

Art. 126. — JUMELLE.

D'un modèle facultatif.

Art. 127. — PORTE-CARTES.

Du modèle général.
Aux colonies, muni de trois bélières au lieu de deux.

CHAPITRE IV.

Armement.

———

Art. 128. — REVOLVER.

Modèle 1892.

Art. 129. — SABRE.

Sabre d'officier d'artillerie modèle 1822-99.

TITRE VI

Officiers d'administration
du Service de l'Artillerie Coloniale.

CHAPITRE PREMIER

Habillement.

ART. 130. — CULOTTE DE DRAP.

Du modèle général, pour les officiers d'administration montés. Mêmes drap du fond et passepoils que pour le pantalon d'ordonnance.

ART. 131. — CULOTTE EN TOILE BLANCHE ET KAKI

Du modèle général.

ART. 132. — GILET DE TRAVAIL.

Du modèle général. Petits boutons d'uniforme du modèle spécial au service.

ART. 133. — MANTEAU EN DRAP AVEC PÈLERINE MOBILE A CAPUCHON.

Du modèle général. L'attribut du collet et les boutons sont semblables à ceux de la tunique.

ART. 133 *bis* — MANTEAU EN CAOUTCHOUC.

Du modèle général.

ART. 134. — PALETOT DE MOLLETON.

Du modèle général.

ART. 135. — PANTALON D'ORDONNANCE.

Du modèle général, en drap de satin bleu avec passepoil en drap écarlate fin.

ART. 136. — PANTALONS EN TOILE BLANCHE ET KAKI.

Du modèle général.

ART. 137. — PELISSE ET PELISSE COLONIALE.

Des modèles généraux.

ART. 138. — TUNIQUE DE DRAP.

Du modèle général, complété comme il suit :

Collet. — Il est orné, à chaque extrémité, d'une grenade brodée en cannetille et paillettes d'or du modèle en usage pour les officiers des états-majors particuliers.

Boutons d'uniforme. — En plaqué or mat et bruni, de même forme et mêmes dimensions que ceux du modèle adopté pour les officiers d'infanterie coloniale ; ils sont estampés, en relief, de l'attribut distinctif du service : grenade au bas de laquelle se croisent deux branches, l'une de chêne à gauche, l'autre de laurier à droite, reliées par un ruban.

Galons de grade. — En or, façon dite « trait côtelé » de $0^m,007$ de largeur, espacés entre eux de $0^m,004$, ils sont placés immédiatement au-dessus des parements et parallèlement, au nombre de

 1 pour les officiers d'administration de 3° classe.
 2   —   —   2° —
 3   —   —   1re —
 4   —   —   principaux

Seuls, les officiers principaux ont un galon au-dessus de la patte rectangulaire.

Pattes d'épaules. — Pour la grande tenue, chaque épaule est ornée d'une patte mobile brodée en or sur étoffe de la couleur du fond (largeur, en haut, mesurée dans l'axe du bouton : $0^m,038$ pour les officiers d'administration subalternes et $0^m,043$ pour les officiers d'administration principaux ; en bas : $0^m,050$ pour les officiers d'administration subalternes et $0^m,055$ pour les officiers d'administration principaux).

Cette patte est montée sur âme rigide, doublée en drap de la couleur du fond ; elle porte un petit bouton à sa partie supérieure et est garnie, en dessous, de deux agrafes pour la fixer au vêtement;

La patte est ornée d'une branche de laurier et d'une branche de chêne entrelacées. La branche de laurier et la tige de chêne sont brodées en cannetille mat, les feuilles de chêne mi-partie cannetille mat et mi-partie brillante, en filé dit « passé » ; les nervures des feuilles sont en paillettes. Elle est encadrée : pour les officiers d'administration de 3e, 2e et 1re classe, d'une baguette en cannetille d'or mat de $0^m,003$ de largeur et, pour les officiers principaux, d'une baguette dentelée, également en cannetille d'or, de $0^m,005$ de largeur, les dents arrondies et tournées en dedans.

Pour la tenue journalière, les épaules ne comportent ni pattes ni brides.

ART. 139. — TUNIQUE DE TOILE BLANCHE ET KAKI.

Du modèle général, sans brides d'épaules.

ART. 139 *bis*. — VESTON EN CUIR.

Du modèle général.

CHAPITRE II

Coiffure.

ART. 140. — BÉRET.

Du modèle général.

ART. 140 *bis*. — BONNET DE POLICE.

Du modèle général.

ART. 141. — CASQUE COLONIAL.

Du modèle général. Il est orné de l'attribut en cuivre doré adopté pour le képi de 1re tenue.

ART. 142. — KÉPI DE 2e TENUE.

Du modèle général, en drap fin de la couleur de la tunique.

Bandeau. — Est orné sur le devant d'une petite grenade brodée en cannetille et paillettes d'or.

Galons de grade. — En soutache en or de 4^m/$_m$ de largeur, au nombre de : un pour les officiers d'administration de 3e classe, deux pour les officiers d'administration de 2e classe, trois pour les officiers d'administration de 1re classe et quatre pour les officiers d'administration principaux.

Les soutaches surmontent le bandeau. Le premier rang, tenant lieu de passepoil, est placé sur les coutures d'assemblage du bandeau et du turban, les autres rangs sont placés au-dessus du premier, à une distance de 3^m/$_m$ d'un rang à l'autre.

Les quatre coutures verticales du turban sont ornées des mêmes soutaches, au nombre de : une pour les officiers de 3e et de 2e classe, de deux pour les officiers de 1re classe et de trois pour les officiers principaux.

Calot. — Orné à sa circonférence d'une soutache en or de 4^m/$_m$ et, au milieu, d'un nœud hongrois formé de deux soutaches semblables pour les officiers d'administration principaux et d'une seule soutache pour les autres grades.

Jugulaire. — Fausse jugulaire en or et jugulaire en cuir verni noir, à coulisses, bordée d'une soutache en or de 2^m/$_m$ de largeur.

Art. 143. — Képi de 1re tenue.

Le képi de 1re tenue est semblable, quant à la forme et à la confection, à celui des officiers d'infanterie coloniale.

Les insignes de grade sont les mêmes que sur le képi de 2e tenue.

Il reçoit les ornements ci-après :

1° Un attribut, découpé et estampé en relief, se composant d'une grenade (1) dorée au mat et bruni, de 40^{mm} de hauteur ; au bas de cette grenade se croisent deux branches, l'une de chêne à gauche, l'autre de laurier à droite, dorées au mat et bruni, dont les extrémités inférieures sont reliées par un ruban.

Cet attribut est fixé sur la coiffure au moyen d'un tenon et d'un écrou plat, de façon que la partie supérieure de la grenade arrive à 0^{m}002 ou 0^m,003 au-dessus du centre de la cocarde (hauteur totale de l'attribut 0^m,055, largeur 0^m,057).

Il est légèrement cintré.

---

(1) Diamètre de la bombe : environ 0^m,018.
  Longueur de la flamme : environ 0^m,022.
  Largeur de la flamme : environ 0^m,035.

2° Une cocarde en soie striée aux couleurs nationales, de 0ᵐ,040 de diamètre, est cousue sur le képi de façon que le bout affleure le sommet du turban.

La partie bleue de la cocarde a 0ᵐ,018 de diamètre, chacune de ses parties blanches et rouges 0ᵐ,0055.

3° Un pompon sphérique (0ᵐ037 de diamètre) en petites torsades d'or mat de 0ᵐ,003 de diamètre, dont la tige a environ 0ᵐ,050 de longueur.

Le pompon se porte légèrement incliné.

Aux colonies, le képi de 1ʳᵉ tenue est remplacé, pour la grande tenue, par le casque colonial.

CHAPITRE III

Equipement.

———

ART. 144. — BANDES MOLLETIÈRES.

Du modèle général.

ART. 145. — BOTTES (portées avec la culotte)

Du modèle général, pour les officiers d'administration montés.

ART. 146. — BOTTINES D'ORDONNANCE.

Du modèle général.

ART. 147. — CHAUSSURES COLONIALES.

Des modèles généraux.

ART. 148. — CEINTURON ET DRAGONNES.

Ceinturon. — Du modèle général, en cuir fauve.

Bélière. — En galon de soie noire façon dite « soubise-hussard » doublé d'un cuir souple et léger de couleur noire.

Dragonnes. — Des modèles généraux, selon le grade et la tenue.

ART. 149. — ÉPERONS A LA CHEVALIÈRE.

Du modèle général, pour les officiers d'administration montés. Ils sont en acier nickelé.

ART. 150. — ÉTUI DE REVOLVER.

Du modèle général.

ART. 151. — GANTS.

Des modèles généraux.

ART. 151 *bis*. — JAMBIÈRES.

Des modèles généraux.

CHAPITRE IV

Armement.

ART. 152. — ÉPÉE.

Pour les officiers d'administration principaux, du modèle général à ciselures (art. 37). La coquille extérieure est ornée de six drapeaux croisés derrière une grenade en relief, sans entourage. Poignée en corne de buffle noire.

Pour les autres grades, du modèle général sans ciselures (art. 38). La coquille extérieure est ornée d'une grenade en relief sans entourage, dorée au mat et bruni (hauteur 30^{mm}).

ART. 153. — REVOLVER.

Modèle 1892.

TITRE VII

Stagiaires Officiers d'Administration d'Artillerie Coloniale

(1re et 2e classes).

CHAPITRE PREMIER

Habillement.

Art. 154. — GILET DE TRAVAIL.

Du modèle général. En drap de la couleur de la tunique ; petits boutons du modèle adopté pour les officiers d'administration d'artillerie coloniale.

Art. 155. — DOLMAN (*supprimé*).

Art. 156. — MANTEAU EN DRAP AVEC PÈLERINE MOBILE A CAPUCHON.

Semblable au manteau des officiers d'administration.

Art. 157. — PALETOT DE MOLETON.

Du modèle général.

Art. 158. — PANTALON D'ORDONNANCE.

Semblable à celui des officiers d'administration d'artillerie coloniale. Aux colonies, en drap plus léger.

Art. 159. — PANTALONS EN TOILE BLANCHE ET KAKI.

Du modèle général.

Art. 160. — TUNIQUE DE DRAP.

Du modèle général adopté pour les officiers d'administration d'artillerie coloniale, avec les différences suivantes :

Collet. — Orné, à chaque extrémité, d'une grenade brodée eu filé d'or, sans cannetille ni paillettes (longueur 45^{mm}, largeur 15^{mm}).

Galon de grade. — En argent, façon dite « trait côtelé » de 7^{mm} de largeur, mélangé d'un tiers de soie rouge en trois raies longitudinales également espacées ; il est placé immédiatement au-dessus du parement.

Pattes d'épaules. — En grande tenue, chaque épaule est garnie d'une patte mobile semblable, quant à la forme et aux dimensions, à celle des officiers d'administration subalternes d'artillerie coloniale, brodée en argent.

La broderie, dont le dessin est donné par le modèle n° 3 de la description du 11 novembre 1907 (*B. O.*, P. R., p. 1661), consiste en une branche de laurier et une branche de chêne entrelacées s'étendant, à partir de la base, jusqu'à environ 20^{mm} du bouton pour la branche de laurier et jusqu'à environ 50$^m/_m$ du bouton pour la branche de chêne. Elle est encadrée d'une baguette de 2^{mm} de largeur comportant un tiers de soie rouge.

ART. 161. — TUNIQUE DE TOILE BLANCHE ET KAKI.

Du modèle général. Les insignes mobiles sont les mêmes que ceux décrits ci-dessus.

Les brides d'épaules sont supprimées.

ART. 161 *bis.* — VESTON EN CUIR.

Du modèle général.

CHAPITRE II.
Coiffure.

ART. 162. — BÉRET

Du modèle général.

ART. 162 *bis.* — BONNET DE POLICE.

Du modèle général.

ART. 163. — CASQUE COLONIAL.

Du modèle général. Il est orné de l'attribut, en cuivre doré, adopté pour le képi de 1re tenue.

TITRE VII

ART. 164. — KÉPI.

Semblable à celui des officiers d'administration d'artillerie coloniale, sauf les différences ci-après :

Le galon, en soutache de 3^{mm}, comprend 2/3 argent et 1/3 soie rouge.

Le képi de première tenue est du même modèle que celui de la
deuxième tenue. Il est rigide et reçoit comme attribut une grenade
dorée au mat et brunie (hauteur 45^{mm}) surmontée d'une cocarde
tricolore. Le pompon est en cordonnet de $1^{mm},5$ de diamètre formé
de 1/3 de soie rouge et de 2/3 d'argent.

CHAPITRE III

Équipement.

ART. 165. — BANDES MOLLETIÈRES.

Du modèle général.

ART. 166. — CEINTURON ET DRAGONNE.

Des modèles adoptés pour les officiers d'administration d'artillerie coloniale, la dragonne étant, pour la grande et la petite tenue,
celle en usage pour la petite tenue des officiers d'administration.

ART. 167. — ÉTUI DE REVOLVER.

Du modèle général.

ART. 168. — GANTS.

Des modèles généraux. Gants de fil ou coton aux colonies.

CHAPITRE IV

Armement.

ART. 169. — ÉPÉE

Modèle 1884.

ART. 170. — REVOLVER.

Modèle 1892.

TITRE VIII

Ouvriers d'état d'Artillerie Coloniale.

(1re et 2e classes).

L'uniforme des ouvriers d'État est le même que celui des adjudants d'artillerie coloniale, sauf les différences suivantes :

ART. 171. — DOLMAN (Supprimé).

ART. 172. — TUNIQUE DE DRAP.

Collet. — Dans chaque angle, une grenade brodée en filé d'or, sans cannetille ni paillettes (longueur 45^{mm}, largeur 15^{mm}).

Galon de grade. — En or, façon dite « trait côtelé » de 7^{mm} de largeur, mélangé d'un tiers de soie rouge en trois raies longitudinales également espacées ; il est placé immédiatement au-dessus du parement.

Pattes d'épaules. — En grande tenue, les épaulés sont ornées de pattes brodées en or, du modèle décrit pour les stagiaires officiers d'administration d'artillerie coloniale.

La tenue journalière ne comprend ni pattes ni brides.

ART. 173. — KÉPI.

Semblable, quant à la forme, à celui des adjudants d'artillerie coloniale.

L'attribut se compose d'une grenade en filé d'or, sans cannetille ni paillettes (hauteur 20^{mm}) ; la soutache qui orne les coutures et le calot est mélangée de deux tiers d'or et d'un tiers de soie rouge.

Les ornements du képi de première tenue sont du modèle adopté pour les adjudants d'artillerie coloniale, le pompon, en cordonnet, étant également mélangé de deux tiers d'or et d'un tiers de soie rouge.

ART. 174. — CEINTURON ET DRAGONNE.

Du modèle général. Bélière et dragonne en cuir verni noir.

ART. 174 *bis* — ÉTUI DE REVOLVER.

Du modèle général, en cuir verni noir.

TITRE VIII

Art. 174 *ter*. — GANTS.

Des modèles généraux ; de fil ou coton aux colonies.

Art. 174 *quater*. — ÉPÉE ET REVOLVER.

Épée : Modèle 1884.
Revolver : Modèle 1892.

TITRE IX

Corps de l'Intendance des troupes coloniales.

1° Intendants.

CHAPITRE PREMIER.
Habillement. — Coiffure. — Équipement. — Armement.

L'uniforme des intendants des troupes coloniales est, en tous points, semblable à celui des intendants militaires des troupes métropolitaines, tel qu'il est donné par la description des uniformes arrêtée à la date du 20 Novembre 1906 (B. O. Éd. méth. vol. 104).

Aux colonies, les intendants font usage d'effets d'uniforme semblables confectionnés en drap plus léger.

La tunique de toile blanche ou kaki est du modèle général. Les insignes de grade se composent de six galons d'argent façon dite à trait côtelé de $0^m,006$ de largeur espacés entre eux de $0^m,004$ et posés sur une bande mobile en drap bleu foncé ajustée sur la manche au moyen d'agrafes à ressort, à $0^m,07$ de l'extrémité.

Les boutons sont à l'uniforme du corps.

Le casque colonial, du modèle général, est orné en avant de l'attribut en cuivre doré décrit à l'article 183 pour le képi de première tenue des sous-intendants, des adjoints à l'Intendance et attachés à l'Intendance de 1re et 2e classes.

2° Sous-Intendants, Adjoints et Attachés à l'Intendance.

CHAPITRE II.
Habillement.

Des modèles en usage dans l'infanterie coloniale, sous réserve des modifications ci-après :

ART. 175. — GILET DE TRAVAIL.

Du modèle général. Petits boutons d'uniforme.

Art. 176. — Manteau en drap avec pèlerine mobile à capuchon

Du modèle général. Boutons argentés, portant pour empreinte un faisceau formé d'un drapeau et d'un étendard réunis par une couronne de chêne.

Les angles du collet sont ornés du même attribut brodé que le collet de la tunique d'uniforme.

Art. 176 bis. — Manteau en caoutchouc.

Du modèle général.

Art. 177. — Paletot de molleton.

Du modèle général.

Art. 178. — Tunique de drap.

Collet. — En drap du fond (hauteur, 35^{mm}). Il est orné à chaque extrémité d'une patte en drap du fond, découpée en accolade à sa partie postérieure, sur laquelle est brodée une feuille d'acanthe en cannetille mate et paillettes d'argent de 60^{mm} de longueur sur 25^{mm} de hauteur.

Parements. — Droits, en drap du fond, passepoilés du même. Sur le dessus de la manche est appliquée à demeure une fausse patte rectangulaire en drap du fond, passepoilée du même, avec trois petits boutons d'uniforme (hauteur apparente du parement, 70^{mm}; hauteur apparente de la fausse patte, 100^{mm}; largeur de la fausse patte, 35^{mm}; distance de la patte à la couture antérieure de la manche, 40^{mm}).

Galons de grade. — En tresse plate, en argent, façon dite en traits côtelés (largeur, 6^{mm}), disposés suivant le mode adopté dans l'infanterie coloniale.

Ces galons sont au nombre de cinq pour les sous-intendants de 1re classe et de 2e classe; pour les sous-intendants de 2e classe, les galons des numéros pairs sont en or.

Pour les sous-intendants de 3e classe, quatre galons;

Pour les adjoints à l'Intendance, trois galons;

Pour les attachés à l'Intendance de 1re classe, deux galons;

Pour les attachés à l'Intendance de 2e classe, un galon.

Pattes d'épaules. — Pour la grande tenue, les épaules sont ornées d'une patte mobile brodée en argent, sur étoffe de la couleur du fond (largeur en haut, mesurée dans l'axe du bouton, 38^{mm} pour sous-intendants, 35^{mm} pour les autres grades ; en bas, 55^{mm} pour sous-intendants, 50^{mm} pour les autres grades).

Cette patte est montée sur âme rigide, doublée en drap de la couleur du fond ; elle porte un bouton à sa partie supérieure et est garnie en dessous de deux agrafes pour la fixer au vêtement. La broderie, dont le dessin est donné par le modèle n° 1 de la description du 11 novembre 1907 (*B. O.*, P. R., p. 1661), consiste en une feuille d'acanthe en cannetille et paillettes s'étendant de la base au bouton.

Elle est encadrée : pour les officiers supérieurs d'une baguette dentelée en cannetille de 5^{mm} de largeur, les dents tournées en dedans ; pour les autres grades, d'une baguette en cannetille de 2^{mm}.

Pour la tenue journalière, les épaules ne comportent ni pattes ni brides.

Boutons d'uniforme. — Semblables à ceux décrits pour le manteau d'ordonnance.

Les sous-intendants, les adjoints et les attachés à l'Intendance, font usage, aux colonies, d'une tunique du même modèle, mais confectionnée en drap léger.

ART. 179. — TUNIQUE BLANCHE ET KAKI.

Du modèle général.

ART. 179 *bis*. — VESTON EN CUIR.

Du modèle général.

CHAPITRE III
Coiffure

ART. 180. — BÉRET.

Du modèle général.

ART. 180 *bis*. — BONNET DE POLICE.

Du modèle général.

ART. 181. — CASQUE COLONIAL.

Le casque, du modèle général, est orné, en avant, de l'attribut en cuivre doré prévu pour le képi de première tenue.

ART. 182. — KÉPI DE 2ᵉ TENUE.

Du modèle de l'infanterie coloniale, sans attribut ; soutaches en argent de 3ᵐᵐ de diamètre pour le calot et les coutures verticales du turban, ainsi que pour les marques distinctives du grade. Pour les sous-intendants de 2ᵉ classe, les soutaches indicatrices du grade qui occupent les rangs pairs sont en or.

Jugulaire et fausse jugulaire. — Le képi est muni d'une jugulaire de cuir verni noir avec bordure en soutache d'argent de 2ᵐᵐ, et d'une fausse jugulaire en argent.

ART. 183. — KÉPI DE 1ʳᵉ TENUE.

Du modèle général, sauf les modifications suivantes :

La partie antérieure seulement est renforcée par un morceau de toile gommée ou de carton placé derrière la cocarde et l'attribut et sur une largeur à peu près égale à celle de l'attribut ; les soutaches verticales du devant sont supprimées.

Le képi reçoit, en outre, les ornements ci-après :

1° *Attribut.* — Un attribut en cuivre doré au mat et bruni découpé et estampé en relief, se composant d'un faisceau d'armes qui reçoit en son milieu deux épées de style antique croisées derrière une couronne de même style (feuille de chêne à gauche, de laurier à droite) ; au bas du faisceau se croisent deux branches de feuilles d'acanthe reliées par un ruban, et deux drapeaux semi-déployés placés de chaque côté et en arrière de ces branches et du faisceau.

Cet attribut est fixé sur la coiffure au moyen d'un tenon et d'un écrou plat appliqué à l'intérieur du képi sur une rondelle en cuivre, de façon que sa partie inférieure se trouve à 2 ou 3ᵐᵐ environ de la fausse jugulaire en métal et que le haut arrive sur la partie bleue de la cocarde décrite ci-dessus.

(Hauteur totale de l'attribut, 67ᵐᵐ ; largeur, 65ᵐᵐ).

L'attribut est légèrement cintré pour qu'il prenne la forme du képi.

2° *Cocarde.* — Une cocarde en soie striée aux couleurs nationales et de 40ᵐᵐ de diamètre est cousue sur le képi, de façon que le haut affleure le sommet du turban.

La partie bleue de la cocarde a 18^{mm} de diamètre, chacune de ses parties blanche et rouge, 5^{mm},5.

3° *Pompon.* — Un pompon sphérique (37^{mm} de diamètre) en petites torsades d'argent mat de 3^{mm} de diamètre, dont la tige a environ 50^{mm} de longueur, est fixé dans un gousset en cuir cousu dans la coiffe intérieure du képi ; la partie apparente de ce gousset garnie d'un bourrelet en drap affleure le haut du turban afin de dissimuler la naissance de la tige porte-pompon. Le pompon se porte légèrement incliné.

Aux colonies, le képi de première tenue est remplacé, pour la grande tenue, par le casque colonial.

CHAPITRE IV.

Équipement.

Des modèles en usage dans l'infanterie coloniale, sauf en ce qui concerne les éperons qui sont en fer nickelé et la dragonne de grande tenue dont le cordon est en frisure d'or.

CHAPITRE V.

Armement.

ART. 184. — ÉPÉE.

Pour les sous-intendants, du modèle général à ciselures (art. 37). La coquille extérieure est ornée de six drapeaux croisés derrière une couronne de chêne et de laurier. Poignée en corne de buffle noire.

Pour les adjoints et attachés à l'Intendance, du modèle général sans ciselures (art. 38). La coquille extérieure est ornée d'une couronne de chêne et de laurier, sans entourage.

Pour les deux modèles d'épée, fourreau en acier nickelé à un seul bracelet à anneau.

ART. 184 *bis.* — REVOLVER.

Modèle 1892.

TITRE X.

Officiers d'administration du Service de l'Intendance des troupes coloniales.

CHAPITRE PREMIER.
Habillement

Des modèles en usage dans l'infanterie coloniale, sauf les modifications ci-après :

ART. 185. — GILET DE TRAVAIL.

Du modèle général, avec petits boutons d'uniforme en cuivre, confectionné en drap satin bleu foncé.

ART. 186. — MANTEAU EN DRAP AVEC PÈLERINE MOBILE A CAPUCHON.

Du modèle général.

Les angles du collet sont ornés d'une étoile à cinq branches brodée en cannetille et paillettes d'or d'une hauteur de 20^{mm}, semblable à celle du képi.

Boutons d'uniforme. — En cuivre doré mat, du même modèle que pour les fonctionnaires de l'Intendance.

ART. 186 *bis*. — MANTEAU EN CAOUTCHOUC.

Du modèle général.

ART. 187. — PALETOT DE MOLLETON

Du modèle général.

ART. 188. — TUNIQUE DE DRAP.

Du modèle général, modifié ainsi qu'il suit :

Collet. — En drap du fond. La patte, également en drap du fond, est ornée d'une étoile semblable à celle du képi.

Parements. — Droits, en drap du fond, passepoilés du même; sur le dessus de la manche est appliquée une fausse patte rectangulaire en drap du fond, passepoilée du même, avec trois petits boutons d'uniforme (hauteur apparente du parement 70^{mm}, hauteur apparente de la fausse patte 100^{mm}, largeur de la fausse patte 35^{mm}, distance de la patte à la couture antérieure de la manche 40^{mm})

Galons de grade. — Immédiatement au-dessus des parements et parallèlement, sont disposées les marques distinctives de grades qui consistent en galon d'or façon dite « trait côtelé » de 6^{mm} de largeur, lesquels sont espacés entre eux de 3^{mm}.

Ces galons sont au nombre de :

Quatre pour les officiers d'administration principaux ;

Trois pour les officiers d'administration de 1re classe ;

Deux pour les officiers d'administration de 2e classe ;

Un pour les officiers d'administration de 3e classe.

Pattes d'épaules. — Du modèle décrit à l'art. 138 sous le paragraphe : pattes d'épaules, pour les officiers d'administration du service de l'artillerie coloniale.

Pour la tenue journalière, les épaules ne comportent ni pattes, ni brides.

Boutons d'uniforme. — Semblables à ceux du manteau d'ordonnance.

Il est fait usage, aux colonies, d'une tunique semblable confectionnée en drap léger.

ART. 189. — TUNIQUE EN TOILE BLANCHE OU KAKI.

Du modèle général.

ART. 190. — VESTON EN CUIR.

Du modèle général.

CHAPITRE II.

Coiffure.

ART. 191. — BÉRET.

Du modèle général.

ART. 191 *bis*. — BONNET DE POLICE.

Du modèle général.

ART. 192. — CASQUE COLONIAL.

Le casque, du modèle général, est orné en avant de l'attribut en cuivre doré adopté pour le képi de 1re tenue.

ART. 193. — KÉPI DE 2e TENUE.

Du modèle de l'infanterie coloniale.

Le bandeau est orné sur le devant d'une étoile brodée en cannetille et paillettes d'or mat (hauteur 20^{mm}).

Les marques distinctives de grade sont en soutache en or de 3^{mm} de largeur, au nombre de :

Quatre pour les officiers d'administration principaux ;

Trois pour les officiers d'administration de 1re classe ;

Deux pour les officiers d'administration de 2e classe ;

Une pour les officiers d'administration de 3e classe.

Les soutaches surmontent le bandeau ; le premier rang qui tient lieu de passepoil est placé sur les coutures d'assemblage du bandeau et du turban. Les autres rangs sont placés au-dessus du premier, à une distance de 3^{mm} d'un rang à l'autre.

Turban. — Les coutures verticales sont ornées : pour les officiers d'administration de 2e et 3e classe, d'une seule soutache plate en or de 3^{mm} ; pour les officiers d'administration de 1re classe, de deux soutaches semblables espacées de 2^{mm} ; pour les officiers d'administration principaux, de trois soutaches semblables, également espacées de 2^{mm}.

Calot. — Orné à sa circonférence d'une soutache en or de 3^{mm} et, au milieu, d'un nœud hongrois formé de deux soutaches semblables pour les officiers d'administration principaux, d'une seule soutache pour les autres grades.

Jugulaire. — Fausse jugulaire en or et jugulaire en cuir verni noir, bordée d'une soutache en or de 2^{mm} de largeur.

ART. 194. — KÉPI DE 1re TENUE.

Semblable au képi de 2e tenue, sauf les modifications suivantes :

La partie antérieure seulement est renforcée par un morceau de toile gommée ou de carton placé derrière la cocarde de l'attribut et sur une largeur à peu près égale à celle de l'attribut.

Les soutaches verticales du devant, ainsi que l'attribut du bandeau, sont supprimés.

Le képi reçoit, en outre, les ornements ci-après :

1° *Attribut.* — Un attribut découpé et estampé en relief, se composant d'une étoile à cinq branches, dorée au bruni, de 40^{mm} de diamètre ; au bas de cette étoile se croisent deux branches, l'une de chêne à gauche, l'autre de laurier à droite, dorées au mat et bruni dont les extrémités sont reliées par un ruban.

Cet attribut est fixé sur la coiffure au moyen d'un tenon et d'un écrou plat, de façon que la partie supérieure de l'étoile arrive à 2 ou 3^{mm} au-dessus du centre de la cocarde (hauteur totale de l'attribut 55^{mm}, largeur 57^{mm}).

L'attribut est légèrement cintré.

2° *Cocarde.* — Une cocarde en soie striée aux couleurs nationales et de 40^{mm} de diamètre est cousue sur le képi, de façon que le haut affleure le sommet du turban.

La partie bleue de la cocarde a 18^{mm} de diamètre, chacune de ses parties blanche et rouge 5^{mm} 5.

3° *Pompon.* — Un pompon sphérique (37^{mm} de diamètre) en petites torsades d'or mat de 3^{mm} de diamètre dont la tige a environ 50^{mm} de longueur, est fixé dans un gousset en cuir cousu dans la coiffe intérieure du képi ; la partie apparente de ce gousset, garnie d'un bourrelet en drap, affleure le haut du turban, afin de dissimuler la naissance de la tige porte-pompon.

Le pompon se porte légèrement incliné.

Aux colonies le képi de première tenue est remplacé, pour la grande tenue, par le casque colonial.

CHAPITRE III

Équipement.

Des modèles adoptés pour les officiers d'infanterie coloniale, sauf en ce qui concerne la dragonne de grande tenue dont le cordon est en frisure d'or.

CHAPITRE IV

Armement.

ART. 195. — ÉPÉES

Des modèles généraux.

Pour principaux, à ciselures. Coquille extérieure ornée de six drapeaux derrière une couronne de chêne et laurier. Poignée en corne de buffle noir (art. 37).

Pour les autres grades, sans ciselures. Coquille extérieure ornée d'une couronne de chêne et de laurier de forme antique (diamètre 23^{mm}, hauteur 22^{mm}), dorée et appliquée sur le fond uni (art. 38).

ART. 196. — REVOLVER.

Modèle 1892.

TITRE XI

Corps de Santé des troupes coloniales

1° Médecins inspecteurs.

CHAPITRE PREMIER

Habillement. — Coiffure. — Equipement. Armement.

L'uniforme des médecins inspecteurs des troupes coloniales est en tous points semblable à celui des médecins inspecteurs des troupes métropolitaines, tel qu'il est donnée par la description des uniformes arrêté à la date du 20 Novembre 1906 (B. O. Ed. méth. vol. 104).

Aux colonies, les médecins inspecteurs font usage d'effets semblables confectionnés en drap plus léger.

La tunique de toile blanche ou kaki est du modèle général. Les insignes de grade se composent de six galons d'or façon dite à trait côtelé de 0^m,006 de largeur, espacés entre eux de 0^m,004 et posés sur une bande mobile en velours cramoisi ajustée sur la manche au moyen d'agrafes à ressort, à 0^m,07 de l'extrémité.

Les boutons sont à l'uniforme du corps.

Le casque colonial, du modèle général, est orné en avant de l'attribut décrit à l'article 204 pour le képi de première tenue des médecins principaux et d'autres classes.

2° Médecins et pharmaciens de tous grades, inspecteurs exceptés.

CHAPITRE II

Habillement.

Des modèles en usage dans l'infanterie coloniale, sous la réserve des modifications ci-après :

ART. 197. — MANTEAU EN DRAP AVEC PÈLERINE MOBILE A CAPUCHON.

Du modèle général.

Boutons d'uniforme. — En cuivre doré au bruni et non mat, estampés en relief d'un faisceau formé de trois baguettes enveloppé du serpent d'Épidaure, surmonté du miroir de la Prudence et entouré de deux branches : l'une de chêne à droite ; l'autre de laurier à gauche, sans aucune légende.

Les angles du collet sont ornés du même attribut brodé que le collet de la tunique.

Art. 197 *bis.* — MANTEAU EN CAOUTCHOUC.

Du modèle général.

Art. 198. — PALETOT DE MOLLETON.

Du modèle général, avec les modifications suivantes :

Le bas des manches est fendu en dessous sur une longueur de $0^m,20$; cette fente est solidement arrêtée dans le haut par une bride et consolidée par une pièce de cuir de veau ou de vache noirci sur fleur, de forme triangulaire (largeur à la base $0^m,07$, hauteur $0^m,05$) ; elle se ferme à l'aide de cinq agrafes cousues sur le dessous de la manche, laquelle est élargie au moyen d'un cran de $0^m,04$ environ de largeur sur une longueur de $0^m,22$ environ. La première agrafe est à $0^m,02$ du bas de la manche, la deuxième est à $0^m,02$ de la bride d'arrêtement. Les galons de grade partent du bord de la fente, font le tour de la manche, et se terminent au bout de la patte qui porte les agrafes ; leurs extrémités sont repliées en dessous.

Art. 199. — TUNIQUE DE DRAP.

Collet. — Le collet est en velours cramoisi pour les médecins et en velours vert pour les pharmaciens, passepoilé en drap du fond.

Sur la patte du collet, en drap du fond, est brodé un caducée orné d'une branche de laurier à gauche et d'une branche de chêne à droite, le tout en cannetille et paillettes d'or (hauteur 30^{mm}, largeur 45^{mm}).

Parements. — Droits, en drap du fond, passepoilés du même. Sur le dessus de la manche est appliquée à demeure une fausse patte rectangulaire, en velours cramoisi pour les médecins et en velours vert pour les pharmaciens, passepoilée en drap du fond, avec trois petits boutons d'uniforme.

Galons de grade. — En tresse plate, en or, façon dite en traits côtelés (largeur 6ᵐᵐ) disposés suivant le mode adopté dans l'infanterie coloniale.

Ces galons sont au nombre de cinq pour les médecins et pharmaciens principaux ; pour les médecins et pharmaciens principaux de 2ᵉ classe, les galons numéros pairs sont en argent.

Pour les majors de 1ʳᵉ classe . . . . 4 galons
— de 2ᵉ classe . . . . . . 3 —
Pour les aides-majors de 1ʳᵉ classe . . . 2 —
— de 2ᵉ classe . . . 1 —

Pattes d'épaules. — Les épaules sont ornées, pour la grande tenue, d'une patte mobile brodée en or sur étoffe de la couleur du fond (largeur en haut, mesuré dans l'axe du bouton, 38ᵐᵐ pour les principaux et majors de 1ʳᵉ classe, 35ᵐᵐ pour les autres grades ; au bas 55ᵐᵐ pour les principaux et majors de 1ʳᵉ classe, 50ᵐᵐ pour les autres grades).

Cette patte est montée sur âme rigide, doublée en drap de la couleur du fond du dolman et garnie en dessous de deux agrafes pour la fixer sur le vêtement. La broderie consiste en une branche d'acanthe entrelacée d'un serpent en cannetille et paillettes d'or. Elle est encadrée : pour les majors de 2ᵉ classe et les aides-majors, d'une baguette en cannetille de 2ᵐᵐ ; pour les principaux et les majors de 1ʳᵉ classe, d'une baguette dentelée en cannetille de 5ᵐᵐ de largeur, les dents tournées en dedans.

Pour la tenue journalière, les épaules ne comportent ni pattes ni brides.

Les manches de la tunique nᵒ 2 sont fendues en dessous, comme il est dit pour le paletot de molleton.

Il est fait usage, aux colonies, d'une tunique semblable confectionnée en drap plus léger.

Art. 200. — TUNIQUE DE TOILE BLANCHE OU KAKI

Du modèle général. Les manches de la tunique en toile kaki sont fendues en dessous comme il a été dit pour le paletot de molleton. Les marques distinctives du grade sont placées sur une bande mobile en velours cramoisi pour les médecins et en velours vert pour les pharmaciens, ajustée sur la manche au moyen de brides de toile à 0ᵐ,07 de l'extrémité.

Art. 200 *bis.* — VESTON EN CUIR.

Du modèle général.

CHAPITRE III

Coiffure.

ART. 201. — BÉRET.

Du modèle général.

ART. 201 *bis*. — BONNET DE POLICE.

Du modèle général.

ART. 202. — CASQUE COLONIAL.

Le casque est orné, en avant, de l'attribut en cuivre doré prévu pour le képi de première tenue.

ART. 203. — KÉPI DE 2ᵉ TENUE.

Du modèle de l'infanterie coloniale. Le bandeau est en velours cramoisi pour les médecins, et en velours vert pour les pharmaciens, sans attribut.

Soutaches en or de 3^{mm} de diamètre pour le calot et les coutures verticales du turban, ainsi que pour les marques distinctives de grade. Pour les médecins et pharmaciens principaux de 2ᵉ classe, les soutaches indicatrices du grade qui occupent les rangs pairs, sont en argent.

Pour tous les grades (inspecteurs exceptés), le képi comporte une fausse jugulaire en or, et une jugulaire en cuir verni noir, bordée d'une soutache en or de 2^{mm} de largeur.

ART. 204. — KÉPI DE 1ʳᵉ TENUE.

Semblable au modèle ci-dessus, sauf les modifications ci-après :

La partie antérieure seulement est renforcée par un morceau de toile gommée ou de carton placé derrière la cocarde et l'attribut et sur une longueur à peu près égale à celle de l'attribut ; les soutaches verticales du devant sont supprimées.

Le képi reçoit, en outre, les ornements ci-après :

1° *Attribut*. — Un attribut en cuivre doré au mat et bruni, découpé et estampé en relief, se composant d'un faisceau de baguettes autour duquel s'enroule le serpent d'Épidaure, surmonté du miroir de la Prudence ; au bas du faisceau, se croisent deux branches, l'une de chêne à gauche, l'autre de laurier à droite, et deux drapeaux à demi déployées placés de chaque côté et en arrière du faisceau de baguettes.

Cet attribut est fixé sur la coiffure au moyen d'un tenon et d'un écrou plat appliqué à l'intérieur du képi sur une rondelle en cuivre. La partie supérieure arrive à peu près au centre de la cocarde ; la partie inférieure descend à peu près jusqu'au niveau de la faussejugulaire en or. (Largeur maxima de l'attribut 65^{mm}, hauteur 62^{mm}.)

L'attribut est légèrement cintré.

2° *Cocarde*. — Une cocarde en soie striée aux couleurs nationales et de 40^{mm} de diamètre est cousue sur le képi de façon que le haut affleure le sommet du turban. La partie bleue de la cocarde a 18^{mm} de diamètre, chacune de ses parties blanche et rouge 5^{mm}.

3° *Pompon*. — Un pompon sphérique (37^{mm} de diamètre) en petites torsades d'or mat de 3^{mm} de diamètre, dont la tige a environ 50^{mm} de longueur, est fixé dans un gousset en cuir cousu dans la coiffe intérieure du képi ; la partie apparente de ce gousset, garnie d'un bourrelet en drap, affleure le haut du turban afin de dissimuler la naissance de la tige du pompon. Le pompon se porte légèrement incliné.

Aux colonies, le képi de première tenue est remplacé, pour la grande tenue, par le casque colonial.

CHAPITRE IV

Équipement.

Des modèles en usage dans l'infanterie coloniale, sauf en ce qui concerne les éperons qui sont en fer nickelé et la dragonne de grande tenue dont le cordon est en frisure d'or.

CHAPITRE V

Armement.

—

Art. 205. — ÉPÉE

Pour les principaux et majors de 1re classe, du modèle général à ciselures, poignée en corne de buffle noire, coquille extérieure ornée de six drapeaux croisés derrière l'attribut du service de santé. Pour les majors de 2e classe et les aides-majors, l'épée est du modèle général sans ciselures ; l'attribut du service de santé doit être appliqué sur fond uni.

Pour les deux modèles d'épée, fourreau en acier nickelé à un seul bracelet à anneau.

Art. 206. — REVOLVER

Modèle 1892.

TITRE XII

Officiers d'administration du service de santé
des troupes coloniales.

L'uniforme des officiers d'administration du service de santé est semblable à celui des officiers d'administration du service de l'Intendance, sauf les modifications suivantes.

CHAPITRE PREMIER

Habillement.

ART. 207. — MANTEAU EN DRAP AVEC PÈLERINE MOBILE A CAPUCHON.

Les boutons d'uniforme sont du modèle adopté pour les officiers du corps de santé des troupes coloniales.

Une étoile à 10 branches, de $20^m/_m$ de hauteur, brodée en cannetille et paillettes d'or, orne le collet de la capote.

ART. 208. — TUNIQUE EN DRAP ET EN TOILE BLANCHE OU KAKI.

Les boutons d'uniforme sont du modèle adopté pour les officiers du corps de santé des troupes coloniales.

Une étoile à 10 branches, semblable à celle de la capote, orne le collet de la tunique.

CHAPITRE II

Coiffure.

ART. 209. — BÉRET.

Du modèle général.

ART. 209 *bis*. — BONNET DE POLICE.

Du modèle général.

ART. 210. — CASQUE COLONIAL.

L'attribut, en cuivre doré, est du modèle adopté pour le képi de 1re tenue.

ART. 210 bis. — KÉPI DE 2e TENUE.

Du modèle des officiers d'administration de l'Intendance (art. 193), sauf les modifications suivantes :

Sur le bandeau du képi est brodée une étoile à 10 branches de même forme et de même dimension que celle de la capote.

Les boutons de la jugulaire sont estampés de l'attribut du service de santé.

ART. 211. — KÉPI DE 1re TENUE.

L'attribut en cuivre, découpé et estampé en relief, se compose d'une étoile à 10 branches, dorée au bruni, de 40mm de diamètre ; au bas de cette étoile, se croisent deux branches, l'une de chêne à gauche, l'autre de laurier à droite, dorées au mat et bruni et dont les extrémités sont reliées par un ruban.

Cocarde et pompon comme pour le képi de 1re tenue des officiers d'administration de l'intendance.

Remplacé aux colonies, pour la 1re tenue, par le casque colonial.

CHAPITRE III.

Équipement.

Des modèles adoptés pour les officiers d'infanterie coloniale, sauf en ce qui concerne la dragonne de grande tenue dont le cordon est en frisure d'or.

CHAPITRE IV.

Armement.

ART. 212. — ÉPÉE.

Des modèles généraux. Pour principaux, à ciselure. Coquille extérieure ornée de six drapeaux croisés derrière l'attribut du service de santé. Poignée en corne de buffle noire (art. 37).

Pour les autres grades, sans ciselure. Coquille extérieure ornée de l'attribut du service de santé doré et appliqué sur fond uni (art. 38).

Pour les deux modèles d'épée, fourreau en acier nickelé à un seul bracelet à anneau.

ART. 212 *bis*. — REVOLVER.

Modèle 1892.

DEUXIÈME PARTIE
TROUPE

TITRE PREMIER
Infanterie coloniale.

CHAPITRE PREMIER
Habillement.

ART. 213. — BOURGERON EN TOILE AVEC COL.

Le bourgeron est confectionné en forte toile de lin, présentant un tissu régulier de dix-sept à dix-huit fils ronds, en chaîne comme en trame, par centimètre carré, et fournissant au dynamomètre une résistance de 128 kilogrammes en chaîne et 196 en trame, sur des bandes préalablement immergées.

Il est ouvert à la poitrine par une fente paramentée sur les deux bords, avec une boutonnière au milieu et bouton correspondant.

Collet droit, d'une seule pièce, et remplié à sa base ; un bouton sur le côté droit de l'ouverture avec boutonnière correspondante.

Le devant et le derrière sont coupés d'un seul morceau replié en son milieu, lequel forme la ligne des épaules ; sur chaque épaule existe une bande de toile dite « épaulière » formant gousset près de l'encolure et dont les extrémités sont taillées en biseau.

Les manches sont coupées d'une seule pièce avec gousset sous l'aisselle. Elles sont à poignets, fermant chacune par un bouton ; la fente est rempliée sur ses bords, lorsque ces bords ne sont limités par la lisière de l'étoffe. La couture de la manche doit être faite de telle façon que la partie portant la boutonnière soit piquée sur celle portant le bouton.

Sur le devant de gauche est une poche dont le bord de la patte horizontale est placé à 180^{mm} environ du pli du milieu de la pièce d'épaule.

Cette patte, dont la partie supérieure est placée à 65^{mm} environ du bord du devant, comporte une boutonnière au milieu et un bouton correspondant.

Les extrémités de cette patte sont consolidées par un droit-fil pris dans leur arrêtement.

Les boutons placés sur ce bourgeron sont en zinc et ont 16^{mm} de diamètre.

Tous les parementages, ainsi que les doublures des martingales, et du collet, sont en un seul morceau.

Les militaires des sections, exclusivement affectés au service des bureaux, font usage, dans ce service, du bourgeron de toile. avec ou sans vêtement de drap en dessous.

Dimensions du bourgeron.

	1re TAILLE	2e TAILLE	3e TAILLE
Longueur devant et derrière, à partir de la base du collet.	m	m	m
	0,800	0,750	0,700
Largeur de la carrure et au bas.	0,740	0,740	0,740
Pièces d'épaule.			
Plus grande longueur devant et derrière	0,280	0,280	0,280
Longueur jusqu'à la fente.	0,220	0,220	0,220
Largeur	0,080	0,080	0,080
Collet.			
Longueur.	0,580	0,580	0,580
Hauteur	0,065	0,065	0,065
Manches.			
Longueur, poignets non compris.	0,530	0,500	0,470
Largeur au milieu.	0,250	0,250	0,250
Poignets { Longueur	0,270	0,270	0,270
Poignets { Hauteur	0,055	0,055	0,055
Poches.			
Profondeur mesurée du bord supérieur de la patte.	0,230	0,230	0,230
Largeur	0,180	0,180	0,180
Hauteur de la patte.	0,040	0,040	0,040
Longueur de la patte au milieu.	0,200	0,200	0,200
Parementures.			
Longueur totale de chaque parmenture	0,370	0,370	0,370
Largeur { de celle de droite	0,025	0,025	0,025
apparente. { de celle de gauche	0,040	0,040	0,040
Longueur de la fente depuis la base du collet jusqu'au point d'arrêtement.	0,350	0,350	0,350
	k	k	k
Poids minimum du bourgeron confectionné.	0,720	0,680	0,640

ART. 214. — BOUTONS D'UNIFORME.

En cuivre tombac. Ils sont demi-bombés, en entier de métal et d'une seule pièce ; la queue présente deux pontets en cuivre se croisant à angles droits, à arêtes adoucies et soudées à la soudure forte. La queue devra présenter une résistance minimum de 50 kilogrammes sans arrachement. Le bouton est estampé en relief d'une ancre entrelacée d'un câble : le pourtour extérieur est orné d'un filet ; à l'intérieur est une baguette circulaire terminée à chaque bout par un fleuron.

Diamètre du gros bouton.	23^{mm}
Diamètre du petit.	17
Flèche de la convexité du gros.	6
Flèche de la convexité du petit.	5

ART. 215. — CAPOTE.

Confectionnée en drap de soldat gris de fer bleuté, croisant sur la poitrine au moyen de six gros boutons d'uniforme de chaque côté également espacés entre eux. Boutonnières en drap, bridées aux extrémités, la 1re en haut, est ouverte à 30^{mm} au-dessous du bord supérieur du revers. Leur tête est éloignée de 15^{mm} du bord des devants. Les boutons doivent être en ligne droite du haut en bas.

Devants. — Passepoilés en drap du fond sur les bords et coupés de manière à croiser l'un sur l'autre par le bas, d'environ 200^{mm}.

Sur la doublure intérieure du devant gauche de la capote est cousue une poche rectangulaire en toile de lin pour recevoir le paquet individuel de pansement en temps de guerre. Les bords sont repliés et rabattus sur la doublure et son ouverture solidement arrêtée de chaque côté. La poche est placée de façon que le fond se trouve à 70^{mm} au-dessus de la ligne horizontale passant par la base de la patte de ceinturon ; son côté le plus rapproché du bord du devant de la capote est à 220^{mm} environ de ce bord.

A la jonction des revers avec le collet existe un suçon d'environ 90^{mm} de hauteur ; au-dessous de l'endroit où est cousue l'agrafe, un droit fil en toile est ménagé entre chaque revers et son parementage pour les empêcher de se déchirer.

Dos. — D'une seule pièce et sans fente dans le bas.

Aux coutures d'assemblage du dos, deux pattes de poche, avec deux gros boutons d'uniforme, donnent entrée à deux poches en toile placées au-dessous. La position des boutons supérieurs des pattes doit être telle que le ceinturon, placé sur les hanches, puisse s'appuyer sur eux. Les deux boutons du bas des devants doivent être au même niveau.

Deux martingales en drap du fond prennent naissance sous les pattes de poche, en contre-bas du bouton supérieur de ces pattes, dont la tête est coupée en biseau. La martingale de gauche est percée de deux boutonnières faites en drap, dont l'une commence à environ 20^{mm} de la pointe arrondie de la martingale et l'autre à environ 120^{mm} de cette même pointe.

La martingale de droite porte deux petits boutons d'uniforme cousus aux places correspondantes.

Ces martingales servent à resserrer le dos à volonté.

Longueur apparente, pour la taille moyenne, 180^{mm}.

Collet. — Il est doublé de drap de même couleur en un ou plusieurs morceaux et garni en dedans d'une toile forte et d'une autre ordinaire à doublure. Le tout est consolidé par une piqûre qui règne au milieu, parallèlement à ses bords ; le long de ceux-ci court également une seconde piqûre. Échancrés de 25^{mm} environ de chaque côté, légèrement arrondis à leurs extrémités, les angles du dessus portent le numéro du régiment ou une ancre encâblée, selon que le militaire est en service en France ou aux colonies. Ces insignes sont confectionnés et fixés sur une patte en drap du fond comme il est dit à l'article 223 pour le paletot de molleton.

Le collet est garni à son pied d'une forte agrafe avec porte solidement cousue.

Brides. — En drap du fond, doublure formant passepoil, en drap de la même couleur. Elles doivent être cousues sur le vêtement de manière que l'épaulette soit placée bien droite sur l'épaule, sans incliner ni en avant, ni en arrière ; l'extrémité du corps de l'épaulette à environ 10^{mm} du pied du collet, et les bords des brides appuyant exactement par les deux extrémités contre les tournants du contour d'écusson. Le rembourrage de la doublure doit être tel que l'écusson soit horizontal et ne relève jamais. Ces brides, ainsi qu'un petit bouton d'uniforme cousu sur la capote de chaque côté à 15^{mm} environ de l'encolure, servent à arrêter les épaulettes.

Manches. — Leur largeur est telle que les manches du paletot de molleton puissent y entrer facilement. Elle est, pour la taille moyenne, de 230mm environ en haut. Leur longueur est telle que l'homme ayant les bras étendus horizontalement, le bord interne du parement arrive au pli du poignet, contre la main. Une fente est pratiquée du côté externe, au bas de chaque manche ; cette fente traverse entièrement le parement.

Parements. — Parements droits piqués et rempliés, sans passepoils. Ils se ferment au moyen d'un petit bouton d'uniforme et d'une boutonnière pratiquée à peu près à demi-hauteur du parement lequel présente un rempli.

Patte de ceinturon. — Sur le côté gauche seulement, et à la hauteur déterminée par le ceinturon s'appuyant sur les hanches et portant sur les boutons du dos, est cousue une patte en drap du fond, doublée et passepoilée de même, avec boutonnière en drap en haut pour recevoir un petit bouton d'uniforme cousu sur la capote, qui, en cet endroit, est renforcée par une rondelle en cuir appliquée sur la doublure. Le sommet de la patte est coupé en forme de cône. La patte est doublée en drap du fond et, de plus, à 20mm environ au-dessous du bas de la boutonnière, elle est garnie intérieurement, dans toute sa largeur, par une bande de veau noirci qui, après avoir été solidement arrêtée au bas de la patte, remonte contre le corsage jusqu'à environ 50mm au-dessous du bouton.

Aux coins inférieurs des devants, deux boutonnières obliques et parementées en drap servent à les rattacher à volonté aux boutons de derrière. Les coutures du dos, au-dessous des poches, et celles des chanteaux, sont rabattues en dedans.

La capote tombe à 330mm de terre ; elle est doublée en toile de lin jusqu'à la hauteur des boutons inférieurs du devant et parementée en drap au bord des devants. Ce parementage peut être en deux morceaux. La doublure de toile entre sous le parementage en drap jusque sous les boutonnières. En cet endroit, que le drap recouvre, la toile peut être de plusieurs morceaux joints ensemble.

Afin de suppléer à l'insuffisance de la largeur du drap il est mis des chanteaux aux devants pour leur jonction avec la pièce du dos.

La capote se porte soit seule, soit par-dessus le paletot de molleton. Elle doit donc être assez ample pour ne gêner l'homme dans aucun de ses mouvements lorsqu'il la porte par-dessus cet effet.

Les sous-officiers, y compris les sergents-majors, font usage de la capote décrite ci-dessus.

Dimensions invariables :

Collet	{	Hauteur		$0^m,040$
	{	Abattage		$0,030$
Devants	{	Distance horizontale entre les deux rangées de boutons mesurée de centre à centre	en haut	0^m160
	{		en bas	$0,140$
Poches	{	Ouvertures		$0,190$
	{	Longueur		$0,400$
	{	Hauteur		$0,170$
Pattes de poches	{	Hauteur		$0,270$
	{	Largeur		$0,035$
Martingales	|	Largeur		$0,040$
Brides d'épaule	{	Longueur		$0,090$
	{	Largeur totale (environ)		$0,015$
Manches	{	Largeur	à la saignée (environ)	$0,225$
	{		au bas (environ)	$0,160$
	{	Hauteur de la fente (environ)		$0,080$
Parements	{	Hauteur		$0,070$
	{	Remplis (environ)		$0,020$
Patte de ceinturon	{	Hauteur apparente		$0,110$
	{	Largeur	en haut	$0,035$
	{		en bas	$0,050$
	{	Longueur de la bande de cuir		$0,100$
Parementage en drap des devants	{	Largeur en haut (environ)		$0,180$
	{	Largeur à la ceinture (environ)		$0,160$
Poche de pansements	{	Largeur		$0,120$
	{	Profondeur		$0,140$

Pour les dimensions variables qui ne figurent pas au tableau ci-dessus, se reporter aux modèles-types et au cahier des charges en vigueur.

ART. 216. — CAPOTE DES ADJUDANTS ET DES CHEFS DE FANFARE

Semblable à celle des officiers d'infanterie coloniale. Les brides d'épaulettes en galon dit trait côtelé de 10^{mm} mélangé d'un tiers de soie rouge en trois raies longitudinales également espacées.

La capote des chefs de fanfare est semblable à celle des adjudants, mais le numéro ou l'ancre est remplacé, sur le collet, par une lyre brodée en or mat (largeur, 17^{mm} ; hauteur, 30^{mm}).

ART. 217. — CEINTURE DE FLANELLE.

La ceinture est formée d'une seule pièce de tissu en laine blanche cardée, à l'exclusion de laine peignée. Elle est pliée dans le milieu de sa largeur, de manière à présenter un rectangle de 1 mètre de base sur 0^m,380 de hauteur, l'effet étant confectionné.

Les bords latéraux et le bord supérieur sont repliés et piqués. Une piqûre règne le long du bord inférieur pour maintenir en contact les deux épaisseurs du tissu.

A 60^mm environ du bord de droite, et à partir du bord supérieur, la ceinture étant posée à plat, est cousu un droit-fil en toile de coton de 40^mm environ de largeur sur 170^mm de hauteur environ, sur lequel sont fixés trois boutons en os blanc, destinés à assurer la fermeture de l'effet au moyen de boutonnières correspondantes ouvertes sur le côté gauche.

Sur le côté gauche, et à partir du bord supérieur de la ceinture, est également cousu un droit fil en toile de coton, percé de trois boutonnières correspondant aux boutons fixés sur le côté droit.

A 140^mm environ du bord gauche, affleurant le bord supérieur de l'effet, est cousue une pièce carrée en toile à doublure en coton de 50^mm de côté environ, sur laquelle est attaché un bouton en os blanc. Une pièce semblable est fixée à 280^mm environ de ce même bord gauche.

Deux bretelles en toile à doublure en coton (semblable en tous points à celle employée pour les effets d'habillement), formées de deux épaisseurs du tissu superposées et croisées au point d'attache, sont fixées à la ceinture à 300^mm environ du bord latéral de droite.

Elles sont percées à leur extrémité de trois boutonnières destinées à donner passage aux boutons dont il est parlé ci-dessus. Les bretelles décrivent une légère courbe.

A 450^mm environ du bord gauche est pratiquée une fente de 100^mm de profondeur environ, bordée entièrement d'un ruban en toile de coton.

La flanelle doit présenter par c/^m carré 15 à 16 fils en trame et treize à quatorze fils en chaîne ; la toile de coton sera en tous points semblable à celle employée pour les effets d'habillement.

Résistance dynamométrique du tissu de laine.	en chaîne	12^k
	en trame	— 10^k
Allongement du tissu de laine (au minimum).	en chaîne	0^m003
	en trame	0^m004

Dimensions :

Ceinture	Longueur		1ᵐ 000
	Largeur		0 380
Bretelles	Longueur (environ)		0 680
	Largeur	au point d'attache	0 095
		à leurs extrémités	0 040
Poids minimum de la ceinture de flanelle confectionnée.			0ᵏ 180

ART. 218. — COLLET-MANTEAU POUR VÉLOCIPÉDISTES.

Le collet est en drap gris de fer bleuté ; il se compose d'un dos en un seul morceau, avec devant de chaque côté.

La pièce du dos, pliée en son milieu, a la forme de deux trapèzes accolés, dont le plus petit côté est creusé pour l'encolure et dont le côté opposé a la forme d'un arc de cercle.

Les pièces du devant ont une forme analogue à la moitié de la pièce du dos.

L'encolure et les devants sont parementés en drap du fond, sur une largeur au devant de 0ᵐ,055 et à l'encolure de 0ᵐ,045.

Une rotonde en toile trois fils imperméabilisée, de couleur cachou, et ayant une hauteur apparente de 0ᵐ,180, est appliquée sur l'encolure en dedans du collet.

La toile employée est en lin ou en chanvre et doit présenter au centimètre 18 à 19 fils doubles en chaîne et 16 à 17 fils en trame.

La force dynamométrique doit être, au minimum, de 182 kilogr. en chaîne et 190 kilogr. en trame, sur des bandes préalablement immergées dans les conditions indiquées au cahier des charges régissant la fourniture de cette toile.

Le collet se ferme au moyen de trois boutonnières en drap espacées entre elles de 0ᵐ,150 et pratiquées sur le devant gauche. Le devant droit reçoit trois petits boutons d'uniforme.

Sur le bord de l'encolure, en dedans du collet, sont fixées deux pattes doublées en drap du fond portant chacune, à leur extrémité, une boutonnière.

Les coutures d'attache de ces pattes sont faites sur la pièce du dos, de telle sorte que les pattes soient parallèles au bord de l'encolure ; elles ont une longueur de 0ᵐ,110 et une largeur de 0ᵐ,025.

Ces pattes se boutonnent :

1° A deux boutons en os noir fixés sous le col rabattu de la vareuse de l'homme ;

2° A deux boutons en os noir fixés sur la pièce du dos lorsque le collet est roulé pour être placé sur le guidon de la bicyclette.

A environ 0^m,120 du milieu de la pièce du dos et à environ 0^m,300 au-dessous du point d'attache des pattes d'encolure sont fixés, sur un carré de drap cousu sur la pièce du dos, les deux boutons en os noir dont il est parlé plus haut.

A environ 0^m,200 du milieu du dos et à 0^m,400 au-dessous de l'encolure est fixée, sur la moitié droite de la pièce du dos, une patte analogue à celle de l'encolure ; elle est perpendiculaire à la ligne médiane du dos et est maintenue au moyen d'un rectangle en drap piqué sur la pièce du dos.

Une deuxième patte semblable est fixée également sur cette partie de la pièce du dos, de telle sorte que le collet étant replié sur le dos de l'homme, cette patte, comme la précédente, puisse se boutonner à un bouton en os noir fixé au-dessus du ceinturon sur les côtés de la vareuse de l'homme.

Cette dernière patte peut enfin se boutonner à un troisième bouton fixé en position convenable sur la moitié gauche de la pièce du dos, lorsque le collet, replié sur le dos de l'homme, n'est pas attaché au bouton du côté de la vareuse.

Sur la ligne médiane de la pièce du dos et sur l'encolure est pratiquée une boutonnière se boutonnant à un troisième bouton fixé sous le col de la vareuse.

Dimensions de l'effet confectionné :

	1re TAILLE	2e TAILLE	3e TAILLE
Longueur du dos	0^m,845	0^m,795	0^m,745
Développement de la moitié du dos mesuré en bas en ligne droite.	0, 765	0, 735	0, 705
Longueur du devant (1).	0, 795	0, 745	0, 695
Développement de chaque devant mesuré en ligne droite.	0, 660	0, 640	0, 620

ART. 218 *bis*. — MANTEAU A CAPUCHON
POUR LE SERVICE DES PLANTONS.

Semblable au manteau à capuchon des chasseurs alpins.

Ce manteau est confectionné, par les soins du corps, avec du drap hors de service.

---

(1) La longueur des devants est déterminée de telle sorte que, le vêtement étant placé sur l'homme, il plonge en avant de 5 centimètres.

Art. 219. — CULOTTE EN DRAP, EN TOILE BLANCHE ET EN TOILE KAKI, DES ADJUDANTS

Les adjudants font usage de culottes en drap et en toile blanche et kaki, du modèle prescrit pour les officiers d'infanterie coloniale.

Art. 220. — ÉPAULETTES DES ADJUDANTS ET DES CHEFS DE FANFARE

Adjudants. — Épaulette en argent mat sur l'épaule droite ; contre-épaulette sur l'épaule gauche ; mêmes dimensions, forme, travail, que pour les sous-lieutenants.

Le corps de l'épaulette et celui de la contre-épaulette sont traversés, dans toute leur longueur, y compris l'écusson, d'une raie en soie garance de 10^{mm} tissée dans le galon.

La frange de l'épaulette est de l'espèce dite à graines et non à torsades.

Chefs de fanfare. — Contre-épaulettes entièrement en or mat et semblables à celles des sous-lieutenants ; mais, il est ajouté, sur l'écusson, une lyre (hauteur 42^{mm}), en cuivre doré, estampé et découpé. Elles sont bordées de chaque côté d'une raie en soie garance de 2^{mm}, tissée dans le galon et se prolongeant dans la même direction à travers l'écusson.

Art. 221. — JAMBIÈRES EN DRAP, EN TOILE BLANCHE ET KAKI DES ADJUDANTS.

Semblables à celles décrites pour les officiers d'infanterie coloniale.

Art. 222. — JAMBIÈRES EN TOILE FORTE.

Confectionnées en forte toile à voile crémée, de fil de chanvre ou de lin.

Chaque jambière est formée de deux morceaux de toile assemblés à leur partie postérieure par une solide couture à points arrière.

Elle se ferme sur le dehors de la jambe au moyen de douze boutonnières percées à 12^{mm} du bord vertical du morceau interne et de douze boutons blancs en boucle cousus sur le morceau externe : le premier bouton du bas à 25^{mm} et le dernier bouton du haut à 40^{mm} du bord vertical de ce second morceau de toile.

Sur le morceau interne de la jambière, au bord supérieur, est solidement fixée, sur une longueur de 6 centimètres, une jarretière de toile de 25ᵐᵐ de largeur, munie d'une boucle en fer étamé à deux ardillons permettant de serrer ou de desserrer la jambière à volonté.

Cette jarretière se boucle sur la partie interne de la jambe et est munie d'un passant pour retenir son extrémité libre.

La jambière est creusée à sa partie postérieure, à l'endroit qui correspond au pli du jarret par une échancrure, de 6 à 8 centimètres de profondeur sur 12 à 15 centimètres de largeur au sommet.

Tous les bords coupés de la toile des jambières sont repliés en dedans, piqués et surjetés.

Les jambières confectionnées sur trois tailles ont les dimensions principales suivantes :

	Jambières		
	de 1ʳᵉ taille	de 2ᵉ taille	de 3ᵉ taille
Hauteur de la jambière sur la ligne des boutons.	0ᵐ420	0ᵐ400	0ᵐ380
Derrière jusqu'à l'échancrure du haut, en suivant le contour de la couture.	0 370	0 340	0 330
Largeur de la jambière placée à plat et boutonnée en haut, au niveau du 2ᵉ bouton.	0 210	0 205	0 20?
Largeur de la jambière placée à plat et boutonnée au milieu, entre les 6ᵉ et 7ᵉ boutons.	0 195	0 190	0 185
Largeur de la jambière placée à plat, au bas.	0 145	0 140	0 135
Longueur de la jarretière.	0 440	0 430	0 420
Largeur de la jarretière.	0 025	0 025	0 025
Boucle de la jarretière. { Hauteur	0 032	0 032	0 032
Largeur	0 024	0 024	0 024

Ces jambières ne se portent qu'en Indo-Chine, aux Antilles, à la Guyane et dans les colonies de la côte occidentale d'Afrique.

Art. 223. — PALETOT DE MOLLETON.

En molleton bleu foncé, sans aucune doublure ni pièce de renfort en toile. Drap de distinction écarlate. Il est demi-ajusté et dessine légèrement la taille.

Devants. — D'un seul morceau pour chaque côté, croisant sur la poitrine et se boutonnant à droite et à gauche, au moyen de deux rangées de cinq gros boutons d'uniforme, également espacés dans le sens vertical ; celui du haut étant placé à 50ᵐᵐ au-dessous du pied du collet, et celui du bas arrivant à 270ᵐᵐ environ du bord inférieur de l'effet. Les boutonnières correspondant à ces boutons sont faites en soie et placées à 15ᵐᵐ en dedans du bord antérieur du paletot. La distance horizontale entre les deux rangées de boutons mesurée de centre à centre, doit être de 130ᵐᵐ en haut et de 110ᵐᵐ en bas.

Les devants sont parementés en étoffe du fond, en un ou plusieurs morceaux solidement cousus. Sur chacun d'eux, à 200ᵐᵐ du bord antérieur de l'effet et à 240ᵐᵐ environ de son bord inférieur, est pratiquée une poche horizontale dont l'ouverture est de 170ᵐᵐ de longueur, passepoilée en haut et en bas, solidement arrêtée à ses extrémités et recouverte par une patte doublée en molleton, rempliée, rabattue et piquée à côté du rempli, dont les dimensions sont telles, qu'elle peut, à volonté, rentrer dans l'ouverture ou en sortir. Les poches sont en toile de lin (largeur apparente de la poche intérieurement 190ᵐᵐ, dans la longueur 210ᵐᵐ et 190ᵐᵐ de profondeur).

Le dessous des poches est pris dans la couture du passepoil pour consolider l'ouverture et enlever la visibilité extérieure ; elles seront rempliées de chaque côté et piquées.

La poche droite recevra, à l'intérieur de l'effet, la marque de confection, celle de gauche le numéro matricule de l'homme.

Afin de permettre le port, aux colonies, du paquet individuel de pansement, les paletots de molleton sont pourvus, à l'intérieur de la poche gauche du vêtement au-dessous de la ceinture, d'une pochette exclusivement affectée au paquet de pansement.

Cette pochette est formée par l'apposition sur le côté interne de la poche, n'appuyant pas directement sur l'homme, d'une bande en toile de cretonne de coton à doublure. Elle est fermée par une petite pate de même toile qui est pourvue en son milieu d'une boutonnière permettant de la fixer au moyen d'un petit bouton cousu sur la toile constituant la pochette.

La pochette doit avoir une largeur de 105ᵐᵐ. La patte de fermeture doit, le paquet de pansement renfermé, pouvoir se rabattre sur une hauteur d'environ 30ᵐᵐ.

Les paletots de molleton ne recevront la pochette que lors du départ des hommes pour les colonies.

Dos. — En une seule pièce, légèrement arrondi en dehors de sa partie inférieure.

Collet. — Confectionné en drap du fond. Le dessus et le dessous doivent être en une seule pièce, légèrement échancrés et très peu arrondis à leurs extrémités.

Les angles du dessus portent : en France, le numéro du régiment, et, aux colonies, une ancre encablée.

Ces insignes, en drap écarlate de sous-officier, sont découpés à l'emporte-pièce et cousus, par un rabattement en soie rouge, sur une patte en drap de soldat bleu foncé, taillée en accolade à la partie postérieure ; les trois pointes de l'accolade sont en ligne verticale et ses courbes ont une rentrée de 5^{mm}. Cette patte est posée dans l'angle du collet, de manière à réserver sur son bord antérieur et sur ses bords horizontaux un liseré d'environ 2^{mm},5 laissant voir le drap du collet.

Le pied du collet est garni d'une agrafe en fer verni noir. Une étiquette en toile de lin cousue à l'intérieur du collet (hauteur 20^{mm}, largeur 110^{mm}) est destinée à recevoir l'indication de la pointure de l'effet. Cette étiquette est prise dans les chutes provenant de l'étoffe servant à confectionner les poches.

Le paletot de molleton de deuxième tenue des sous-officiers, caporaux et soldats est différencié du paletot de grande tenue par l'adjonction d'une ganse écarlate placée verticalement de chaque côté du collet, à 4^{mm} en arrière de l'attribut, et à 6^{cm},5 au plus du pied du collet, de manière que cette ganse puisse être vue aisément de face.

Manches. — D'un seul morceau dont les bords sont réunis, à la partie externe, par une couture rabattue, et qui est rempliée en dedans, dans le bas, sur une hauteur de 30^{mm} environ.

Brides. — Se confectionnent en drap du fond, la doublure formant passepoils en drap écarlate, piquées dans le milieu (longueur 90^{mm}, largeur totale 15^{mm}). Elles doivent être cousues sur le vêtement, de manière que l'épaulette soit placée bien droite sur l'épaule, sans incliner ni en avant ni en arrière.

Le collet et les devants du paletot de molleton sont rempliés, rabattus et piqués à côté du rempli. Le bas en est seulement rempli en dedans et rabattu sur une hauteur d'environ 10^{mm}. Les coutures qui rattachent le dos au devant sont également rabattues. Elles ne descendent sur les côtés qu'à 100^{mm} environ du bas de l'effet, de manière à laisser une fente solidement arrêtée, dont les bords sont rempliés dans la partie du dos, libres dans celles qui se rapportent aux devants, à laquelle est adaptée, de chaque côté, une languette en étoffe du fond d'une largeur d'environ 30^{mm}.

Dimensions :

		Mesures prises sur l'effet confectionné.	
		Variables	Invariables
Devants	Longueur mesurée sur le bord intérieur	680ᵐᵐ	»
	Largeur à la poitrine	300	»
	Largeur à la pointe d'emmanchure	430	»
	Largeur dans le bas (non compris la languette)	520	»
Dos	Longueur au milieu	740	»
	Largeur aux angles supérieurs	440	»
	Largeur aux pointes d'emmanchures	500	»
	Largeur dans le bas	520	»
Manches	Longueur prise sur la ceinture (de la carrure au poignet	600	»
	Largeur en haut	210	»
	Largeur au coude	»	210ᵐᵐ
	Largeur au poignet	»	150
Collet	Longueur au pied	460	»
	Hauteur	»	040
Brides d'épaulettes	Longueur	»	090
	Largeur totale	»	015
	Largeur à l'extrémité	»	»
Pattes de poche	Longueur	»	170
	Largeur	»	070
Parementage des devants	Largeur en haut	»	190
	Largeur dans le bas	»	090
Poches en toile de lin	Largeur	»	190
	Profondeur	»	190
Numéro du régiment en drap écarlate	Hauteur	»	025
	Largeur	»	012
Ancre encablée en drap écarlate	Hauteur	»	040
	Largeur	»	030
Pattes à numéros et à insignes	Hauteur	»	035
	Longueur mesurée suivant le grand axe	»	065
Toile bougran pour le collet	Longueur au pied	»	460
	Hauteur	»	040
Pochette de pansement en toile de coton	Largeur	»	105
	Profondeur	»	150

ART. 224. — PALETOT DE TOILE BLANCHE.

Confectionné en toile cretonne de coton croisé.

Le paletot boutonne droit sur la poitrine au moyen de six gros boutons d'uniforme également espacés et cousus à demeure.

Le collet droit, en toile du fond, mesure 0ᵐ,04 de hauteur. Il est coupé carrément sur le devant et se joint à l'ouverture au moyen de deux agrafes. Il porte en dedans cinq petits boutons métalliques destinés à maintenir un faux-col en percale qui dépassera d'environ 3^{mm} le bord supérieur du collet.

Le collet est muni, de chaque côté, d'une patte en drap de sous-officier bleu foncé (hauteur 35^{mm}, longueur 65^{mm}), piquée à la machine sur un fond de drap écarlate débordant en passepoil de 2^{mm}. Cette patte, sur laquelle est fixée une ancre semblable à celle du paletot de molleton, est attachée au collet au moyen d'agrafes du système Duthoit. La rigidité de ces pattes doit être suffisamment assurée pour éviter le recoquillement des extrémités.

Le parement des manches est en toile du fond; il est rond et mesure 0^m,08 de hauteur; il est posé à l'extérieur de la manche et piqué à la machine en haut seulement et rabattu à la main en bas.

Sur chaque devant est pratiquée, au-dessous de la ceinture, une poche sans patte.

Sur le côté gauche, à hauteur de la ceinture, est fixée une patte en toile du fond destinée à maintenir le ceinturon. Cette patte, qui mesure 0^m,11 de hauteur, se ferme au moyen d'une boutonnière et d'un petit bouton d'uniforme correspondant, cousu sur le patelot, le fil traversant un petit carré d'étoffe, cousu lui-même à l'intérieur du paletot.

Le paletot blanc est muni, sur chaque épaule, d'une bride d'épaulette mobile en drap de sous-officier bleu foncé, bordée d'un passepoil de drap écarlate, du modèle de celles du paletot de molleton. Ces brides sont attachées à l'effet au moyen de crochets et de brides spéciales.

Les galons de grade, mobiles, sont semblables à ceux apposés sur le paletot de molleton.

Art. 223. — PALETOT EN TOILE KAKI.

Confectionné en toile de cretonne de coton croisé, de couleur kaki.

Semblable au paletot de toile blanche décrit ci-dessus, sauf les modifications suivantes :

Le paletot kaki est muni, sur chaque épaule, d'une patte en toile du fond, formant trois épaisseurs, celle du milieu en toile à doublure grise. Ces pattes, piquées à la machine sur le pourtour, sont cousues aux emmanchures et se boutonnent au moyen d'un petit bouton d'uniforme fixé à environ 0^m,03 de la base du col. Leur largeur est de 0^m,08 à la base et n'est plus que de 0^m,05 à hauteur du bord inférieur de la boutonnière de l'extrémité de la patte qui est légèrement arrondie.

A l'intérieur de la poche de gauche, sur le revers du côté extérieur, est appliquée une pochette en toile du fond, pour le paquet de pansement : cette pochette est fermée au moyen d'un petit bouton en os, par une petite patte en toile du fond, pourvue d'une boutonnière.

Comme celle du paletot de molleton, la pochette devra avoir une largeur de 105^{mm} et une profondeur de 150^{mm}. La patte de fermeture devra, le paquet de pansement renfermé, pouvoir se rabattre sur une hauteur d'environ 30^{mm}. Les galons de grade, mobiles, sont semblables à ceux du paletot en toile blanche.

Les paletots de toile blanche et de toile kaki doivent être amples, afin d'obvier au rétrécissement provenant du lavage et pour satisfaire aux conditions de l'hygiène aux colonies.

ART. 226. — PANTALON D'ORDONNANCE DE SOLDAT
EN DRAP ET EN FLANELLE.

En drap gris bleuté pour la France, en flanelle bleu foncé pour les colonies, sans plis avec ceinture en drap doublée en cretonne de coton, et soufflet derrière non doublé. Confectionné très large, avec passepoil écarlate.

Devant, une brayette fermée par une sous-patte en drap, doublée en toile de coton, qui est adaptée sous le devant de gauche et qui est percée de quatre boutonnières, et par une languette triangulaire, également en drap, doublée en toile, laquelle est ajustée au devant de droite sur toute la longueur de la fente, et qui porte quatre boutons en zinc de forme barrette correspondant aux boutonnières de la sous-patte ; elle porte dans l'angle supérieur une boutonnière oblique qui se rattache à un bouton cousu sous la ceinture, à gauche.

La ceinture est d'un seul morceau de chaque côté du pantalon. Le devant de gauche est percé à 15^{mm} environ du bord supérieur d'une boutonnière correspondant à un bouton en zinc à barrette placé sur le devant de droite, et reçoit sur la couture une agrafe se composant d'un crochet et d'une porte en fil d'acier doux, n° 13, entièrement nickelée (1).

---

(1) La pose de cette agrafe sera faite de la manière suivante :
1° Placer un droit-fil en toile à doublure d'environ 50^{mm} de côté sur le bord du devant de gauche de la ceinture et à l'intérieur, lequel devra être surjeté sur la couture de la ceinture.

Les deux extrémités de la ceinture sont réunies derrière par un soufflet triangulaire. La ceinture porte six boutons pour l'attache des bretelles.

Les martingales, en drap du fond, doublées en toile, sont fixées derrière le pantalon, au-dessous de la ceinture ; celle de gauche porte une forte boucle en fer verni noir cousue à demeure ; un parementage en toile est appliqué, en dedans du pantalon, sous le point d'attache de chaque martingale. Le pantalon est orné, sur chaque couture latérale externe, d'un passepoil en drap écarlate pour le pantalon de drap et en drap écarlate de sous-officier rengagé pour le pantalon de flanelle.

Le pantalon monte de manière à bien emboîter les hanches, la ceinture se trouvant à égale distance du nombril et du creux de l'estomac. Il tombe droit sur le cou-de-pied sans y former de plis et descend par derrière à environ 10^{mm} du bord inférieur de la guêtre ou du talon de la chaussure. Il est, dans le bas, ourlé en dedans sur une hauteur d'environ 15^{mm} et parementé tout autour en toile de lin sur une hauteur de 60^{mm} environ. Le devant est échancré du bas d'environ 15^{mm}, plus ou moins, selon la conformation du cou-de-pied, pour le dégager.

Fixer en surjet, au même endroit, le haut de la sous-patte en drap de la brayette, la doublure de la sous-patte devra se prolonger à 10^{mm} environ au-dessus de ce surjet ;

Faire passer dans les anneaux du crochet une bandelette de toile à doublure formant enchapure (longueur apparente de la bandelette, 40^{mm} environ ; largeur, 15^{mm} environ) ; coudre solidement sur le droit-fil et au milieu de la couture de la ceinture cette bandelette munie du crochet d'attache de l'agrafe ; ensuite, arrêter très solidement le crochet avec du gros fil tout autour des anneaux et à sa partie antérieure ;

Le crochet devra être placé à 2^{mm} ou 3^{mm} en dedans de la ceinture. Rabattre la doublure de la ceinture, de manière à ne laisser apparente, à l'intérieur du pantalon, que la tête recourbée du crochet ;

2° Placer sur le bord du devant droit de la ceinture un droit-fil en toile à doublure cousu, comme il est dit plus haut, pour le côté gauche ; percer deux petits trous, l'un dans le devant du pantalon, l'autre dans la ceinture, pour donner passage à la porte en métal dont un anneau sera ouvert à cet effet.

Arrêter très solidement la porte par une bandelette de toile semblable à celle du crochet et des points d'arrêt faisant le tour des anneaux. Rabattre sur la bandelette d'attache de la porte les doublures de la brayette et de la ceinture du pantalon ;

La tête de la porte devra arriver à 10^{mm} à droite de la couture d'assemblage de languette en drap de la brayette et laisser une ouverture apparente de 3^{mm} sur le pantalon pour permettre le jeu de l'agrafe ; le coude du crochet de l'agrafe doit affleurer le bord vertical de la ceinture.

Sur chaque côté du pantalon est une poche de cuisse en toile d'environ 360^{mm} de hauteur totale sur 100^{mm} de large près de la ceinture où elle se rattache et 180^{mm} environ de plus grande largueur au fond arrondi. Leur entrée, qui commence à 40^{mm} environ de la ceinture, présente une fente de 180^{mm} environ qui se confond avec la couture du pantalon. Elle est paramentée en drap sur 45^{mm} environ de large, du côté qui touche la cuisse, et sur environ 30^{mm} du bord opposé.

Un gousset de montre en toile de coton est placé sur le devant de droite de la ceinture. Son ouverture horizontale est garnie d'une petite patte rectangulaire en drap du fond.

Le pantalon est garni intérieurement d'un entre-jambes en toile de coton formé de quatre morceaux.

Le devant et le derrière du pantalon sont coupés à poil descendant ; suivant la laize des draps employés, on tolère des petites pointes à l'enfourchure, et une hausse dans l'assemblage du derrière et de la ceinture : hauteur maximum de la hausse : à la ceinture du côté 0^m,020, au soufflet 0^m,080.

Le pantalon se porte avec des bretelles et sans sous-pieds. Tous les boutons sont en zinc, de la forme dite barrette.

Les sous-officiers et les caporaux fourriers font usage du pantalon semblable à celui décrit ci-dessus.

La largeur pour la taille moyenne, le pantalon étant plié en deux, est de :

A l'enfourchure.	0^m,360
Aux genoux.	0 ,270
Aux bas.	0 ,235
La largeur du devant dans le bas est de.	0 ,210
Celle de derrière est de.	0 ,260

Art. 227. — PANTALON D'ORDONNANCE DES ADJUDANTS ET DES CHEFS DE FANFARE.

Pantalon confectionné en drap fin, semblable à celui des officiers d'infanterie coloniale. Il est orné d'un passepoil en drap de couleur écarlate sur chaque couture latérale externe. Aux colonies, les adjudants et chefs de fanfare font usage d'un pantalon en drap léger.

Art. 228. — PANTALON DE TOILE BLANCHE.

Confectionné en toile de chanvre ou de lin, sans plis à la ceinture. La ceinture est, de chaque côté, confectionnée d'un seul mor-

ceau replié sur lui-même pour former doublure, elle se ferme sur
le devant par deux boutons en os, dont l'un est fixé sur la couture
qui la réunit au pantalon et l'autre est placé de l'autre côté de la
couture à 10^{mm} environ du bord supérieur. Des deux boutonnières
correspondant aux boutons, celle pratiquée dans la couture de la
ceinture est renforcée d'un droit-fil à l'intérieur.

Un gousset de montre est placé dans la ceinture, sur le devant
du côté droit. Sur le derrière de la ceinture est placé un soufflet
triangulaire.

Dimensions	de la ceinture.	sur le devant, hauteur	0^m05
		sur le derrière	0 03
	du gousset de montre.	ouverture	0 08
		profondeur	0 08
	du soufflet.	longueur	0 14
		largeur en haut	0 06

Le pantalon a, sur le devant, une brayette fermée par quatre boutonnières percées dans une sous-patte doublée et adaptée sur le
devant de gauche; celui de droite, auquel est ajoutée une languette
doublée de forme triangulaire (largeur totale en haut 90^{mm}), s'engage sous celui de gauche de toute la hauteur de la fente et porte
des boutons en os correspondant aux boutonnières. Cette languette
porte, à son angle supérieur, une boutonnière qui se rattache à un
bouton en os placé en dedans de la ceinture gauche et sert à fermer
l'ouverture de la brayette.

Sur le côté de chaque cuisse est pratiquée une poche ayant les
dimensions suivantes : longueur totale $0^m,42$, plus grande largeur
$0^m,17$, largeur près de la ceinture à laquelle elle se rattache $0^m 09$,
l'ouverture de cette poche placée à $0^m,04$ de la ceinture aura $0^m,18$.

Deux martingales, doublées de même toile que le pantalon, sont
placées à l'endroit qui porte sur les reins, celle de gauche a une
longueur de $0^m,12$ et est percée à son extrémité d'une boutonnière
avec bouton correspondant pour recevoir une boucle en fer étamé
ou vernie blanc, celle de droite a une longueur de $0^m,15$ mesurée
d'une pointe à l'autre ; la largeur de l'une et de l'autre est de $0^m,04$
à la base et de $0^m,03$ à l'extrémité. Le pantalon est replié par le bas
de chaque jambe sur $0^m,03$ de haut environ.

Toutes les coutures sont faites avec une grande solidité.

Toutes les doublures, y compris celles formant les poches, sont en
toile semblable à celle du pantalon.

Les adjudants et chefs de fanfare font usage d'un pantalon semblable à celui des officiers.

Art. 229. — PANTALON DE TOILE KAKI

De même forme que le pantalon de toile blanche décrit ci-dessus. Il est confectionné avec la même toile que celle employée pour les paletots de cette couleur, les poches de côté sont bâties en toile de coton écru.

Les adjudants et chefs de fanfare font usage d'un pantalon semblable à celui des officiers.

Art. 230. — PANTALON DE CUISINE EN TOILE GRISE

En toile de lin décruée, dite toile d'Armentières, présentant au dynanomètre une résistance de 128 kilogrammes en chaîne et 196 kilogrammes en trame ; au centimètre, dix-sept à dix-huit fils en chaîne et en trame, sur des bandes préalablement immergées.

De la forme du pantalon de treillis ; il porte deux poches de côté en toile pareille au corps de l'effet. Les boutons sont en zinc de 0m,014 pour la brayette et de 0m,016 pour les autres parties du pantalon. Il ne comporte pas de martingale.

Des hausses sont admises dans l'assemblage du derrière et de la ceinture, (hauteur des hausses (environ) : à la couture du côté, 0m,020 ; au soufflet, 0m,085).

Dimensions de l'effet confectionné.

| TAILLES. | LONGUEUR | | DEMI-GROSSEUR de ceinture non compris le soufflet | LARGEUR DU PANTALON plié en deux | | | HAUTEUR de LA CEINTURE | | DISTANCE du haut de la fente de poche à la ceinture | POIDS |
	de côté	d'entre jambes		à l'enfourchure	au genou	au bas	devant	derrière		
	m	m	m	m	m	m	m	m	m	k
1re taille	1,14	0,86	0,48	0,40	0,31	0,26	0,09	0,055	0,14	0,680
2e taille	1,07	0,80	0,47	0,40	0,31	0,26	0,09	0,055	0,14	0,650
3e taille	1,00	0,74	0,46	0,3»	,»6	0,26	0,09	0,05»	0,14	0,620

Art. 231. — Pantalon de bord en toile rousse.
(Supprimé.)

Art. 232. — Pèlerine.

L°s adjudants et les chefs de fanfare de l'infanterie coloniale font usage d'une pèlerine mobile à capuchon du modèle adopté pour les officiers d'infanterie coloniale.

Art. 233. — Pelisse coloniale des adjudants
et chefs de fanfare.

Du modèle général.

Art. 234. — Sac a distribution.

En forte toile écrue de chanvre ou de lin à raies bleues ou sans raies, présente une résistance de 110 kilogr. en chaîne et 120 kilogr. en trame ; au centimètre, 16 à 17 fils en chaîne et 15 à 16 fils trame. Il est d'un seul morceau reployé sur lui-même au fond du sac et cousu sur les deux bords jusqu'en haut. L'orifice est solidement ourlé et percé de deux œillets pour recevoir une forte ficelle qui sert à fermer le sac.

Hauteur du sac vide à plat.	1^m50
Largeur — —	0 750
Longueur totale de la ficelle	0 800

Art. 235. — Torchon de cuisine.

En toile de chanvre ou de lin, forte et souple à la fois ; largeur 700mm environ, longueur 880 à 900mm ; garni d'un petit ourlet de chaque côté de la longueur.

Art. 236. — Tunique des adjudants et chefs de fanfare

La tunique est semblable à celle des officiers d'infanterie coloniale, sauf les différences ci-après :

Les brides d'épaulettes sont en galon, dit trait côtelé, de $0^m,010$ d'argent pour les adjudants et les chefs de fanfare, mélangé d'un tiers de soie rouge en trois raies longitudinales également espacées.

La tunique des chefs de fanfare est semblable à celle des adjudants et ornée des mêmes galons. Toutefois, le numéro ou l'ancre est remplacée sur le collet par une lyre sans bandelette brodée en cannetille d'or mat et brillant (largeur $0^m,015$, longueur $0^m,037$).

Lorsque la tunique des adjudants et des chefs de fanfare passe à la deuxième tenue, il est pratiqué sur chaque devant, un peu au-dessous de la troisième boutonnière, une poche de poitrine d'une profondeur de 190mm, et dont l'ouverture (longueur 150mm) est passepoilée en drap du fond.

Aux colonies, les adjudants et chefs de fanfare font usage d'une tunique semblable, mais confectionnée en drap plus léger.

ART. 237. — TUNIQUE DE TOILE BLANCHE ET KAKI DES ADJUDANTS.

Du modèle général.

ART. 238. — VAREUSE DE BORD EN TOILE ROUSSE.

(Supprimé.)

ART. 239. — VESTON EN CUIR.

Les adjudants font usage d'un veston en cuir semblable à celui décrit pour les officiers.

CHAPITRE II.

Coiffure.

ART. 240. — BÉRET DES ADJUDANTS.

Aux colonies, les adjudants font usage d'un béret semblable à celui des officiers.

ART. 241. — BONNET DE POLICE.

Troupe. — La calotte affecte à peu près la forme de l'ancien bonnet de police, elle est confectionnée en drap de capote.

Elle se compose de trois morceaux : d'un fond, d'un bandeau et d'un pourtour à oreilles.

Le fond, de forme oblongue, est réuni à la partie supérieure du bandeau par une couture ; la partie inférieure du bandeau est réunie au pourtour à oreilles par une autre couture ; les extrémités du bandeau et du pourtour à oreilles sont assemblées verticalement par une couture placée sur le derrière de la calotte.

Les oreilles arrondies peuvent, à volonté, se rabattre ou se relever à l'aide de deux agrafes en fer verni noir solidement cousues sur le milieu des côtés de la calotte ; le porte-agrafe placé à 25mm environ du fond et la tête de l'agrafe à 8mm environ du bord des oreilles.

Le drap de la partie arrondie des oreilles est remplié sur une hauteur de 10mm environ, puis arrêté sur son bord par deux piqûres espacées entre elles d'environ 3mm.

Une bande de toile de lin réglementaire, de 45mm de hauteur apparente, est fixée à l'intérieur et au bas de la calotte par une piqûre qui la contourne, la partie libre de cette bande est rempliée tout autour de 10mm environ.

Galons. — La calotte comporte sur le devant, des galons en forme de V renversé (⋀). Pour les sous-officiers, les caporaux et les soldats de 1re classe, ces galons ont 12mm de largeur ; ils sont en or façon lézarde pour les sous officiers ; en laine écarlate, façon cul-de-dé, pour les caporaux et les soldats de 1re classe.

Leur disposition sur la calotte est indiquée ci-après :

Sergent-major, caporal et caporal fourrier, les galons forment deux V renversés (⋀), la pointe du premier doit arriver à 5mm environ de la couture du fond ; le second est fixé à 7mm au-dessous du premier.

Chaque côté du V renversé (⋀) mesure : pour le premier, en haut 110mm, au bas 85mm ; pour le second, en haut 70mm, au bas 40mm.

Les extrémités des galons sont rempliées.

Sergent, sergent fourrier et soldat de 1re classe, le galon est placé en V renversé (⋀), de manière que la pointe supérieure du galon arrive à 10mm environ de la couture du fond.

Chaque côté du V mesure : en haut 90mm, au bas 70mm.

Le galon a ses extrémités rempliées.

Dimensions de la calotte :

Fond		Longueur (pointure moyenne)	0m255
		Largeur	0 100
Bandeau	Hauteur	sur les côtés (au milieu d'une couture à l'autre)	0m115
		devant et derrière (de la couture du bas à la pointe du fond)	0 070
Pourtour à oreilles.	Hauteur	sur les côtés, au milieu (de la couture du bandeau à la partie supérieure des oreilles)	0 100
		Aux extrémités devant et derrière (à partir de la couture du bas)	0 085

Adjudants. — Le bonnet de police a, extérieurement, la même forme que celui de la troupe; il est en drap semblable à celui de la tunique; les oreilles sont bordées d'un passepoil écarlate.

Les galons de grade sont en tresse plate de 3ᵐᵐ en argent mélangé d'un tiers de soie rouge.

Les tresses sont placées sur le devant de la calotte en forme de V renversé (Λ), comme pour la troupe.

Art. 242. — Casque colonial.

Le casque colonial se compose essentiellement d'une carcasse en liège formée de vingt-six morceaux recouverts d'une coiffe extérieure en fort coutil de coton écru (croisé 4 pas). Cette coiffe est formée de six morceaux de toile cousus solidement ensemble par une couture rabattue et adhère entièrement à la carcasse au moyen d'une dissolution de caoutchouc.

Une coiffe intérieure en tissu coton vert, satinette 5 pas, adhère également au casque, se prolonge jusqu'à l'extrémité des bords de la coiffure, de manière à doubler complètement ces bords; elle est en deux morceaux réunis par une couture passant par le centre de l'anneau en cuivre posé au sommet du casque.

Les bords du casque sont bordés d'un ruban de coton croisé de 0ᵐ,02 de large.

Le tour de tête en liège (hauteur 0ᵐ035 environ) est doublé de coton noir et recouvert d'une basane noire (façon chèvre) de 0ᵐ,05 de hauteur apparente, cousue au tour de tête et garnie, dans sa partie supérieure, d'une ficelle destinée à serrer, s'il y a lieu, le tour de tête. Celui-ci est fixé au corps du casque au moyen d'agrafes en métal blanc traversant huit taquets de liège de 0ᵐ,01 environ d'épaisseur qui isolent le tour de tête de la carcasse et assurent ainsi l'aération de l'intérieur du casque. Le tour de tête est enfoncé dans la coiffure, de manière à laisser au-dessous 0ᵐ,05 à ᵐ,055 environ de bordure, mesurés à la partie la plus cintrée sur les côtés.

Le casque est percé au sommet d'un trou de ventilation de 0ᵐ,03 de diamètre, lequel est garni d'un anneau en cuivre avec écrou central, destiné à recevoir la tige filetée du macaron en zinc recouvert de coton écru qui surmonte la coiffure.

La coiffure est munie à l'intérieur de deux crochets en cuivre pour attacher la jugulaire; ces crochets sont ronds et leur tige d'une hauteur convenable pour permettre d'accrocher et de décrocher aisément la jugulaire.

Une bande ou bourdalou de coutil écru de $0^m,02$ de hauteur apparente, toute montée, est cousue sur le bord du casque, de manière à masquer les agrafes en métal blanc.

Les points de couture à la machine sur la coiffe extérieure, le bourdalou et la tresse de bordure sont droits et réguliers. On doit en compter quatre par centimètre.

Les morceaux de liège, la coiffure intérieure, la doublure des visières, le coton noir de tour de tête et la coiffe extérieure en coutil écru doivent recevoir d'une manière uniforme une couche de dissolution de caoutchouc, puis être soigneusement mis à sécher après la couche donnée.

Toutes ces diverses parties de la coiffe doivent adhérer complètement et solidement l'une à l'autre.

La dissolution de caoutchouc employée pour enduire les diverses pièces et assurer l'imperméabilité du casque doit être en *para* de première qualité.

La jugulaire est en cuir de veau fauve, légèrement nourri sur fleur, d'une épaisseur de $0^m,0015$ $0^m,002$. Sa longueur est de $0^m,500$ au minimum et sa largeur de $0^m,014$ à $0^m,015$. Elle est pourvue du côté de l'extrémité taillée en pointe de cinq œillets en cuivre dont le premier est placé à 0^m040 environ de l'extrémité et les autres également espacés entre eux de $0^m,020$; un œillet est placé à $0^m,015$ environ de l'autre extrémité.

La jugulaire est placée dans l'intérieur du casque chaque fois qu'elle ne doit pas être portée sous le menton.

Dimensions principales.

POINTURES	LONGUEURS MESURÉES DU SOMMET DE LA COIFFURE		
	à l'extrémité de la visière avant.	à l'extrémité de la visière arrière.	au-bord, sur les côtés.
$0^m,53$, $0^m,54$, $0^m,55$	$0^m,270$	$0^m,285$	$0^m,235$
$0^m,56$, $0^m,57$	$0^m,275$	$0^m,290$	$0^m,240$
$0^m,58$, $0^m,59$, $0^m,60$	$0^m,280$	$0^m,295$	$0^m,245$
$0^m,61$, $0^m,62$, $0^m,63$	$0^m,285$	$0^m,300$	$0^m,250$

Le poids de la coiffure terminée doit être environ, non compris la jugulaire, ni l'attribut, de 225 grammes pour les casques de la plus petite pointure et de 275 grammes pour les casques de la plus grande pointure.

Les tolérances de poids ne doivent pas dépasser 15 grammes en plus ou en moins.

Attributs du casque. — Le casque en liège est orné d'un insigne en métal servant à différencier les armes.

Cet ornement n'est apposé qu'au moment de la délivrance des casques.

L'opération se borne à percer le devant de la coiffure de deux trous pour le passage des anneaux soudés à l'ornement, qui est maintenu à l'intérieur par une tige métallique.

L'ornement est posé sur la couture antérieure, de manière que son extrémité inférieure affleure le bord inférieur du bourdalou.

L'attribut pour l'infanterie coloniale est une ancre en cuivre estampé et découpé d'une hauteur de 6 centimètres sur 4 centimètres de largeur aux becs, entrelacée d'un câble.

Adjudants et chefs de fanfare. — Les adjudants et chefs de fanfare font usage d'un casque du modèle adopté pour la troupe. L'ancre est en cuivre doré et bruni au mat.

ART. 243. — COIFFE COUVRE-CASQUE.

Confectionnée en toile de coton croisé kaki. Elle se compose de quatre bandes réunies ensemble par une couture rabattue et disposées comme celles de la couverture fixe du casque. Les bandes, de 3 centimètres environ plus longues que le casque, se terminent de telle façon, à la partie supérieure, que le macaron doit pouvoir se fixer par dessus lorsque la coiffe mobile est placée.

Le contour inférieur de la coiffe affecte la forme du casque ; il est muni d'une coulisse dans laquelle glisse un cordon blanc dit lacet fil d'Écosse, qui permet de serrer à volonté la coiffe autour du casque.

Adjudants et chefs de fanfare. — Du même modèle.

ART. 244. — COUVRE-NUQUE POUR KÉPI.

Confectionné en cretonne blanche dépourvue d'apprêt présentant au centimètre 25 à 26 fils en chaîne et en trame et donnant une résistance minimum de 30 kilogrammes en chaîne et en trame.

Il est en deux morceaux : la coiffe et le couvre-nuque proprement dit.

La coiffe qui recouvre le képi est formée d'un fond et d'un bandeau assemblés entre eux par des coutures rabattues dont une (celle qui réunit les deux côtés du bandeau) se trouve sur le derrière ; le bas du bandeau est remplié en dedans sur une hauteur de 15^{mm} de manière à servir de gaine à une coulisse en tresse dont les extrémités libres sont passées sur le devant, dans deux œillets de fil ; cette coulisse se serre à volonté. Deux boutonnières de 25^{mm} d'ouverture sont pratiquées dans le rempli du bas, à 150^{mm} environ du devant, elles sont destinées à fixer la coiffe aux boutons du képi ; trois brides en fil, placées l'une sur la couture postérieure du bandeau, les deux autres à égale distance entre les boutonnières et la bride de derrière, servent à recevoir les trois agrafes de la partie flottante.

La partie flottante du couvre-nuque a la forme d'une pèlerine dont les angles sont arrondis ; le pourtour est ourlé sur une hauteur de 5^{mm} sauf à la partie supérieure où l'ourlet est remplacé par un rempli de 15^{mm} de hauteur apparente servant de gaine à une tresse de serrage ; les parties libres de cette tresse sont passées dans deux œillets en fil pratiqués au milieu du rempli. Aux angles de la partie supérieure se trouvent deux boutonnières de 25^{mm} d'ouverture par lesquelles le couvre-nuque se fixe aux boutons du képi ; trois agrafes, situées l'une au milieu, les deux autres à égale distance entre cette dernière et les boutonnières, servent à rattacher le couvre-nuque aux brides de la coiffe comme il est dit plus haut.

Quand la partie flottante doit se porter seule, sans la coiffe, elle est fixée aux boutons du képi à l'aide de deux boutonnières ; en outre, l'agrafe du milieu vient s'introduire dans une bride en cordonnet de soie noire cousue sur la partie postérieure du bandeau du képi à 20^{mm} du bord ; les tresses de serrage permettent d'adapter le couvre-nuque à toutes les pointures.

Les coutures et piqûres sont faites à la machine ; les agrafes sont à ressort, les coulisses de serrage doivent être solidement arrêtées à leur pointe d'attache.

Dimensions

Coiffe.	Hauteur devant.	0ᵐ100
	Hauteur derrière	0 160
	Diamètre du fond	0 150
	Longueur développée au bas (la coiffe repliée en deux)	0 350
Couvre-nuque	Hauteur au milieu	0 300
	Largeur, le couvre-nuque en haut	0 190
	plié en deux (la plus grande	0 340
Tresse	Largeur environ	0 005
	Longueur des parties libres (environ)	0 250
Poids minimum du couvre-nuque et de la coiffe.		0ᵏ 056

ART. 245. — KÉPI

Le képi se compose d'un bandeau, d'un turban, d'un calot, d'une jugulaire, d'une visière, de l'attribut du corps, de deux ventouses, d'une carcasse et d'une garniture intérieure.

Le bandeau, le turban et le calot sont confectionnés en drap de soldat bleu foncé.

Le bandeau qui consiste en une bande de drap coupée à poils descendants est muni sur son devant d'une ancre encablée en drap de sous-officier écarlate, découpée à l'emporte-pièce (hauteur 30ᵐᵐ, largeur 20ᵐᵐ) Cette ancre est fixée sur l'étoffe du fond par un rabattement en soie rouge, de telle sorte que sa partie supérieure vienne affleurer la ganse perlée qui sert de passepoil au bandeau.

A la partie postérieure du bandeau et sur son bord inférieur règne une piqûre à points perdus.

Le turban est formé de quatre pièces verticales coupées à poils descendants, assemblées avec le calot, le bandeau et entre elles par des coutures recouvertes d'un passepoil de ganse perlée en laine rouge de 2ᵐᵐ à 3ᵐᵐ de grosseur.

Calot. — De forme ronde, légèrement renfoncé dans les bords du turban, qui forme sur le pourtour du premier une saillie d'environ 10ᵐᵐ ; une ganse perlée formant passepoil est cousue autour du calot sous lequel viennent se perdre les quatre ganses qui recouvrent les coutures verticales du turban.

Jugulaire. — Sur l'assemblage de la visière et du bandeau est placée une jugulaire, dite à coulisse, composée de deux bandes de veau corroyé et noirci sur fleur, bien tanné, souple, d'une épaisseur de 1^{mm} à 1^{mm},5 se croisant l'une sur l'autre au moyen de deux coulants du même cuir. Cette jugulaire, qui peut s'enlever à volonté, s'adapte sur le képi au moyen de deux petits boutons d'uniforme cousus à droite et à gauche du bandeau et d'une boutonnière pratiquée à chaque extrémité de la jugulaire.

Visière. — En forte vache de 4^{mm} environ d'épaisseur. Elle est taillée dans de fort cuir verni sur chair bien franc ; elle est ornée d'un jonc saillant dans tout son contour. La tranche est noircie à l'encre et le dessous est vert ; son développement extérieur est proportionné à la pointure (en moyenne 360^{mm}). Sa coupe intérieure est assemblée avec le bas de la carcasse au moyen d'une petite gorge qui s'engage entre la coiffe et le bandeau. La visière est posée de manière à être inclinée de 30 degrés au-dessous de l'horizon. Elle ne doit jamais se relever.

Sa coupe intérieure doit être appropriée à la forme du front de chaque homme, de façon à ne pas le blesser. Il doit y avoir trois coupes intérieures différentes de visières, selon les pointures, savoir :

Visière n° 1. — Pour les grosseurs de tête de 53, 54 et 55 centimètres.

Visière n° 2. — Pour les grosseurs de tête de 56, 57, 58 et 59 centimètres.

Visière n° 3. — Pour les grosseurs de tête de 60, 61, 62 et 63 centimètres.

Ventouses. — A gauche et à droite du turban, à 15^{mm} environ au-dessous de son bord supérieur, et à 7^{mm} en avant du passepoil latéral existe une ventouse en cuivre percée de sept trous et peinte de la couleur du turban. Elle traverse l'épaisseur du turban, celle de la carcasse en toile et s'arrête intérieurement au moyen d'une dentelure également en cuivre, dont les dents au nombre de six, se rabattent sur la surface de la coiffe.

Carcasse. — En toile de lin écru, imprégné de l'enduit russe ; elle est coupée en deux morceaux se croisant d'environ 1 centimètre et réunis par un point de couture à la partie postérieure et supérieure et se place contre le drap, dans toute la hauteur. Son contour inférieur est fixé au rempli du bord inférieur du bandeau par des points de surjet suffisamment espacés sur tout le pourtour du képi.

Garniture intérieure. — Sur le bord inférieur du bandeau à sa partie intérieure, est fixé par une couture en surjet, un pourtour en basane noire (hauteur 50^{mm}).

Cette basane en peau de mouton ou de chèvre tannée et corroyée, présente une épaisseur de 0^{mm},5 à 1^{mm}. Le calot est garni intérieurement d'un morceau de basane noire (semblable au pourtour) qui en recouvre toute la surface. Entre le drap du calot et la basane noire est placé un rond de même toile que la carcasse; ce rond, destiné à maintenir avec la carcasse la forme du képi, est pris en surjet avec le drap et la basane du calot. La basane qui double le calot est percée au centre d'un trou rond. A l'endroit de ce trou est fixé, entre la basane et le rond de toile, un petit morceau de toile blanche destiné à recevoir le numéro matricule de l'homme et le millésime de la mise en service du képi.

Forme générale du képi. — Vu de profil, le képi a la forme du cône tronqué à la base elliptique. Son arête antérieure présente une ligne verticale; l'arête postérieure est légèrement penchée vers le calot.

Le képi de deuxième tenue se distingue du képi de première tenue par une ganse cordonnet semblable à celle des coutures qui encadre l'écusson; à cet effet, au moment du passage du képi de la première tenue à la deuxième tenue, l'attribut est encadré d'une ganse perlée en laine rouge du même modèle qui sert de passepoil au bandeau.

Art. 246. — KÉPI DES CAPORAUX FOURRIERS ET SOUS OFFICIERS.
(Adjudants exceptés).

Le képi des sous-officiers est semblable, quant à la forme et aux dimensions, à celui des soldats, sauf les différences ci-après :

Il est confectionné en drap bleu foncé de sous-officier. La jugulaire en veau noirci est remplacée par une fausse jugulaire en galon d'or, façon dite en trait côtelé de 6^{mm} de largeur de la composition et du titre indiqués au cahier des charges en vigueur. La fausse jugulaire a les dimensions suivantes :

Longueur développée.
{
0^{m}304 pour les képis des pointures 53, 54 et 55.
0^{m}3.9 pour les képis des pointures 56, 57, 58 et 59.
0^{m}314 pour les képis des pointures 60, 61, 62 et 63.
}

La fausse jugulaire est repliée de chaque côté sur une longueur de 0^m,007 ; elle est ornée de deux passants dont la longueur apparente est de 0^m 007, la longueur développée est de 0^m,16 environ ; les extrémités desdits passants étant convenablement rabattues sous la jugulaire et maintenues l'une sur l'autre par un point de soie croisé et bien arrêté.

La fausse jugulaire est fixée au képi par deux petits boutons d'uniforme demi-sphériques en plaqué or, semblables à ceux des officiers, mais de la composition et du titre indiqués au cahier des charges en vigueur.

Indépendamment de cette fausse jugulaire, le képi des sous-officiers est garni intérieurement d'une mentonnière en veau noirci (épaisseur 1^{mm} à $1^{mm}5$) adaptée sous la basane qu'elle traverse par deux fentes pratiquées à 25^{mm} environ au-dessus du bord. Cette mentonnière est en deux morceaux (l'un, à droite, porte à son extrémité libre un bouton d'os noirci ; l'autre, à gauche, est percée d'une boutonnière) et s'ajuste à demeure suivant le visage de l'homme au moyen du percement de la boutonnière. Lorsque le sous-officier ne fait pas usage de cet accessoire, il le rentre à l'intérieur du képi.

Afin de fixer solidement la mentonnière du képi des sous-officiers, dont la basane intérieure n'a que 50^{mm} de hauteur, la partie de la basane qui supporte la mentonnière est arrêtée à la carcasse en toile enduite par quelques points de rabattement.

Le képi des caporaux fourriers est semblable quant à la forme et aux dimensions à celui des soldats, mais confectionné en drap de sous-officier ; il n'est pas pourvu d'une fausse jugulaire en métal.

Dimensions invariables du képi confectionné et de ses accessoires :

Bandeau.	Hauteur apparente		0^m040
Turban	Hauteur	{ devant	0 050
		{ derrière	0 090
Calot.	Diamètre	{ pour les pointures de 54 et au-dessous.	0 155
		{ pour les pointures de 55 et 56	0 160
		{ pour les pointures de 57 et au-dessus.	0 165
Distance entre la ganse du calot et la couture d'assemblage avec le turban.			0 005
Jugulaire	{ Largeur		0 015
	{ Longueur	{ totale de chaque bande.	0 260
		{ déployée	0 490

Fausse jugulaire	Longueur apparente		0^m300
	Largeur		0.006
Mentonnière	Longueur apparente	morceau de droite	0^m100
		morceau de gauche	0^m400
	Largeur		0.015

		1ᵉ taille	2ᵉ taille	3ᵉ taille
Visières des képis	Écartement des deux pointes, la visière étant posée à plat	0^m185	0^m193	0^m200
	Flèche de concavité intérieure, la visière étant posée à plat	0.075	0.077	0.080
	Largeur transversale au bas de la concavité, la visière étant posée à plat	0.148	0.155	0^m162
	Largeur au milieu	0.045	0.045	0.045
	Épaisseur du cuir	0.0035 à 0.0043	0.0035 à 0.0043	0.0035 à 0.0043

Le redressement de la gorge de la visière sera aminci et taillé en biseau.

Ventouse : Diamètre			0^m015
Pourtour de la basane : Hauteur			0.050
Basane du calot : Diamètre du trou rond			0.045
Képi confectionné	Hauteur totale non compris le renforcement du calot	devant	0^m090
		derrière	0.130
Ganse perlée ronde	Grosseur		0.002
Boutons d'uniforme	En cuivre, pour caporaux-fourriers, caporaux et soldats : Diamètre		0.017
	Dorés, pour les sous-officiers : Diamètre		0.010
	Hauteur de l'attribut		0^m025

ART. 247. — KÉPI DES ADJUDANTS ET DES CHEFS DE FANFARE
(DEUXIÈME TENUE)

Semblable, comme forme et dimensions, à celui de la tenue de ville des sous-officiers rengagés, sauf les différences ci-après :

Il est confectionné en drap fin.

Le cordonnet-ganse en laine, qui borde le calot, recouvre les coutures verticales du turban et surmonte le bandeau, est remplacé par une soutache de 4^{mm} de largeur, façon dite au passé, partie soie rouge, partie en métal argenté, les deux matières alternant en chevrons de $2^{mm}5$ de largeur pour les chevrons métalliques, $1^{mm}5$ pour les chevrons en soie. Sur le milieu du calot, comme au képi d'officier, un nœud hongrois fait avec un seul brin de soutache mélangée qui vient d'être décrite.

Une fausse jugulaire en métal, fixée par deux petits boutons d'uniforme, comme pour les autres sous-officiers.

Le devant du képi est garni d'une jugulaire dite à coulisse en cuir verni noir, dont les bandes et les coulants sont bordés d'une soutache de même nature que celle indiquant le grade, mais de 2^{mm} de largeur. Cette jugulaire, qui peut s'enlever à volonté, s'adapte sur le képi aux deux petits boutons d'uniforme à l'aide de boutonnières pratiquées aux extrémités.

Dimensions de la jugulaire

Largeur	0^{m}012
Longueur de chaque bande, non compris celle du coulant et de sa pointe	0 260
Longueur déployée de la jugulaire	0 500

La visière est semblable à celle du képi des officiers.

Le képi est garni intérieurement d'une bande en cuir noir surjetée, partie sur le bord inférieur du bandeau, partie sur la doublure de la visière ; la hauteur de cette bande est la même que celle du bandeau ; à l'intérieur, et à 6^{mm} environ de son bord supérieur, est cousue, à longs points, une coiffe en percale noire, laquelle double le turban, sans y être fixée, puis déborde au calot d'environ 30^{mm} ; une petite ganse plate en laine noire coulissée dans l'ourlet du bord libre de la coiffe, sert à l'ajustage de celle-ci ; un rond de la même percaline noire recouvre la surface interne du calot, aux bords duquel elle est surfilée. En outre, le bandeau, dans toute sa hauteur, et le calot, sur toute sa surface, sont renforcés à l'intérieur par des pièces en carton lisse, de 1^{mm} d'épaisseur minimum, assemblés aux bords de l'étoffe par des coutures ou par des surjets, sans encollage.

Le bandeau est orné d'une ancre encablée semblable à celle du képi de 2e tenue des officiers.

Le képi de deuxième tenue des chefs de fanfare d'infanterie coloniale est semblable à celui des adjudants, avec cette différence que le devant du bandeau est orné d'une lyre sans bandelette (hauteur 25^{mm}), du même dessin que celui de la tunique, et brodé en filé d'or.

Art. 248. — Képi des adjudants et des chefs de fanfare
(1ʳᵉ tenue).

Le képi de première tenue des adjudants de l'infanterie coloniale est muni des mêmes ornements que celui des officiers de l'arme; toutefois, le pompon est en cordonnet de 1ᵐᵐ,5 de diamètre, formé de 1/3 de soie rouge et de 2/3 d'argent. Celui des chefs de fanfare est muni des mêmes ornements et attributs.

Aux colonies, le képi de première tenue est remplacé par le casque colonial.

CHAPITRE III.

Équipement

———

L'équipement en usage dans l'infanterie coloniale est en tous points semblable à celui en usage dans l'infanterie métropolitaine, tel qu'il existe aux articles 18 et suivants de la description des uniformes arrêtée à la date du 1ᵉʳ juillet 1907 (B. O.-Ed. méth. Vol. 105ᴬ), sauf les différences ci-après :

Art. 249. — Bandes molletières des adjudants.

Les adjudants font usage de bandes molletières du modèle général dans les conditions indiquées à l'art. 24.

Art. 250. — Ceinturon.

Le ceinturon de l'infanterie coloniale se compose :

1° Du ceinturon proprement dit ;
2° De la boucle de cuivre ;
3° Du porte-épée ou porte-sable-baïonnette.

Le ceinturon est formé d'une bande de cuir de vache noirci et ciré, la chair au-dessus. Il est arrondi à son extrémité libre et percé de cinq trous, le premier trou percé à partir 70ᵐᵐ de cette extrémité et les autres espacés de 40ᵐᵐ. A l'autre extrémité, il est replié de 20ᵐᵐ, enchapé et cousu avec du fil poissé sur le côté gauche de la boucle de cuivre. Le bout libre du ceinturon, après avoir été arrêté par l'ardillon, doit s'engager sous le côté gauche de la boucle de manière à n'être jamais apparent.

Les ceinturons confectionnés sur trois tailles doivent avoir les dimensions suivantes :

Longueur apparente.
- 1re taille . . . . 1^m050
- 2e — 1.000
- 3e — 0.950

Largeur unique 0.055

La boucle est en cuivre tombac, découpée et non fondue ; elle a la forme d'un rectangle et elle est légèrement cambrée, à angles abattus. Les arêtes extérieures et intérieures sont à chanfrein. Elle est munie, dans le sens de sa hauteur en dessous, d'une barrette en fil de cuivre rond, soudée à la soudure forte, sur deux forts tenons également en cuivre. Cette barrette porte un ardillon mobile de cuivre étiré, à pointe émoussée, logé dans un encastrement pratiqué dans le milieu de la hauteur de la barrette pour l'empêcher de glisser sur le côté droit vertical de la boucle (largeur 16^{mm}) et, au milieu de sa hauteur, le métal est repoussé de dessus en dessous, de manière à former une encoche destinée à loger l'extrémité de l'ardillon.

Sur le côté gauche vertical (largeur 25^{mm}) et à 6^{mm} de son bord externe, est pratiquée une ouverture de 55^{mm} de hauteur sur 3^{mm} de largeur destinée à donner passage à l'un des bouts du ceinturon qui, replié sur lui-même d'environ 20^{mm}, forme enchapure et retient la boucle au moyen d'une couture au fil poissé.

La boucle du ceinturon doit avoir les dimensions et le poids ci-après indiqués :

Hauteur. . . . . 76 mm
Largeur développée (en dessus) 84
Largeur des côtés verticaux.
- côté droit 16
- côté gauche. 25
Largeur des côtés horizontaux. 10
Épaisseur moyenne. 2
Flèche de la cambrure (environ). 8
Diamètre de la barrette en laiton 5,5
Distance de l'axe de la barrette à la surface antérieure de la boucle 9
Largeur de l'ardillon en laiton 5
Poids de la boucle et de son ardillon . . . 95 grammes.

Les porte-épées et les porte-sabres-baïonnettes sont confectionnés avec la même espèce de cuir et sur les modèles adoptés par les troupes métropolitaines aux articles 31 et 32 de la description des uniformes arrêtée à la date du 1er juillet 1907 (B. O. Éd. méth. Vol. 105).

Art. 250 *bis*. — CEINTURON DE SERGENT-MAJOR.

Semblable au ceinturon de sous-officier rengagé dont la description est donnée à l'article 345.

Art. 251. — CHAUSSURES COLONIALES DES ADJUDANTS ET DES CHEFS DE FANFARE.

Aux colonies, les adjudants et chefs de fanfare font usage des chaussures du modèle décrit pour les officiers.

Art. 252. — DRAGONNE DES ADJUDANTS ET CHEFS DE FANFARE.

Pour toutes les tenues, en poil de chèvre noir, terminée par une olive (longueur 40mm, diamètre 25mm), recouverte à points suivis ainsi que son coulant du même.

Art. 253. — DRAGONNE DE SERGENT-MAJOR

§ 1er. — Elle se compose d'un cordon tressé à six brins de peau sur une âme en forte ficelle. Ce cordon, plié en double, traverse deux coulants tressés en peau ; ses extrémités sont ensuite réunies et fortement arrêtées dans l'axe d'une olive en bois recouverte elle-même d'un tressage dit à points suivis, exécuté avec un seul brin de peau.

§ 2. — Cette dragonne est confectionnée en peau de chèvre jaune. Le tressage étant terminé, elle est noircie d'abord, puis passée à la colle noire et vernie.

Dimensions :

Longueur apparente du cordon plié en deux	0m450
Grosseur du cordon	0m004 à 0m005
Largeur des coulants (environ)	0m009
Hauteur de l'olive recouverte de son tressage (environ)	0m045
Plus grand diamètre de l'olive (environ)	0m030

Art. 254. — JAMBIÈRES EN CUIR

Les adjudants font usage de jambières en cuir du modèle de celles décrites pour les officiers d'infanterie coloniale.

Art. 255. — JUMELLE

Le port de la jumelle est facultatif pour les adjudants et assimilés.

Art. 256. — SACOCHE.

Le port d'une sacoche en cuir est facultatif pour les adjudants et assimilés.

CHAPITRE IV

Armement.

———

L'armement en usage, dans l'infanterie coloniale (fusil, revolver, sabre de sergent-major et d'adjudant), est le même que celui en usage dans les troupes d'infanterie métropolitaine.

Toutefois les télégraphistes coloniaux sont armés du mousqueton d'artillerie modèle 1892 au lieu du fusil modèle 1886 M. 93.

———

TITRE II

Corps de discipline des troupes Coloniales (1).

———

Art. 257 à 264 (1).

(1) Supprimés.

TITRE III

Artillerie coloniale.

CHAPITRE PREMIER.

Habillement.

Art. 265. — BOURGERON-BLOUSE.

Le bourgeron-blouse est confectionné en forte toile de lin, présentant un tissu régulier de 17 à 18 fils ronds, en chaîne comme en trame, par centimètre carré, et fournissant au dynamomètre une résistance de 128 kilogr. en chaîne et de 196 kilogr. en trame, sur des bandes préalablement immergées.

Il se ferme droit sur la poitrine à l'aide de quatre boutons en zinc, également espacés ; le premier bouton est placé à 120^{mm} de l'encolure et le dernier à 120^{mm} du bord inférieur de l'effet.

Le devant et le derrière sont d'un seul morceau.

Sur le milieu de l'épaule est pratiquée une pince de 100^{mm} environ de largeur à l'emmanchure (50^{mm} de chaque côté), se terminant à la pointe du gousset. Cette pince est recouverte d'une bande de toile dite épaulière, formant gousset, près de l'encolure, et dont les extrémités sont taillées en biseau.

Devants. — Le devant gauche est parementé sur une largeur de 45^{mm} et percé de quatre boutonnières ; le parementage est piqué sur ses bords. Sur le devant droit qui s'engage sur celui de gauche est appliquée une bande de toile repliée sur elle-même et mesurant 40^{mm} de largeur de chaque côté ; la bande est prise à l'intérieur, en couture sur le devant ; à l'extérieur, piquée sur son bord ; elle porte quatre boutons correspondants. Sur le devant de gauche, est placée une poche, dont l'ouverture horizontale est garnie d'une patte avec boutonnière au milieu et bouton correspondant ; la partie supérieure de cette patte est à 180^{mm} environ du bas du devant de l'encolure et à 60^{mm} environ du bord du devant ; les extrémités de cette patte sont consolidées par un droit-fil pris dans leur arrêtement.

Dos. — Le milieu du dos comporte dans toute sa longueur un pli crevé de 120^{mm} de développement et d'une largeur apparente de 60^{mm} ; ce pli est pris en haut, dans la couture du collet, au bas, dans l'ourlet.

Une piqûre, formant un triangle renversé de 60^{mm} de côté, est faite sur le pli, à 260^{mm} du bord inférieur de l'effet, mesurés de la base du triangle.

Sur les coutures des côtés sont fixées, par une double piqûre, deux martingales dont le bas arrive à 180^{mm} du bord inférieur du bourgeron. La martingale gauche est percée de deux boutonnières, la première commençant à 30^{mm} environ de la pointe et la seconde à 140^{mm} environ de cette même pointe ; la martingale droite reçoit deux boutons de zinc.

Les coutures d'attache des martingales sont arrêtées de chaque côté par de fortes brides.

Collet. — Le collet est droit et en un seul morceau ; il est doublé de la même toile, remplié et piqué sur son bord. Il se ferme sur le devant à l'aide d'une boutonnière et d'un bouton en zinc.

Manches. — Les manches sont coupées d'une seule pièce avec gousset sous l'aisselle. Elles sont à poignets rempliés, fermant chacune par un bouton ; le rempli de l'un des bords de la fente peut être supprimé lorsque ce bord est limité par la lisière de l'étoffe. Les boutons placés sur ce bougeron-blouse sont en zinc, de 16^{mm} de diamètre.

La couture de la manche doit être faite de telle façon que la partie portant la boutonnière soit piquée sur celle portant le bouton.

Dimensions de l'effet confectionné.

	1re TAILLE	2e TAILLE	3e TAILLE
Pièce d'épaule « dite épaulière ».	m	m	m
Longueur — totale	0,260	0,260	0,260
Longueur — jusqu'au gousset	0,210	0,210	0,210
Largeur	0,090	0,090	0,090
Devants.			
Longueur de l'encolure au bas	0,700	0,650	0,600
Largeur en haut (à la hauteur de la pièce d'épaule) et au bas	0,340	0,340	0,340
Parementage — Côté des boutonnières, largeur apparente	0,045	0,045	0,045
Parementage — Côté des boutons, largeur apparente	0,040	0,040	0,040
Poches — Profondeur mesurée du bord supér. de la patte	0,240	0,240	0,240
Poches — Largeur	0,190	0,190	0,190
Poches — Hauteur de la patte	0,040	0,040	0,040
Poches — Longueur de la patte au milieu	0,200	0,200	0,200
Dos.			
Longueur à partir de la base du collet	0,750	0,700	0,650
Largeur — à la carrure, le pli étant développé	0,710	0,710	0,710
Largeur — à la hauteur des martingales et au bas, mesurée sur le pli	0,550	0,550	0,550
Martingale.			
Longueur au milieu	0,310	0,310	0,310
Largeur courante	0,060	0,060	0,060
Collet.			
Longueur	0,520	0,520	0,520
Hauteur	0,030	0,030	0,030
Manches (ployées à plat).			
Longueur non compris le poignet	0,550	0,530	0,510
Largeur au milieu	0,250	0,250	0,250
Gousset — Longueur au milieu	0,140	0,140	0,140
Gousset — Largeur	0,080	0,080	0,080
Poignets — Longueur	0,270	0,270	0,270
Poignets — Hauteur	0,055	0,055	0,055
	k	k	k
Poids minimum du bourgeron confectionné	0,740	0,710	0,680

« Tous les parementages ainsi que les doublures des martingales et du collet sont en un seul morceau ».

ART. 266. — BOUTONS D'UNIFORME.

En cuivre tombac demi-sphérique. Ils sont estampés en relief de deux canons croisés et d'une ancre surmontée d'une petite grenade.

Diamètre.	Gros boutons	0ᵐ020
	Petits boutons	0 017

ART. 267. — CAPOTE.

Confectionnée en drap de soldat gris de fer bleuté croisant sur la poitrine au moyen de six gros boutons d'uniforme de chaque côté et également espacés entre eux : boutonnières en drap, bridées aux deux extrémités.

Devant. — Passepoilés en drap du fond sur les bords et coupés de manière à croiser l'un sur l'autre par le bas, d'environ 200ᵐᵐ à la jonction du revers avec le collet, au-dessous de l'endroit où est cousue l'agrafe ; un droit-fil en toile est placé entre le revers et son parementage pour l'empêcher de se déchirer.

Largeur de chaque devant	À la ceinture	0ᵐ500
	Au bas, sur le bord, y compris le chanteau pour la taille moyenne	0 780

Dos. — D'une seule pièce. Largeur pour la taille moyenne, aux angles inférieurs d'épaulette, 670ᵐᵐ ; à la taille, à 440ᵐᵐ de distance du pied du collet, 700ᵐᵐ ; en bas, 900ᵐᵐ ; au bas, une fente parementée en drap avec droit-fil en toile sous le haut du parementage. Aux coutures d'assemblage du dos, deux pattes de poche avec deux gros boutons d'uniforme donnent entrée à deux fentes placées au dessous ; le haut de cette patte est à environ 220ᵐᵐ de l'angle inférieur de l'emmanchure.

Deux martingales en drap prennent naissance sous le sommet des pattes de poche. La martingale de droite porte deux petits boutons d'uniforme ; celle de gauche est percée de deux boutonnières faites en drap, dont l'une commence à 30ᵐᵐ de la pointe et l'autre à 140ᵐᵐ environ de cette même pointe ; elles servent à resserrer le dos à volonté lorsqu'elles sont entièrement déboutonnées, pour que l'homme puisse profiter de toute l'ampleur du vêtement ; elles rentrent à l'intérieur au moyen d'une fente pratiquée près des pattes de poche et solidement arrêtées en dedans sur la doublure. Deux petits droits-fils en toile sont placés pour maintenir les martingales ;

l'un d'eux reçoit un petit bouton en os qui s'engage dans la boutonnière de la martingale de gauche ; l'autre, une petite bande de cuir en veau noirci, percée d'une boutonnière pour recevoir le bouton de la martingale de droite.

Collet. — En drap du fond sans passepoils ni pattes de couleur distinctive. Il doit être assez long pour ne jamais gêner l'homme. Son angle est arrondi suivant un arc de 32^{mm} de rayon. Une forte agrafe avec porte est solidement cousue au pied du collet. La doublure, en drap de même couleur, peut être faite de plusieurs morceaux solidement assemblés. La garniture à l'intérieur est en forte toile.

Le dessus du collet doit être à poil montant, de manière que la partie rabattue en dehors se trouve à poil descendant.

Dans les régiments, les compagnies d'ouvriers et la compagnie d'artificiers, les angles de collet sont ornés d'une grenade (longueur 50^{mm}, largeur 30^{mm}) en drap écarlate de sous-officier, découpée à l'emporte-pièce et cousue sur un écusson rectangulaire (longueur 65^{mm}, largeur 35^{mm}) en drap du fond.

L'écusson est appliqué perpendiculairement au bord antérieur du collet et au milieu de la partie rabattue de ce dernier, l'extrémité de la grenade, placée sur le collet, étant à 12^{mm} du bord antérieur.

Manches. — D'une longueur telle que le pli du parement, replié à 200^{mm} de son bord, arrive à la première articulation des doigts, les bras étant pendants ; largeur, pour la taille moyenne, en haut 260^{mm} environ.

Les parements sont en botte.

La capote tombe à environ 330^{mm} de terre ; elle est assez ample pour être portée très facilement par dessus la tunique ou la veste, sans gêner aucun des mouvements de l'homme ; elle est doublée en toile de lin et parementée au buste des devants. Aux coins inférieurs des devants, deux boutonnières obliques, parementées en drap, servent à les rattacher à volonté aux boutons de la taille. Les parementages peuvent être faits en plusieurs morceaux solidement assemblés.

Il existe, sur le côté gauche, une poche dite de portefeuille ; son orifice est à 250^{mm} environ du bas de la doublure mesurée au milieu de la poche.

La capote, comme le manteau, ne se porte jamais que par dessus la tunique, la veste ou le paletot de molleton et le sabre. Le sac se place par dessus la capote.

Les sous-officiers non montés (adjudants exceptés) font usage de la capote décrite ci-dessus.

Dimensions invariables.

Collet.	Hauteur		0^m085
	Abatage		0 030
Devants	Distance horizontale entre les deux rangées de boutons, mesurée de centre à centre.	en haut.	0 210
		en bas	0 190
Fente de dos.	Hauteur de la fente		0 240
	Hauteur du parementage en drap.		0 140
Patte de poche.	Hauteur		0 270
	Largeur		0 040
Martingales	Longueur apparente		0 190
	Largeur (environ).		0 060
	Ouverture p^r le passage des martingales.		0 065
Manches.	Largeur	à la saignée (environ).	0 230
		au bas (environ)	0 200
Parements	Hauteur	apparente à partir du pli.	0 200
		totale.	0 220
Parementage en drap des devants	Largeur en haut (environ)		0 200
	Largeur à la ceinture (environ).		0 100
Poche de portefeuille.	Largeur		0 160
	Profondeur		0 160
	Distance de l'orifice au bas de la doublure.		0 250

ART. 268. — CEINTURE DE FLANELLE.

La ceinture de flanelle est semblable à celle décrite pour l'infanterie coloniale.

ART. 269. — CULOTTES EN DRAP, EN TOILE BLANCHE ET EN TOILE KAKI.

Les adjudants font usage de culottes en drap, en toile blanche et en toile kaki, semblables à celles des officiers d'artillerie coloniale.

Culotte des hommes de troupe.

Confectionnée en drap bleu foncé, en toile blanche ou en toile kaki ; elle se compose de deux parties : la culotte proprement dite et la manchette.

1° *Culotte proprement dite.* — La culotte en drap est ornée, sur ses coutures latérales externes, d'un passepoil et de bandes en drap écarlate.

Elle a une forme arrondie sur les côtés. L'ampleur de sa partie supérieure et la largeur des cuisses sont telles que les mouvements du cavalier ne puissent être gênés. Elle est collante dans sa partie inférieure, jusqu'au dessus du genou, au moyen d'une manchette rapportée par une double piqûre.

La ceinture est doublée sur toute sa longueur en toile de lin. Elle est légèrement cintrée, et, de chaque côté, faite en deux morceaux, pour mieux s'ajuster à la courbure des hanches. Le devant de gauche est percé, à 20^{mm} du bord supérieur, d'une boutonnière correspondant à un bouton placé sur le devant de droite et reçoit sur la couture inférieure une agrafe se composant d'un crochet et d'une porte en fil d'acier doux n° 13, nikelé. Pour l'attache des bretelles, la ceinture est garnie de six autres boutons consolidés à l'intérieur par une demi-rondelle en cuir fixée sur la doublure. Les deux extrémités du derrière de la ceinture sont réunies par un soufflet triangulaire.

La culotte est garnie de deux martingales en drap du fond doublées en toile de lin et cousues au-dessous de la ceinture, à l'endroit des reins. Elles sont placées de manière que leurs pointes d'arrêtement se trouvent à 30^{mm} environ au-dessous de la couture de la ceinture. La martingale de gauche porte une boucle en fer verni noir, cousue à demeure : sa partie repliée formant enchapure ne doit pas dépasser la couture du soufflet. Un paramentage en toile de lin est appliqué en dedans, sous l'attache de chaque martingale.

A deux ou trois centimètres de la pointe d'arrêtement de chaque martingale est pratiqué un suçon de 70^{mm} environ de hauteur.

Sur le devant de la culotte est une brayette formée d'une souspatte en drap du fond doublée en toile de lin, adaptée sous le devant de gauche et garnie de quatre boutonnières. Une languette également doublée en toile de lin, est ajoutée au devant de droite et porte autant de boutons en zinc ; elle sert à fermer la brayette et rejoint le bord supérieur de la ceinture qu'elle prolonge.

L'arrêtement de la brayette, à la naissance de la fourche, est pratiqué à 40^{mm} environ de la couture d'entre-jambes.

Sur chaque côté de la culotte est une poche de cuisse en toile de lin, qui remonte jusqu'à la ceinture où elle est fixée. L'ouverture de la poche est paramentée en drap du fond. Elle est placée en arrière et en bordure de la double bande.

La fente de la poche est fermée par une petite patte intérieur en drap du fond, garnie d'une boutonnière correspondant à un petit bouton.

Un gousset de montre en toile de lin est placé sur le devant de droite de la ceinture ; son ouverture horizontale est garnie d'une petite patte rectangulaire en drap du fond.

La culotte est garnie intérieurement d'un entre-jambes en toile de lin, de quatre morceaux. Les deux de derrière forment un demi-cercle de 150^{mm} de rayon. Ceux de devant ont la même forme en bas et la même largeur ; ils remontent en diminuant jusqu'à la ceinture, où ils n'ont que 50^{mm} de largeur.

A la partie inférieure de la couture latérale d'entre-jambes, immédiatement au-dessus de la manchette, est ménagé un « rélarge » de 20^{mm} de largeur au minimum, sur une longueur de 80^{mm}, qui finit en mourant vers le haut.

La culotte ne comporte ni hausse à la ceinture, ni pointe à l'entre-jambes.

2° *Manchette.* — La manchette est sans passepoil, et en trois morceaux. Elle est rapportée au corps de la culotte par une double piqûre. Elle s'ouvre immédiatement en dessous de cette piqûre et se ferme sur le devant et en avant de la couture latérale externe, au moyen de trois boutonnières placées sur le grand côté du devant et correspondant à trois boutons, en os noir cousus sur le petit côté. Sa cambrure, par derrière, est accentuée de manière à épouser le plus possible la forme du mollet. A cet effet, la partie postérieure de la manchette comporte, en haut et en bas, et à égale distance des coutures, un suçon de 80^{mm} à 90^{mm} de hauteur piqué cordon et renforcé de toile de lin. La couture latérale inférieure de la manchette comporte un « rélarge » d'au moins 25^{mm}, destiné à faciliter les retouches.

La manchette est paramentée en toile de lin le long de sa fente et de son bord inférieur.

Toutes les pièces constitutives de la culotte, excepté les martingales, sont coupées à poil descendant.

La culotte des brigadiers et des canonniers est confectionnée en drap de soldat ; celle des sous-officiers et des brigadiers fourriers, en drap de sous-officier.

Toutes les piqûres sont faites au cordonnet de soie.

Les dimensions de la culotte confectionnée, pour une taille moyenne E-3, sont les suivantes :

Largeur de la culotte pliée en deux à plat.	en haut des cuisses vis-à-vis l'enfourchure. .	0^m400
	à égale distance de l'enfourchure et du bas de la manchette (mesure prise **parallèlement** à la double piqûre)	0 220

Dimensions invariables.

Bandes	Largeur apparente	0^m030
	Distance du passepoil aux bandes (environ).	0 005
Languette	Largeur en haut de la ceinture (environ). .	0 040
	Largeur en bas de la ceinture (environ) . .	0 060
Ceinture, hauteur	par devant (environ)	0 080
	par derrière (environ).	0 060
	au milieu (environ)	0 060
Martingales	Longueur apparente. celle de droite. . . .	0 150
	celle de gauche . . .	0 120
	Largeur (environ). à la base libre	0 040
	à l'extrémité	0 030
Poches de cuisse	Hauteur totale (environ)	0 360
	Largeur (environ). en haut, près de la ceinture .	0 100
	plus grande largeur du fond ar-arondi	0 180
	Ouverture (environ)	0 180
	Distance de l'arrêtement à la ceinture (environ).	0 040
Pattes de poche.	Hauteur et largeur (environ).	0 040
Parementages	en drap. des poches du côté qui touche la cuisse (environ). . . .	0 045
	du côté opposé (environ) . .	0 030
	en toile, des martingales. Longueur (environ). . . .	0 100
	Hauteur (environ) . . .	0 050
Gousset de montre	Ouverture et profondeur (environ) . . .	0 080
	Largeur de la patte (environ)	0 020
	Longueur de la patte (environ)	0 095

Manchettes.

Longueur totale mesurée le long de la couture externe	1re taille, types A, B, C	0^m300
	2e taille, types D, E, F	0 290
	3e taille, types G, H, I	0 280
Largeur de la manchette boutonnée.	en haut	0 180
	au milieu (mesure prise entre la première et la deuxième boutonnière)	0 190
	en bas.	0 135
Largeur apparente du petit côté en drap supportant les boutons . .		0^m050
Largeur apparente du parementage en toile.	côté des boutonnières et côté des boutons de 0^m040 à	0 050
	bord inférieur	0 025
Largeur du côté de la fente supportant les boutonnières	en bas.	0 130
	entre la première et la deuxième boutonnière.	0 175
	en haut	0 165

Distance de la bouton-nière . . . . .

inférieure au bas de la manchette	0 045
du milieu à la boutonnière intérieure . .	0 090
supérieure à la boutonnière du milieu . .	0 090
supérieure à la piqûre du bord.	0 060

Distance des têtes de boutonnières au bord de la fente (environ) . . 0 015
Distance entre les deux piqûres de montage de la manchette 0 005

Nota. — Le déplacement des boutons et l'utilisation du « rélarge » permetten de réduire ou d'augmenter la largeur de la manchette.

Art. 270. — Épaulettes des adjudants.

Du modèle décrit pour les adjudants d'infanterie, sauf la différence suivante :

La raie qui traverse le corps de l'épaulette est en soie écarlate.

Art. 271. — Jambières en toile forte

Semblables à celles en usage dans l'infanterie coloniale.

Art. 272. — Jambières en drap, en toile blanche et en toile kaki des adjudants.

Semblables à celles décrites pour les officiers de l'arme.

Art. 273. — Manteau des hommes montés.

Confectionné en drap de soldat gris de fer bleuté, composé d'un corps et d'un grand collet dit rotonde.

Le corps est formé de deux devants et d'un dos. Les devants peuvent avoir un chanteau. Le dos est d'un seul morceau.

Les devants sont d'une longueur telle qu'ils tombent à environ 330^{mm} de terre, l'homme étant debout.

Leur développement au bord inférieur, pour la taille moyenne, est de 720^{mm}.

Le bord antérieur du devant de gauche est percé de six boutonnières faites en drap, espacées entre elles, selon la taille, d'environ 100^{mm}, la première étant à 30^{mm} au-dessous de l'encolure.

Au devant de droite correspondent six boutons en bois recouverts de drap.

A chaque angle inférieur des devants est pratiquée une boutonnière percée obliquement, parementée en drap et servant à relever, au besoin, le pan du manteau à l'aide d'un bouton en bois recouvert de drap placé sur le derrière de la taille, à la naissance de la martingale.

Une fente de poche, percée obliquement sur une longueur d'environ 220^{mm}, est pratiquée aux distances ci-après :

<table>
<tr><td rowspan="8">Dans le type</td><td>A à 590^{mm}</td><td rowspan="8">environ du bord inférieur de chaque devant.</td></tr>
<tr><td>B à 560</td></tr>
<tr><td>C à 530</td></tr>
<tr><td>D à 500</td></tr>
<tr><td>E à 460</td></tr>
<tr><td>F à 420</td></tr>
<tr><td>G à 380</td></tr>
<tr><td>H à 340</td></tr>
</table>

et à 120^{mm} de leur couture d'assemblage avec le dos, de manière que son extrémité supérieure se trouve à environ 160^{mm} de la couture d'assemblage. Cette fente est recouverte d'une patte rectangulaire de 48^{mm} de largeur environ. Elle se ferme au moyen d'un petit bouton en bois recouvert de drap et d'une boutonnière verticale pratiquée au milieu de la patte (1).

Les devants sont parementés en drap, à l'endroit des boutonnières et des boutons. Ces parementages sont en plusieurs morceaux, rejoints avec solidité. Les bords antérieurs des devants, qui tombent droit sur la poitrine, sont, dans toute leur longueur, repliés, rabattus et piqués ensuite derrière le rempli.

Le dos est formé d'un seul morceau. Sa longueur est telle qu'il tombe, comme les devants, à 330^{mm} de terre.

Mesuré à son milieu vertical, il présente les largeurs suivantes pour la taille moyenne :

En haut près de l'encolure	0^{m}160
Aux angles supérieurs de l'emmanchure	0 310
Aux angles inférieurs de l'emmanchure	0 370
Au bas (mesuré en ligne droite)	0 510

Dans le haut du dos existe un pli crevé de 200^{mm} de développement, ayant une largeur apparente de 100^{mm} du côté de la doublure. Ce pli est arrêté dans la couture d'assemblage de l'encolure avec le collet-rotonde.

Dans chaque couture d'assemblage des devants avec le dos, à hauteur de la taille et à 220^{mm} environ de distance de la couture

---

(1) Ces indications permettent de bien placer la poche de portefeuille et à 25^{mm} environ de l'emmanchure ; cette poche se trouvera, il est vrai, légèrement écornée dans les quatrièmes subdivisions, c'est-à-dire dans des variétés peu demandées, mais cette particularité ne saurait présenter de sérieux inconvénients.

Les manteaux ne doivent pas comporter de pièces ajoutées dans le haut du dos.

d'emmanchure est pratiquée une ouverture donnant passage à une martingale en drap, doublée du même, avec tête arrondie. Les martingales sont fortement arrêtées à l'intérieur au moyen d'une piqûre faite sur le bord de l'ouverture appartenant à chaque devant.

La martingale de gauche est percée de deux boutonnières faites en drap, la première à environ 45^{mm} de son extrémité libre et l'autre à 110^{mm}.

La martingale de droite porte deux boutons en bois recouverts de drap correspondant aux boutonnières, et son extrémité est percée d'une boutonnière destinée à fixer la martingale à l'intérieur, lorsque l'homme n'en fait point usage. A cet effet, deux petits boutons d'os sont cousus sur la doublure du vêtement pour recevoir les extrémités des martingales.

Au milieu du dos et au bas est une fente ayant pour la taille moyenne (taille D) 0^m,550 de longueur et 0^m,020 en plus ou en moins par taille supérieure ou inférieure.

Le bord de droite de cette fente, parementée en drap du fond, est percée de quatre boutonnière également espacées entre elles dont la plus basse est à 190^{mm} environ du bord inférieur du manteau et celle du haut à 60^{mm} à partir de l'arrêtement. Une sous-patte repliée en deux à l'aide d'une piqûre, est rapportée le long du bord de gauche et porte quatre boutons en bois recouverts en drap correspondant aux boutonnières. Un droit-fil est placé sous le parementage à la naissance de la fente pour l'empêcher de se déchirer.

Manches. — Leur longueur est telle que le pli du parement, replié à 180^{mm} de son bord, couvre la première articulation des doigts les bras étant pendants. Leur largeur en haut, pour la taille moyenne, est de 260^{mm}.

Le parement est en botte.

Les manches sont en deux morceaux, un dessus et un dessous. Elles sont montées de manière à ménager un fort embu au sommet de l'emmanchure pour loger au besoin l'épaulette.

Collet rabattu. — Le dessus et le dessous sont formés de deux morceaux en drap du fond. Une forte toile règne dans l'intérieur ; elle est piquée à point perdus. Les bords du collet sont piqués comme ceux des devants du manteau. Les extrémités sont légèrement arrondies.

Il est coupé de manière qu'étant relevé, il couvre les oreilles sans gêner en rien les mouvements de la tête. A gauche, sous le collet, existe une petite patte volante en drap doublée du même. Elle est rectangulaire et arrondie à ses extrémités, percées chacune d'une boutonnière. Elle est attachée à un bouton en bois recouvert en drap autour duquel elle pivote à volonté, et va se rattacher, par son autre extrémité, à un second bouton placé à 75^{mm} au-dessus du premier. Cette patte étant développée sert, au besoin, à maintenir les extrémités du collet lorsqu'il est relevé. A cet effet, un bouton semblable aux deux premiers est cousu à droite.

Le collet porte à ses angles une grenade (longueur 50^{mm}, largeur 30^{mm}) en drap écarlate de sous-officier, découpée à l'emporte pièce et cousue sur un écusson rectangulaire (longueur 65^{mm}, largeur 35^{mm}) en drap du fond.

L'écusson est appliqué de façon que le grand axe de la grenade se trouve sur la bissectrice de l'angle du col, la partie inférieure de la bombe étant à 25^{mm} de la pointe du col.

Au pied du collet et en dedans est placée une forte agrafe en fer verni noir avec sa porte. L'une et l'autre sont assujetties avec beaucoup de solidité.

Dimensions du collet :

Longueur pour la taille moyenne. . . $\left\{ \begin{array}{l} \text{au pied du collet.} \quad . \quad . \quad . \quad 0^{m}530 \\ \text{au bord supérieur.} \quad . \quad . \quad 0.680 \end{array} \right.$

Rotonde. — En drap du fond, son tracé présente deux courbes concentriques dont l'une supérieure s'ajuste à l'encolure et l'autre détermine le bord inférieur. Sa superficie totale représente un cercle complet. Elle est formée de deux morceaux joints par une couture qui se trouve sur le milieu du dos.

Ses bords libres sont dans le prolongement de cette couture sur le tracé. Elle est cousue à demeure au pied du collet. Les bords libres sont coupés de manière que, tombant naturellement, ils recouvrent de 10^{mm} environ les bords antérieurs des devants du manteau

Le bord de gauche de la rotonde est percé de quatre boutonnières faites en drap, également espacées entre elles ; celle du haut est à 50^{mm} au-dessous de l'encolure et celle du bas à 140^{mm} environ du bord inférieur. Au bord de droite correspondent quatre petits boutons en bois recouverts en drap. L'un et l'autre sont paramentés en drap du fond.

Une petite patte en drap du fond et doublé du même, percée

d'une boutonnière à sa pointe arrondie est cousue en dedans de la rotonde. Elle se rattache à un bouton en bois recouvert en drap cousu sur le dos pour empêcher la rotonde de se relever au vent.

Le corsage et les manches du manteau sont doublés en toile de lin.

Sous le devant de gauche est une poche en toile dite de porte-feuille.

Pour les hommes de troupe de tous grades (adjudants exceptés), le manteau est confectionné en drap de soldat.

Adjudants. — Les adjudants font usage d'un manteau confectionné en drap de sous-officier bleu foncé, du modèle affecté aux officiers.

Les angles et le collet sont ornés d'une grenade en filé d'or, sans paillettes, et de mêmes dimensions que celle d'officier.

Dimensions invariables.

Collet.	Hauteur	devant	0^m12
		derrière	0 130
	Patte volante	longueur	0 100
		largeur (environ)	0 030
	Distance du bouton d'attache de la patte volante à l'encolure et au bord du devant du collet (environ)		0 040
Rotonde.	Longueur	sur les bords antérieurs	0 530
		sur les côtés et par derrière	0 630
Patte de rotonde.	Longueur		0 050
	Largeur à la base (environ)		0 030
	Distance de la patte au bord inférieur de la rotonde (environ)		0 240
Fente de poche.	Longueur (environ)		0 220
Patte de fente de poche.	Longueur (environ)		0 220
	Largeur (environ)		0 040
Martingales.	Longueur apparente (environ)		0 260
	Largeur (environ)		0 060
	Ouverture pour le passage de la martingale (environ)		0 065
Sous-patte de la fente du dos	Largeur (environ)		0 040
Manches	Largeur ployée en deux	à la saignée (environ)	0 230
		en bas (environ)	0 200
Parements	Hauteur totale		0 200
Poche de porte-feuille.	Ouverture et profondeur (enviro)		0 180
	Distance de l'orifice de la poche au-dessus du bas de l'emmanchure (environ)		0 035
Parementages en drap.	Des devants.	Largeur (environ) en haut	0 170
		à la ceinture	0 120
		en bas	0 040
	De la fente du dos : largeur (environ)		0 160
	Des bords antérieurs de la rotonde : largeur (environ)		0 060

Moules en bois
des boutons } Diamètres.   20 mm.
pour tous les
manteaux.

Art. 274. — TRICOT DE MOLLETON.

En molleton bleu foncé, sans aucune doublure ni pièce de renfort.

Corps. — D'une seule pièce, les emmanchures étant formées par des coutures d'épaulette. Il est rabattu sur tout son pourtour, et, dans le bas, sur une hauteur de 15^{mm} environ. On garnit chaque côté, sur les devants, d'un parementage en étoffe du fond qui peut être en deux ou trois morceaux solidement cousus. Il se boutonne droit sur la poitrine, au moyen de cinq gros boutons et d'un même nombre de boutonnières en fil, également espacées entre eux et placés à 15^{mm} du bord antérieur de l'effet, le bouton et la boutonnière du haut étant situés à 30^{mm} au-dessous du pied du collet, ceux du bas arrivant à 240^{mm} du bord inférieur du patelot.

Collet. — Collet droit de 0^m,04 de hauteur, coupé carrément sur le devant, formé de deux épaisseurs en molleton, sans toile de renfort. Il porte intérieurement cinq petits boutons métalliques destinés à maintenir un col blanc en percale qui dépasse d'environ 3^{mm} le collet.

Dans les régiments, les compagnies d'ouvriers et la compagnie d'artificiers, les angles du collet sont ornés d'une grenade (longueur 80^{mm}, largeur 30^{mm}) en drap écarlate de sous-officier, découpée à l'emporte-pièce et cousue, par un raccentrement en soie, sur une patte en drap de soldat bleu foncé (longueur 65^{mm}, largeur 35^{mm}), taillée en accolade à sa partie postérieure; les trois pointes de l'attribut sont en ligne verticale et ses courbes ont une rentrée de 5^{mm}. Cette patte est posée dans l'angle du collet, de manière à réserver, sur le bord antérieur et sur ses deux bords horizontaux, un liseré de 2^{mm} 5, laissant voir le drap du collet; elle est appliquée perpendiculairement au bord antérieur du collet, la grenade étant une fois placée, à 12^{mm} du bord antérieur.

Une étiquette en toile de fin, cousue à l'intérieur du collet (hauteur 20^{mm}, largeur 110^{mm}) est destinée à recevoir l'indication de la pointure de l'effet. Cette étiquette est prise dans les chutes provenant de l'étoffe servant à confectionner les poches.

Manches. — D'un seul morceau dont les bords sont réunis à la partie externe, par une couture rabattue, et qui est remplie en dedans, dans le bras, sur une hauteur de 30^{mm} environ. Une piqûre pratiquée dans le bas et sur tout le pourtour de la manche simule un parement dont la hauteur est de 500^{mm} pour la partie courante et de 100^{mm} pour la pointe.

Poches. — Sur chaque devant, à 170^{mm} du bord antérieur de l'effet et à 240 environ de son bord inférieur, est pratiquée une ouverture de poche de 170^{mm} de longueur passepoilée en haut et en bas, solidement arrêtée à ses extrémités et recouverte par une patte doublée en molleton, remplice et rabattue dont les dimensions sont telles qu'elle peut à volonté rentrer dans l'ouverture et en sortir. Les poches sont en toile de lin (largeur apparente de la poche, intérieurement 190^{mm} dans la longueur 210^{mm} et 190^{mm} de profondeur).

Le dessous de la poche est pris dans la couture du passepoil pour consolider l'ouverture et enlever la visibilité extérieure ; elles sont remplices de chaque côté et piquées.

La poche droite recevra, à l'intérieur de l'effet, la marque de confection ; celle de gauche, le numéro matricule de l'homme.

Pochette pour paquet de pansement. — Le paletot de molleton est pourvu, à l'intérieur de la poche gauche, au-dessous de la ceinture, d'une pochette exclusivement affectée au paquet de pansement. Cette pochette est formée par l'apposition, sur le côté interne de la poche n'appuyant pas directement sur l'homme, d'une bande croisonne de coton à doublure, et est fermée par une petite patte de même toile pourvue en son milieu d'une boutonnière permettant de la fixer au moyen d'un petit bouton cousu sur la toile constituant la pochette.

La pochette a une longueur de 105^{mm} et une profondeur de 150^{mm}. La patte de fermeture doit, le paquet de pansement renfermé, pouvoir se rabattre sur une hauteur d'environ 30^{mm}.

Pattes d'épaule. — En étoffe du fond, doublées de même, fixées à leur base dans la couture d'emmanchure, et percées, à leur extrémité, d'une boutonnière longitudinale en fil qui se rattache à un petit bouton d'uniforme solidement cousu près du collet.

Les sous-officiers font usage d'un paletot de molleton semblable à celui de la troupe. Les insignes des grades et fonctions et la soutache d'ancienneté sont placés sur les manches de la même manière que sur la tunique.

Aux colonies, les adjudants font usage d'un paletot de molleton semblable à celui décrit pour les officiers de l'arme.

Dimensions :

		Mesures prises sur l'effet confectionné	
		Variables.	Invariables
Corps du paletot.	Longueur prise sur les devants de l'effet.	730ᵐᵐ	»
	Longueur prise au milieu du dos	800	»
	Demi-largeur uniforme sur toute la hauteur de l'effet.	670	»
	Largeur de la carrure	440	»
Collet.	Hauteur	»	40ᵐᵐ
Manches.	Longueur prise de la carrure au poignet.	630	»
	Largeur en haut.	240—	»
	— au coude	»	240
	— au poignet.	»	160
Parementage des devants.	Largeur en haut.	»	170
	— en bas	»	60
Pattes de poches.	Longueur	»	170
	Largeur	»	70
Parementage des poches.	Largeur	»	50
Poches en toile de lin.	Largeur	»	190
	Profondeur	»	190
Pattes d'épaule.	Longueur.	»	125
	Largeur à la base	»	50
	— à la tête	»	30
Pochette à paquet de pansement.	Longueur.	»	105
	Profondeur	»	150

Art. 275. — PALETOT DE TOILE BLANCHE.

Semblable à celui de l'infanterie coloniale, sauf les modifications suivantes :

Le collet est muni, de chaque côté, d'une patte en drap de sous-officier bleu foncé (hauteur, 35ᵐᵐ, largeur 65ᵐᵐ), piquée à la machine sur un fond de drap écarlate débordant en passepoil de 2ᵐᵐ. Cette patte sur laquelle est fixée une grenade semblable à celle du paletot de molleton, est attachée au collet au moyen d'agrafes du système Duthoit. La rigidité de ces pattes doit être suffisamment assurée afin d'éviter le recoquillement des extrémités.

Le parement des manches est semblable à celui de l'infanterie coloniale, avec cette différence qu'il est posé en V sur le dessus de la manche, de façon à être en rapport avec la forme des galons de grade de l'arme ; il a une hauteur apparente de $0^m,07$ à la partie courante et $0^m,11$ à la pointe.

Les épaules sont, comme celles du dolman de drap, pourvues de pattes mobiles en tresse carrée écarlate, ornées de deux gros boutons d'uniforme. Ces pattes sont fixées au paletot au moyen de longs crochets et de goussets en toile du fond.

ART. 276. — PALETOT DE TOILE KAKI.

Le paletot de toile kaki est semblable à celui de toile blanche, sauf les modifications suivantes :

Comme le paletot kaki de l'infanterie coloniale, il est muni, sur chaque épaule, d'une patte en toile du fond formant trois épaisseurs ; celle du milieu en toile à doublure grise. Ces pattes, piquées à la machine sur le pourtour, sont cousues aux emmanchures et se boutonnent au moyen d'un petit bouton d'uniforme fixé à 0.03 de la base du col.

Leur largeur est de 8 centimètres à la base et n'est plus que de 5 centimètres à hauteur du bord inférieur de la boutonnière de l'extrémité de la patte qui est légèrement arrondie.

A l'intérieur de la poche de gauche, sur le revers du côté extérieur, est appliquée, dans les conditions et dans les formes indiquées pour le paletot de toile kaki de l'infanterie, la pochette en toile du fond pour le paquet de pansement.

NOTA. — Les paletots de toile blanche et kaki doivent être amples afin d'obvier au rétrécissement provenant du lavage et pour satisfaire aux conditions de l'hygiène aux colonies.

Dimensions invariables :

(Paletots de toile blanche et kaki).

Collet	Hauteur du collet	0^m040
Manches	Largeur à la saignée	0 210
	Largeur au bas	0 165
Parements	Hauteur courante (apparente)	0 070
	Hauteur à la pointe (apparente)	0 110
	Rempli	0 020
Pattes d'épaule (p^r le paletot kaki)	Largeur à la base	0 080
	Largeur au sommet	- 0 050
Poches de côté	Largeur de l'ouverture	0 160
	Largeur de la poche	0 170
	Profondeur	0 170
Pochette inté^re pour paquet de pansement (p^r paletot kaki)	Largeur d'ouverture	0 120
	Profondeur	0 140
	Largeur	0 120
	Largeur de la patte de fermeture	0 050
	Longueur de la patte	0 160

Distance de la poche au bord inférieur du paletot 0ᵐ085
Largeur apparente du rempli du bas 0.015
Distance de la dernière boutonnière au bas 0.230
Paremantages { Largeur au dos 0.030
Largeur en haut devant 0.030
Largeur en bas 0.035

Galons. — Les galons de grade sont semblables à ceux opposés sur le paletot de molleton ; ils sont mobiles et doivent s'arrêter aux coutures de la manche, l'extrémité inférieure des galons de grade affleurant le bord supérieur du parement.

La soutache d'ancienneté se porte sur les paletots de toile pour les sous-officiers rengagés.

Les galons en or sont cousus sur drap de sous-officier écarlate et ceux en laine sur drap de soldat bleu foncé formant liseré.

ART. 277. — PANTALON D'ORDONNANCE DES SOUS-OFFICIERS MONTÉS.
(Supprimé).

ART. 278. — PANTALON DE TOILE BLANCHE ET DE TOILE KAKI.

Semblables aux modèles décrits pour l'infanterie coloniale.

Pour les dimensions invariables des pantalons blancs et kakis, non insérés dans la description, se reporter à celles du pantalon d'ordonnance pour hommes non montés.

ART. 279. — PANTALON DE BORD (Supprimé).

ART. 280. — PANTALON D'ORDONNANCE DES SOUS-OFFICIERS ET DES HOMMES NON MONTÉS.

En drap de soldat bleu foncé, avec passepoil en drap écarlate sur les coutures latérales. De chaque côté de ce passepoil, et à environ 5ᵐᵐ, est une bande en drap écarlate cousue à bords repliés en dedans, largeur apparente 30ᵐᵐ. Les passepoils et les bandes sont en drap de sous-officier écarlate.

Ceinture. — En drap, doublée en toile de coton, fermée par un bouton en zinc et par une agrafe en métal se composant d'un crochet, d'une porte en fil d'acier doux n° 13 entièrement nickelé. Elle est d'un seul morceau de chaque côté, et ses deux extrémités derrière, sont réunies par un soufflet triangulaire. Elle porte six boutons à trous pour l'attache des bretelles.

Devant, est une brayette fermant par quatre boutonnières percées dans une sous-patte en drap, parementée en toile et adaptée sous le devant de gauche. Au devant de droite est ajoutée une languette triangulaire qui porte autant de boutons en zinc et sert à mieux fermer la brayette ; cette languette est en drap, doublée en toile, de toute la hauteur de la fente, elle porte dans l'angle supérieur une boutonnière oblique qui se rattache à un bouton cousu sur la ceinture à gauche.

Le pantalon monte de manière à bien emboîter les hanches et arrive à égale distance entre le nombril et le creux de l'estomac. Il tombe droit sur le cou-de-pied sans y former de plis. Le derrière, légèrement convexe, descend à environ 10^{mm} du bord inférieur de la guêtre ou du talon de la chaussure ; le devant est échancré du bas, d'environ 10^{mm}, plus ou moins selon la conformation du cou-de-pied pour le dégager. Le bord inférieur est ourlé en dedans sur 15^{mm} environ. Il est parementé tout autour en toile de lin sur une hauteur de 60^{mm}.

Sur chaque côté du pantalon est une poche de cuisse en toile, dont l'entrée présente une fente qui se confond avec la couture du pantalon et est parementée en drap. Une petite patte en drap doublée de même et un bouton, placés en dedans et au milieu de cette ouverture, servent à la fermer. Un gousset de montre est placé sur le devant de droite de la ceinture.

Deux martingales en drap doublées en toile sont cousues à l'endroit des reins, au-dessous de la ceinture. Celle de gauche porte une boucle en fer verni, cousue à demeure. Un parementage en toile est appliqué en dedans sous l'attache de chaque martingale.

Le pantalon est garni intérieurement d'un entre-jambes en toile de quatre morceaux ; les deux de derrière sont des quarts de cercle d'environ 120^{mm} de rayon ; ceux de devant ont la même forme au bas et la même largeur, et vont en diminuant jusqu'à la ceinture où ils ont 50^{mm} de large environ.

Les doublures, les parementages et les poches ou goussets du pantalon, sont en toile de coton écru.

Toutes les piqûres sont faites au cordonnet de soie.

Ce pantalon se porte avec des bretelles et sans sous-pied. Tous les boutons sont en zinc de la forme dite à barrette. On tolère dans la coupe des petites pointes à l'enfourchure et une hausse dans l'assemblage de derrière et de la ceinture.

Sous-officiers et brigadiers fourriers. — Pantalon confectionné en drap de sous-officier et semblable d'ailleurs à celui décrit ci-dessus. Il se porte, ainsi que ce dernier, avec des bretelles et sans sous-pieds.

Adjudants et sous-chefs de musique. — Pantalon en drap fin, semblable à celui des officiers montés de l'arme.

Dimensions principales d'un pantalon de taille moyenne :
(1^m, 10 de côté)

Largeur, le pantalon ployé en deux, à plat (environ).	En haut des cuisses, vis-à-vis de l'enfourchure	0^m360
	Au genou	0 270
	Au bas	0 240

Dimensions invariables :

Bandes	Largeur apparente	0^m030
	Distance du passepoil aux bandes (environ)	0 005
Languette triangulaire.	Largeur en haut (environ)	0 070
Ceinture	Hauteur (environ). par devant	0 050
	par derrière	0 030
Soufflet	Largeur en haut (environ)	0 060
	Longueur du côté (environ)	0 140
Martingales	Longueur apparente (environ). celle de droite	0 150
	— gauche	0 100
	Partie rempliée de celle de gauche.	0 020
	Largeur (environ). à la base	0 040
	à l'extrémité	0 030
	Rempli du bas de la jambe (environ)	0 015
Poches de cuisse.	Hauteur totale (environ)	0 360
	Largeur (environ). en haut, près de la ceinture	0 100
	plus grande largeur au fond arrondi.	0 180
	Ouverture : Hauteur (environ).	0 180
	Distance de l'arrêtement à la ceinture (environ).	0 040
Gousset de montre	Ouverture (environ)	0 080
	Profondeur —	0 080
	Hauteur de la patte (environ)	0 020
Parementages	En drap des poches : largeur. du côté qui touche la cuisse (environ).	0 045
	— opposé (environ)	0 030
	En toile des martingales Longueur (environ)	0 100
	Hauteur —	0 050
	En toile du bas. Hauteur (environ)	0 060

Boutons en zinc à barrette.	Diamètre.	Gros.	0^m016
		Petits	0 014
	Épaisseur	du boutons, au moins	0 0015
		de la barrette	0 0015
Hausse du derrière.	Hauteur maxima.	à la couture du côté	0 020
		au soufflet	0 080

ART. 281. — PANTALON DE FLANELLE BLEUE POUR SOUS-OFFICIERS ET HOMMES MONTÉS OU NON MONTÉS.

Confectionné en flanelle bleue. Les bandes et les passepoils sont en drap écarlate de sous-officier rengagé. Description semblable à celle du pantalon d'ordonnance des hommes non montés.

ART. 282. — PANTALON DE TRAVAIL EN TREILLIS BLEU POUR MARÉCHAUX-FERRANTS, OUVRIERS DE BATTERIE ET AIDES CUISINIERS.

Confectionné en treillis teint en bleu foncé à l'indigo pur, présentant une résistance dynamométrique de 150 kilogr. en chaîne et 204 kilogr. en trame sur des bandes préalablement immergées ; au centimètre, 23 à 24 fils en chaîne et 24 à 25 fils en trame.

Devant, est une brayette fermée par quatre boutonnières percées dans une sous-patte en treillis, parementée en toile, adaptée sous le devant de gauche, qui est également parementée en toile ; celui de droite porte autant de boutons.

A ce devant de droite est ajoutée une languette triangulaire en treillis, doublée en toile de toute la hauteur de la fente et large en haut d'environ 70mm, avec boutonnière dans l'angle qui se rattache à un bouton cousu sous la ceinture à gauche ; cette languette sert à mieux fermer la brayette.

La ceinture est d'un seul morceau de chaque côté ; le devant es percé d'une boutonnière à 15mm environ du bord supérieur ; ses deux extrémités, derrière, sont réunies par un soufflet triangulaire, d'environ 60mm de large en haut et de 140mm de long sur les côtés.

Elle porte six boutons pour l'attache des bretelles ; elle est doublée en treillis ; un gousset de montre en toile est placé à droite sur le devant. Sur chaque côté du pantalon est une poche de cuisse en toile. L'entrée de la poche est à 40mm environ de la ceinture, l'ouverture de 180mm environ ; hauteur totale de la poche, environ 380mm ; largeur, environ en haut 100mm ; plus grande largeur 170mm, environ.

La martingale portant la boucle est percée, à son extrémité libre, d'une boutonnière avec bouton correspondant, cousu en dessous de la martingale et dans laquelle vient s'engager la partie postérieure de la boucle, qui pourra ainsi s'enlever ou se replacer à volonté avant et après le lavage de l'effet.

La hauteur de la ceinture est d'environ 0ᵐ050 sur le devant et de 0ᵐ035 sur le derrière.

Le pantalon est ourlé, par le bas de chaque jambe, sur 20ᵐᵐ de hauteur environ. Le rabattement de l'ourlet est fait à la main.

Les devants et les derrières doivent être coupés de manière qu'ils comportent chacun une lisière sur le grand côté ; dans le cas contraire, la couture d'assemblage devrait être surfilée.

Tous les boutons sont en os noir et à trous de 13ᵐᵐ de diamètre pour la brayette et de 16ᵐᵐ pour les autres parties de l'effet.

Le gousset de montre, les poches, les doublures de la brayette et les pièces intérieures, servant à consolider l'attache des martingales, sont en toile grise de qualité solide présentant une résistance dynamométrique de 55 kilogr. en chaîne et de 70 kilogr. en trame ; au centimètre, 14 à 15 fils en chaîne et en trame.

Le pantalon en treillis bleu est également attribué aux gradés et employés de l'artillerie que leurs fonctions spéciales appellent journellement à l'entretien et au graissage du matériel.

Le tableau ci-après donne les dimensions des effets confectionnés :

TYPES	SUBDIVISIONS	LONGUEUR de côté	LONGUEUR d'entre-jambes	MON-TANT	DEMI-GROS-SEUR de ceinture, non compris le soufflet.	LARGEUR DU PANTALON plié en deux à l'enfourchure	au genou	au bas	OBSERVATIONS
1	2	3	4	5	6	7	8	9	10
		m	m	m	m	m	m	m	
A.	1	1,22	0,94	0,28	0.50	0,41	0,32	0,26	Les dimensions indiquées dans les colonnes 3, 4 et 6 sont celles de l'homme augmentées de :
	2	1,22	0,94	0,28	0,47	0,405	0,305	0,26	0m02 pour la longueur de côté,
	3	1,22	0,94	0,28	0,44	0,38	0,29	0,26	0m02 pour l'entre-jambes,
B.	1	1,19	0,91	0,28	0,50	0,41	0,32	0,26	0m01 pour la demi-grosseur de ceinture,
	2	1,19	0,91	0,28	0,47	0,395	0,305	0,26	à cause du retrait de l'étoffe.
	3	1,19	0,91	0,28	0,44	0,38	0,29	0,26	Dans les commandes, on devra indiquer les types, subdivisions et demi-grosseur de ceinture des pantalons à recevoir.
C.	1	1,16	0,88	0,28	0,49	0,405	0,315	0,26	Pour les effets de taille extra-ample, il pourra être commandé des pantalons présentant comme grosseur de ceinture : 12, 8 et 4 centimètres de plus que la subdivision 1 de chaque type.
	2	1,16	0,88	0,28	0,46	0,39	0,30	0,26	
	3	1,16	0,88	0,28	0,43	0,375	0,285	0,26	
D.	1	1,12	0,85	0,27	0,49	0,405	0,315	0,26	
	2	1,12	0,85	0,27	0.46	0,39	0,30	0,26	
	3	1,12	0,85	0,27	0,43	0,375	0,285	0,26	
E.	1	1,09	0,82	0,27	0,48	0,40	0,31	0,26	
	2	1,09	0,82	0,27	0,45	0,385	0,295	0,26	
	3	1,09	0,82	0,27	0,42	0,37	0,28	0,26	
F.	1	1,06	0,79	0,27	0,48	0,40	0,31	0,26	
	2	1,06	0,79	0,27	0,45	0,385	0,295	0,26	
	3	1,06	0,79	0,27	0,41	0,37	0,28	0,26	
G.	1	1,02	0,76	0,26	0,47	0,395	0,305	0,26	
	2	1,02	0,76	0,26	0,44	0,38	0,29	0,26	
	3	1,02	0,76	0,26	0,41	0,365	0,275	0,26	
H.	1	0,99	0,73	0,26	0,47	0,395	0,305	0,26	
	2	0,99	0,73	0,26	0,44	0,38	0,29	0,26	
	3	0,99	0,73	0,26	0,41	0,365	0,275	0,26	

	A	B	C	D	E	F	G	H
Poids minimum du pantalon confectionné (de la subdivision 2 de chaque type)	0k,900	0k,880	0k,860	0k,840	0k,820	0k,800	0k,780	0k,760

Art. 282 *bis*. — PATTES D'ÉPAULES DES ADJUDANTS.

En tenue de campagne, les adjudants font usage de la patte d'épaule décrite pour les officiers.

Art. 283. — PELISSE COLONIALE.

Les adjudants font usage de la pelisse coloniale décrite pour les officiers.

Art. 284. — TUNIQUE DE DRAP DES ADJUDANTS.

La tunique des adjudants est semblable à celle des officiers, sauf les différences ci-après :

L'attribut est brodé en filé d'or, façon dite au passé.

Le galon de grade, en trait côteliné, largeur $0^m,006$, d'argent mélangé d'un tiers de soie rouge, en trois raies longitudinales également espacées, est placé immédiatement au-dessus du parement.

Pour les adjudants rengagés, le bord de la soutache d'ancienneté, du modèle réglementaire, affleure le bord inférieur du galon de grade ; ces deux galons, qui se trouvent placés au-dessus du parement sont contigus, et leurs extrémités se perdent sous la patte de manche.

Les brides d'épaulettes sont en galon dit trait côteliné de $0^m,010$ d'argent mélangé d'un tiers de soie rouge en trois raies longitudinales également espacées.

Art. 285. — TUNIQUE DE TOILE BLANCHE ET KAKI.

Les adjudants font usage, aux colonies, de la tunique de toile blanche et kaki du modèle général.

Art. 286. — VAREUSE DE BORD (Supprimé).

Art. 287. — VESTE EN DRAP.

Confectionnée en drap de soldat bleu foncé. Doublée en toile de coton. Sa longueur est telle qu'elle descend à 150^{mm} au-dessous des hanches qu'elle emboîte parfaitement. Elle se ferme droit sur la poitrine à l'aide de neuf petits boutons d'uniforme, dont le premier est à 30^mm au-dessous de l'encolure et dernier à hauteur de la ceinture.

Le côté droit, qui porte les boutons, s'engage sous celui de gauche de 50^mm, au moyen d'une anglaise rapportée descendant jusqu'au bas où les devants sont légèrement arrondis. Le côté gauche, qui porte les boutonnières, est rabattu derrière le rempli. La tête des boutonnières est à 13^mm en dedans du bord. Sur chaque devant est pratiquée une fente verticale à partir du bord inférieur de la veste.

Cette ouverture est garnie à l'intérieur d'une sous-patte avec une boutonnière et un bouton correspondant, ses bords sont passepoilés avec son parementage.

Dos. — D'un seul morceau. Il s'assemble à hauteur de l'épaule, au bord supérieur des devants et latéralement à une pièce dite petit côté, qui est jointe à la pièce du devant par une couture à l'aplomb de l'aisselle. Les bords latéraux sont creusés sur 55 à 60^mm de flèche, le bord inférieur est légèrement convexe. La largeur du dos est proportionnée à la grosseur de l'homme, sauf au bas, où elle est invariable.

Collet. — Hauteur 35^mm. En drap du fond ainsi que sa doublure, laquelle peut être en trois morceaux. Il est remplié sans passepoils et piqué sur ses bords. Une seconde piqûre parallèle le partage par la moitié. Au pied, une agrafe de 6^mm de bec apparent. A l'intérieur, une forte toile et une autre à doublure ordinaire.

Ses devants sont abattus de 30^mm environ. Ses angles arrondis sont, pour les régiments et les compagnies d'ouvriers et d'artificiers, ornés d'une grenade confectionnée, cousue sur une patte en drap du fond (hauteur 30^mm, largeur 65^mm) et fixée au collet, dans les mêmes conditions que pour le paletot de molleton (art. 274).

Pattes d'épaule. — Sur chaque épaule est placée une patte en drap du fond doublée et passepoilée du même.

La longueur, pour la taille moyenne, est de 0^m,140 environ. Sa tête est percée d'une boutonnière qui reçoit un petit bouton d'uniforme solidement cousu près de l'encolure. Les manches sont coupées en deux morceaux, un dessus et un dessous. Leur largeur en haut est de 210^mm, pour la taille moyenne.

Elles sont terminées par un parement en drap du fond taillé en pointe.

En dedans de la doublure et de chaque côté des devants est appliquée une poche en toile dite de portefeuille.

Les angles inférieurs sont légèrement arrondis.

A l'intérieur du vêtement, les deux devants et le bas de la veste, dans tout son développement, sont parementés en drap du fond

Ces différents parementages peuvent être en deux morceaux, assemblés avec solidité.

Les sous-officiers (adjudants exceptés) et les brigadiers fourriers font usage d'une veste absolument semblable à celle décrite ci-dessus, avec galon de grade ou de fonction, mais confectionnée en drap de sous-officier.

La veste de 2ᵉ tenue des sous-officiers, brigadiers et canonniers, est différenciée de celle de la 1ʳᵉ tenue par l'adjonction d'une ganse perlée écarlate de 0ᵐ,002 de diamètre placée verticalement de chaque côté et à 0ᵐ,06 du pied du collet, de manière que cette ganse puisse être vue aisément de face.

Dimensions invariables :

Pattes	Longueur		0ᵐ049
	Anglaise, largeur		0 035
Devants	Fentes, distance à la couture du petit côté		0 030
	Verticales, hauteur		0 120
	Sous-pattes des fentes, largeur		0 030
Dos	Largeur au bas		0 120
Pattes d'épaule	Largeur	à la couture d'emmanchure	0 050
		au milieu	0 030
		à la tête arrondie	0 035
Manches	Largeur	à la saignée	0 195
		au bord inférieur du parement	0 150
Parements		Hauteur à la pointe	0 110
		Apparente courante	0 055
		Rempli	0 020
Poches de portefeuille		Largeur et profondeur	0 150
		Distance de l'orifice au bas de la veste	0 290
Parementages en drap		Des devants, largeur	0 060
		Du bas, dans tout le développement	0 030
		Des sous-pattes, largeur	0 030

ART. 288. — VESTE DE TRAVAIL DES SOUS-OFFICIERS DES COMPAGNIES
D'OUVRIERS ET D'ARTIFICIERS.

De forme ronde. En drap de soldat bleu foncé, doublée en toile
de coton, d'une longueur telle que son bord inférieur descende
également dans tout son pourtour, à 80mm au-dessous de la saillie
des hanches.

Collet. — En drap du fond doublé du même ; sa doublure peut
être faite de plusieurs morceaux solidement assemblés. A l'intérieur,
une forte toile et une autre à doublure ordinaire ; au pied, une agrafe
de 6mm de bec apparent. Le collet est remplié, sans passepoil, et
piqué sur les bords et au milieu ; ses angles, arrondis suivant un
arc de 32mm de rayon ne portent pas de pattes à grenade.

Les devants sont en deux morceaux réunis par une couture verticale à l'aplomb de l'aisselle ; ils croisent l'un sur l'autre au moyen
de deux rangées parallèles de six gros boutons chacune également
espacés entre eux. Les devants ne sont pas passepoilés ; ils sont
simplement rempliés et piqués sur les bords et parementés en drap
du fond. Les parementages peuvent être faits de deux morceaux ; les
boutonnières sont en drap et leur tête est à environ 15mm du bord.
Au-dessous de l'endroit où est cousue l'agrafe, un droit-fil en toile
est ménagé entre chaque revers et son parementage pour les empêcher de se déchirer. Sur le devant de gauche existe une poche dite
de portefeuille.

Le dos est d'un seul morceau ; il s'assemble à hauteur de l'épaule,
au bord supérieur des devants, et latéralement à une pièce dite de
petit côté qui est jointe à la pièce du devant par une couture à l'a-
plomb de l'aisselle.

Les manches sont faites de deux morceaux et se terminent par un
parement en pointe remplié et piqué, sans passepoil, à sa partie supérieure et remplié en dedans, à sa partie inférieure ; la doublure de
la manche est rabattue sur ce dernier rempli. Les manches sont ouvertes au poignet par une fente qui se ferme au moyen d'un petit
bouton d'uniforme cousu à environ 10mm au-dessus du parement.
La largeur des manches, en haut, est de 220mm pour la taille
moyenne. Le bas du dos et celui des devants sont rempliés en de-

dans et rabattus ; la doublure, repliée elle-même d'environ 5^{mm}, s'engage sous le rempli du drap ; une piqûre apparente assemble le dessus et le dessous à 10^{mm} au-dessus du bord.

Dimensions invariables :

Collet.	Hauteur		0^{m}095
	Abatage		0.030
Devants	Distance horizontale entre les deux rangées de boutons, mesurées de centre à centre		0.110
Dos	Largeur	au bas	0.140
		à 80^{mm} du bord inférieur	0.120
Rempli du bas du dos et des devants			0.015
Manches	Largeur	à la saignée	0.200
		au bas	0.150
	Fente du bas, hauteur		0.120
Parements	Hauteur	courante	0.055
		à la pointe	0.110
	Rempli		0.020
Poche de portefeuille	Largeur et profondeur		0.150
Parementages des devants	Largeur	en haut	0.180
		en bas	0.120

ART. 289. — VESTE DE TRAVAIL EN TREILLIS BLEU

Confectionnée en treillis teint en bleu foncé à l'indigo pur, présentant une résistance dynamométrique de 150 kilogr. en chaîne et 204 kilogr. en trame, sur des bandes préalablement immergées, 23 à 24 fils en chaîne et 24 à 25 fils en trame ; doublée entièrement en toile écrue.

Les devants croisent l'un sur l'autre au moyen de deux rangées de six boutons en os noir de 16^{mm} de diamètre. Ces rangées sont écartées l'une de l'autre d'environ 200^{mm} en haut et de 100^{mm} en bas.

Les devants sont parementés du même treillis bleu sur une largeur de 170^{mm} à 180^{mm} dans le haut et 120^{mm} environ dans le bas.

Le collet (hauteur 30^{mm}) est en deux morceaux ; il est arrondi et échancré d'environ 20^{mm} de chaque côté par devant.

Les manches ne comportent ni fentes ni parements. Une poche horizontale est placée en dehors de chaque côté à 170^{mm} du bord inférieur ; son ouverture mesure environ 160^{mm} de longueur et est recouverte d'une patte horizontale de 40^{mm} de hauteur sur 190^{mm} de longueur.

Pour les caporaux ou brigadiers, chaque angle du collet est garni d'un galon en laine écarlate façon cul-de-dé, de 22^{mm} de largeur. Ce galon, appliqué au milieu du collet, vient affleurer la partie arrondie de celui-ci pour se prolonger sur une longueur de 55^{mm}, où il se termine verticalement.

Les coutures peuvent être faites indistinctement à la main ou à la machine à coudre.

Tous les parementages sont en un seul morceau ; on tolérera toutefois, dans le haut des parementages des devants, une pointe de 0^m,10 environ de longueur.

Poids minimum de la veste confectionnée.
$\left\{\begin{array}{l}\text{Type A} \quad . \quad . \quad . \quad 1^k,140 \\ \text{Type B} \quad . \quad . \quad . \quad 1^k,080 \\ \text{Type C} \quad . \quad . \quad . \quad 1^k,020\end{array}\right.$

La confection en est faite d'après les dimensions suivantes :

TYPES	MESURES DE L'HOMME					
	LONGUEUR de la taille.	GROSSEUR sous les bras.	GROSSEUR à la ceinture.	LARGEUR de carrure	LONGUEUR du collet.	LONGUEUR des manches mesurées à l'épaule
	m	m	m	m	m	m
A.	0,490	1.080	0,880	0,460	0,450	0,650
B.	0,460	1,020	0,860	0,440	0,440	0,640
C.	0,430	0,960	0,840	0,420	0,430	0,600

La veste confectionnée doit avoir, suivant le type auquel elle appartient, les dimensions suivantes en plus des mesures prises sur l'homme :

»		0,200	0,200	0,240	»	0,060	»

La longueur de la taille est toujours prise à partir de la base du collet.

Art. 290. — VESTON DE CUIR.

Les adjudants font usage du veston de cuir décrit pour les officiers.

CHAPITRE II

Coiffure.

———

ART. 291. — BÉRET.

Aux colonies, les adjudants font usage d'un béret du modèle général.

ART. 292. — BONNET DE POLICE.

La calotte affecte à peu près la forme de l'ancien bonnet de police ; elle est confectionnée en drap de soldat gris de fer bleuté. Elle se compose d'un fond et d'un pourtour à oreilles.

Le fond, de forme oblongue, est réuni au pourtour par une couture ; le pourtour est d'un seul morceau dont les extrémités sont assemblées verticalement par une couture placée sur le derrière de la calotte.

Le pourtour se prolonge par des oreilles arrondies pouvant, à volonté, se rabattre ou se relever à l'aide de deux agrafes en fer verni noir solidement cousues sur le milieu des côtés de la calotte : l'agrafe est placée à 15^{mm} environ, et le porte-agrafe à la même distance du bord des oreilles.

Le drap de la partie arrondie des oreilles est remplié sur une hauteur de 10^{mm} environ, puis arrêté sur son bord par deux piqûres espacées entre elles d'environ 8^{mm}.

Une bande de toile de lin réglementaire est fixée à l'intérieur et au bas de la calotte par une piqûre qui la contourne ; la partie libre de cette bande est rempliée tout autour.

La calotte comporte sur le devant des galons en forme de V renversé ($\wedge$) pour les sous-officiers, les brigadiers, les artificiers et les premiers soldats.

Ces galons ont 12^{mm} de largeur ; ils sont en or, façon lézardé pour les sous-officiers ; en laine écarlate, façon cul-de-dé pour les brigadiers, artificiers et premiers soldats.

Leur disposition sur la calotte est indiquée ci-après :

Maréchal des logis chef, brigadier et brigadier fourrier. — Les galons forment deux V renversés ($\wedge\!\!\!\wedge$) ; la pointe du premier doit arriver à 15ᵐᵐ environ de la couture du fond ; le second est fixé à 7ᵐᵐ au-dessous du premier.

Chaque côté du V renversé mesure : pour le premier, en haut 110ᵐᵐ, au bas 85ᵐᵐ ; pour le second, en haut 70ᵐᵐ, au bas 40ᵐᵐ.

Les extrémités des galons sont rempliées.

Maréchal des logis, maréchal des logis fourrier, artificier, maître et premier soldat. — Le galon est placé en V renversé ($\wedge$), de manière que la pointe supérieure du galon arrive à 25ᵐᵐ environ de la couture du fond.

Chaque côté du V renversé mesure en haut 90ᵐᵐ, au bas 70ᵐᵐ.

Le galon a ses extrémités rempliées.

Dimensions :

Fond, pointure moyenne.	Longueur			0ᵐ220
	Largeur			0 145
Bande du pourtour.	Hauteur.	du bandeau	sur les (côtés	0 095
			devant et derrière	0 090
		des oreilles	au milieu (côtés de la calotte)	0 085
			aux extrémités (devant et derrière de la calotte)	0 020
Hauteur apparente de la bande de toile de lin				0 045

Adjudants. — Le bonnet de police a, extérieurement, la même forme que celui de la troupe ; il est en drap de la couleur de la tunique, les oreilles sont bordées d'un passepoil en drap écarlate.

Les galons de grade sont en tresse plate de 3ᵐᵐ en argent mélangé d'un tiers de soie rouge.

Les tresses sont placées sur le devant de la calotte en forme de **V** renversé ($\wedge$), comme pour la troupe.

ART. 293. — CASQUE COLONIAL.

Semblable à celui de l'infanterie coloniale.

L'attribut, pour l'artillerie coloniale, est une grenade en cuivre estampé et découpé.

Diamètre de la bombe	0ᵐ022
Longueur de la flamme	0 020
Largeur	0 035
Longueur totale de la grenade	0 045

Le casque des adjudants est orné d'une grenade en cuivre doré et bruni au mat.

Art. 294. — COIFFE COUVRE-CASQUE.

Du modèle adopté pour l'infanterie coloniale.

Art. 295. — COUVRE-NUQUE EN COTON.

Du modèle décrit pour l'infanterie coloniale.

Art. 296. — KÉPI DE SOLDAT

ARL. 297. — KÉPI DES BRIGADIERS FOURRIERS ET SOUS-OFFICIERS
(ADJUDANTS EXCEPTÉS)

Semblables, comme forme et dimensions, aux képis de l'infanterie coloniale dont la description est donnée aux articles 245 et 246 et confectionnés avec les mêmes matières premières ; ils n'en diffèrent que par les boutons qui sont à l'uniforme de l'artillerie coloniale et par l'attribut, découpé en drap écarlate, qui consiste en une grenade pour les régiments, la compagnie d'artificiers et les compagnies d'ouvriers.

Dimensions des boutons et attributs :

Diamètre des boutons d'uniforme.	en cuivre, pour brigadiers fourriers, brigadiers et soldats	0^m017
	dorés, pour sous-officiers	0 010
Hauteur .	de la grenade	0 025
	des chiffres	0 025

Art. 298. — KÉPI DES ADJUDANTS (2ᵉ tenue).

Semblable, comme forme et dimensions, à celui de la tenue de ville des sous-officiers rengagés, sauf les différences ci-après :

Il est confectionné en drap fin.

Le cordonnet-ganse en laine, qui borde le calot, recouvre les coutures verticales du turban et surmonte le bandeau, est remplacé par une soutache de grade : sur le milieu du calot, comme au képi d'officier, un nœud hongrois fait avec un seul brin de soutache.

Une fausse jugulaire en métal, fixée par deux petits boutons d'uniforme, comme pour les autres sous-officiers.

Mentonnière en cuir verni noir de 10ᵐᵐ de largeur.

La visière est semblable à celle du képi des sous-officiers rengagés.

Le képi est garni intérieurement d'une bande en cuir surjetée, partie sur le bord inférieur du bandeau, partie sur la doublure de la visière ; la hauteur de cette bande est la même que celle du bandeau ; à l'intérieur, et à 6^{mm} environ de son bord supérieur, est cousue à longs points une coiffe en percaline noire, laquelle double le turban sans y être fixée, puis déborde au calot d'environ 30^{mm} ; une petite ganse plate en laine noire, coulissée dans l'ourlé du bord libre de la coiffe, sert à l'ajustage de celle-ci ; un rond de la même percaline noire recouvre la surface interne du calot, aux bords duquel elle est surfilée. En outre, le bandeau, dans toute sa hauteur, et le calot sur toute sa surface, sont renforcés à l'intérieur par des pièces en carton lisse de 1^{mm} d'épaisseur minimum assemblés au bord de l'étoffe par des coutures ou par des surjets, sans encollage. Sur le devant du bandeau est brodée une grenade en filé d'argent, façon dite au passé ; elle a une hauteur de 0^{mm},020.

ART. 299. — KÉPI DES ADJUDANTS (1re TENUE).

Le képi de première tenue des adjudants est muni des mêmes ornements que celui des officiers de l'arme ; toutefois, la soutache de grade est du modèle prescrit pour les adjudants d'infanterie coloniale et le pompon est en cordonnet de 1^{mm},5 de diamètre formé de 1/3 de soie rouge et de 2/3 d'argent.

Aux colonies, le képi de première tenue est remplacé par le casque colonial.

CHAPITRE III.
Équipement.

L'équipement en usage dans l'artillerie coloniale est, en tous points, semblable à celui en usage dans l'artillerie métropolitaine, tel qu'il est donné par la description des uniformes arrêtée à la date du 1er juillet 1907 (B. O. Ed. méth. Vol. 105^3).

ART. 300. — BANDES MOLLETIÈRES DES ADJUDANTS.

Aux colonies, les adjudants font un usage facultatif de bandes molletières du modèle général.

Art 301. — Brodequins des adjudants.

Les adjudants font usage, avec la jambière en cuir, d'un brodequin semblable à celui des officiers de l'arme.

Art. 302. — Chaussures coloniales des adjudants.

Les adjudants font usage, aux colonies, des chaussures en usage pour les officiers.

Art. 303. — Jambières modèle 1901.

En cuir de vache nourri et ciré de 2^{mm} à $2^{mm}5$ d'épaisseur, de forme droite et se fermant sur le côté extérieur.

Elles prennent au-dessous du genou et finissent à la cheville en couvrant le haut du brodequin au moyen d'un gousset rapporté à l'aide d'une jointure intérieure ; elles se composent de deux pièces principales, un grand et un petit côté, assemblés par une jointure intérieure.

Derrière et au bas de la jambière est cousu un contrefort avec prolongement formant deux gaines destinées à recevoir un ressort en acier.

La jambière se ferme au moyen :

1° D'un ressort en acier verni noir de 8 à 9 dixièmes de millimètre d'épaisseur dont les extrémités s'engagent chacune alternativement, selon la grosseur de la jambe, dans deux gaines de cuir correspondantes, cousues extérieurement sur le petit côté, la première à $0^m,025$ environ de son bord. Ce ressort est recouvert intérieurement par deux pièces de renfort en basane. Ses extrémités arrondies sont renforcées sur une longueur de $0^m,035$ au moyen d'un fourreau en tôle douce, maintenu par deux coups de pointeau correspondant à deux trous du ressort disposés de façon à recevoir le métal repoussé par le pointeau.

2° D'un crochet en fer de 1^{mm} d'épaisseur perpendiculaire au ressort et fixé intérieurement au milieu du petit côté par deux rivets en fer verni noir recouverts, à l'intérieur, d'une pièce de renfort en basane ; la partie libre et recourbée de ce crochet traverse le cuir par une échancrure pratiquée à 40^{mm} du bord du petit côté et s'engage dans la partie du ressort en acier que les renforts en basane laissent à découvert.

3° D'un contre-sanglon en cuir, cousu extérieurement à l'extrémité supérieure du grand côté et correspondant à une boucle en fer verni noir, cousue sur le petit côté. Ce contre-sanglon est taillé en pointe et comporte trois trous.

Au bas de la jambe est fixé intérieurement un sous pied ; l'une de ses extrémités est cousue à l'angle du grand côté, et l'autre percée d'un trou, s'engage dans un bouton double en tombac pris entre les deux épaisseurs de cuir du grand côté et du contrefort.

Les jointures et les piqûres du sous-pied, du contre-sanglon et de la pièce de renfort du crochet sont faites à la main, toutes les autres piqûres sont faites à la machine et arrêtées à leurs extrémités par trois points à la main. Le fil à employer est du fil de chanvre ou de lin de première qualité, à cinq ou six brins, bien poissé, à raison de cinq à six points par deux centimètres.

Dimensions :

	1re TAILLE		2e TAILLE		3e TAILLE	
	GRAND. côté	PETIT côté	GRAND côté	PETIT côté	GRAND côté	PETIT côté
Hauteur { du côté de la jointure.	0m410	0m410	0m400	0m400	0m390	0m390
au pli du devant jusqu'à la naissance du gousset.	0 340	»	0 355	»	0 330	»
du côté de la fermeture.	0 420	0 420	0 410	0 410	0 400	0 400
Largeur développée { en haut.	0 270	0 170	0 270	0 170	0 270	0 170
en bas.	0 255	0 165	0 255	0 165	0 255	0 165

Gousset . { Plus grande largeur.		0m095
Hauteur.		0 085
Contrefort . { Longueur développée y compris le prolongement formant gousset		0 240
Plus grande hauteur		0 070
Pièces de renfort. { du ressort . { Longueur { 1re taille		0 140
2e taille.		0 135
3e taille.		0 130
Largeur		0 025
Distances entre elles		0 045
des rivets . { Longueur		0 050
du crochet. { Largeur		0 030

Ressort	Longueur totale	1re taille.	0m400
		2e taille.	0 390
		3e taille.	0 380
	Largeur.		0 012
Gaines	Largeur.		0 025
	Hauteur.		0 035
Crochets	Longueur totale à partir du pli du crochet.		0 050
	Longueur apparente à l'extérieur.		0 023
	Largeur.		0 012
	Distance	entre les deux rivets (centre à centre).	0 015
		du centre du 1er rivet au bord du petit côté.	0 059
		du pli du crochet au bord du petit côté (environ).	0 030
Rivets.	Diamètre de la tête		0 008
Contre-sanglon.	Longueur		0 100
	Largeur.		0 020
Boucles	Longueur		0 028
	Largeur.		0 020
Sous-pied	Longueur		0 180
	Largeur.		0 020
Boutons doubles.	Diamètre		0 009

ART. 303 *bis*. — JAMBIÈRES MODÈLE 1905

Les jambières sont en cuir de vache corroyé, nourri et ciré sur chair, d'une épaisseur de 0^m^,002 à 0^m^,0025.

Elles affectent la forme de la jambe et se ferment sur le côté extérieur.

Elles prennent au-dessous du genou, de manière à leur donner la plus grande hauteur possible, sans cependant gêner l'articulation et finissent en couvrant par devant la fermeture du brodequin et par derrière la partie supérieure du talon.

Les jambières sont formées de quatre parties :

1° Un grand côté ;

2° Un petit côté ;

3° Un renfort formant à la fois gousset, contrefort et gaine inférieure ;

4° Une gaine supérieure.

Les grands et petits côtés sont assemblés par une jointure faite en surjet, puis recouverte par une baguette en cuir de même qualité que la jambière, de 0^m^,002 à 0^m^0025 d'épaisseur, amincie à ses extrémités, sur des longueurs de 0^m^,02 en haut et 0^m^,08 en bas pour faciliter la confection.

La partie inférieure du bord du grand côté est évasée obliquement et progressivement depuis le rivet inférieur du ressort jusqu'en bas, où l'évasement est de 0^m,02 environ.

La partie supérieure du grand côté au-dessus du ressort est rendue plus rigide par un renfort en vache lissée de 0^m,002 environ d'épaisseur, et large de 0^m,06 environ à sa partie supérieure : la partie inférieure est de la largeur du couvre-ressort. Les bords sont abaquarrés.

A sa partie inférieure, à l'endroit correspondant au cou-de-pied, le grand côté est fortement échancré pour permettre au renfort de former un gousset qui recouvre l'ouverture de la chaussure. Les bords de cette échancrure sont coupés en biseau.

Le renfort, du même cuir que la jambière, est fixé sur tout le tour du bas, au moyen de piqûres faites à 0^m,003 environ des bords.

Il a la même forme vers le bord vertical que le bord évasé du grand côté. Dans la partie correspondant à l'échancrure du grand côté, il forme un gousset couvrant le cou-de-pied, et dont le développement est de 0^m,14 environ, et la grande largeur de 0^{m}13 environ.

La jambière comporte deux gaines de fermeture placées sur le petit côté : celle du bas est formée par le prolongement du contrefort ; celle du haut est placée de 0^m,215 à 0^m,220 du bord supérieur de la gaine inférieure ; elle est formée d'une partie rapportée en cuir de même qualité que la jambière.

Chaque gaine est divisée en deux parties égales au moyen d'une piqûre.

La jambière se ferme au moyen d'un ressort en acier verni noir dont les extrémités fortement arrondies sont renforcées sur une longueur d'environ 0^m,035 au moyen d'un fourreau en tôle douce et coudées. La pièce en tôle douce est maintenue par deux coups de pointeau correspondant à deux trous du ressort disposés de façon à recevoir le métal repoussé par le pointeau.

Ce ressort, dont l'extrémité inférieure arrive à 0^m,080 environ du bord intérieur du grand côté, est fixé par deux rivets tubulaires placés, un vers chaque extrémité et à 0^m,035 de cette extrémité.

Les extrémités du ressort s'engagent suivant la grosseur de la jambe dans l'une des gaines fixées en haut et en bas du petit côté.

A l'intérieur, ce ressort est recouvert d'une bande en vache lissée, d'une épaisseur de 0^m,002 environ fixée par deux piqûres parallèles faites à 0^m,003 environ des bords.

La partie supérieure de la jambière est fermée à l'aide d'un contre-sanglon avec boucle. Le contre-sanglon est fixé à la partie supérieure du grand côté, la boucle à la partie correspondante du petit côté de manière à permettre de fermer la jambière en plaçant le ressort dans les gaines postérieures.

Sous le petit côté, et dans le but de lui donner une plus grande rigidité, est fixé un renfort en vache lissée de 0^m,055 environ de largeur et de 0^m,002 environ d'épaisseur, fixé à l'aide de deux piqûres parallèles faites à 0^m,003 environ des bords.

Ce renfort prend à la hauteur de la partie supérieure de la gaine du haut et vient finir légèrement au-dessus de la gaine inférieure. Il est paré sur tout son contour.

A l'extérieur de la jambière, et bordant les piqûres latérales et inférieures, est fixé un passant destiné à donner passage au sous-pied de l'éperon.

Le sous-pied qui s'engage dans le passant sert à la fois pour la jambière et pour l'éperon. Il est percé à 0^m,012 d'une de ses extrémités d'une boutonnière de 0^m,020. La deuxième boutonnière est pratiquée dans les corps de troupe au moment de l'ajustage.

Le passant est en même cuir que la jambière, de 0^m,002 à 0^m,0025 d'épaisseur : il est fixé de chaque côté par deux piqûres.

L'ouverture du passant entre les piqûres intérieures est de 0^m,035.

Les piqûres sont faites à la machine à l'exception des piqûres du contre-sanglon de fermeture, du passant de sous-pied et de séparation des gaines, qui sont faites à la main ; le fil employé doit être soigneusement poissé. Les piqûres des entrées de gaines faites à la machine sont solidement arrêtées par trois ou quatre points faits à la main.

Les coutures et piqûres devront comporter cinq à six points par 0^m,02.

Dimensions invariables :

Renfort formant contrefort, gousset et gaine	Hauteur derrière, environ	0^{m}080
	Hauteur à l'endroit des gaines, environ	0 105
	Hauteur du gousset suivant le pli du milieu, environ	0 120

Ressort	Longueur totale, environ.	0ᵐ265
	Largeur	0 012
	Épaisseur.	0ᵐ0009 à 0 001
Couvre-ressort	Longueur, environ.	0 210
	Largeur, environ.	0 025
Gaine supérieure	Hauteur, environ	0 035
	Largeur, environ	0 055
Gaine inférieure	Largeur, environ	0 055
Baguette	Largeur, environ	0 020
Sous-pied	Longueur minimum	0 250
	Largeur, environ	0 022
Passant	Largeur, environ	0 022
	Longueur prise au milieu, environ.	0 055
Rivets tubulaires	Diamètre de la tête, environ.	0 007
	Hauteur totale de la partie mâle, minimum	0 010
Contre-sanglon	Longueur, environ.	0 100
	Largeur, environ	0 022
Boucle avec traverse médiane	Longueur dans œuvre.	0 072
	Largeur dans œuvre	0 016
	Diamètre du fil.	0 003

Dimensions variables suivant la taille :

	1ʳᵉ TAILLE			2ᵉ TAILLE			3ᵉ TAILLE		
	1	2	3	1	2	3	1	2	3
	m.mil.	m.mil.	m.mil.	m.mil.	m.mil.	m.mil.	m.mil.	m.mil.	m.mil.
Hauteur. { devant	0,390	0,390	0,390	0,420	0,420	", 420	0,450	0,450	0,450
{ derrière.	0,360	0,360	0,360	0,390	0,390	0,390	0,420	0,420	0,420
Largeur. { en haut et au mollet (1).	0,360	0,380	0,400	0,360	0,380	0,400	0,360	0,380	0,400
{ au milieu de la hauteur du derrière.	0,320	0,340	0,360	0,320	", 340	0,360	0,320	0,340	0,360
Entrée (mesure prise du bas de la baguette à la partie supérieure du gousset).	0,400	0,410	0,420	0,400	", 410	0,420	0,400	0,410	0,420

(1) La largeur en haut se mesure horizontalement.
La largeur au mollet se mesure suivant une ligne horizontale tracée : pour la 1ʳᵉ taille, à 0ᵐ05 ; pour la 2ᵉ taille, à 0ᵐ,06 ; pour la 3ᵉ taille, à 0ᵐ,07 au-dessus du haut du derrière de la jambière.

Les adjudants font usage de jambières en cuir du modèle adopté pour les officiers.

ART. 304. — JUMELLE.

Le port de la jumelle est facultatif pour les adjudants et assimilés.

CHAPITRE IV

Armement.

—

L'armement en usage dans l'artillerie coloniale est le même que celui des troupes de l'artillerie métropolitaine.

TITRE IV

Effets spéciaux à certaines catégories de militaires et pour des services spéciaux.

SOUS-OFFICIERS D'INFANTERIE COLONIALE
ÉLÈVES OFFICIERS A L'ÉCOLE DE SAINT-MAIXENT

CHAPITRE PREMIER
Habillement

ART. 305. — CAPOTE.

Du modèle adopté pour les sous-officiers, sauf les différences suivantes :

Chaque angle du collet est garni d'une grenade brodée en filé d'or sans cannetille ni paillettes (longueur 55^{mm}, largeur 20^{mm}) sur une patte en drap du fond de 75^{mm} de longueur au milieu.

Une soutache de 4^{mm} de largeur, mélangée de 2/3 argent et de 1/3 soie rouge, contourne le bord supérieur des parements et ses extrémités sont arrêtées dans la couture de la fente du bas des manches.

ART. 306. — ÉPAULETTES.

Du modèle adopté pour la tenue de ville des sous-officiers rengagés de l'infanterie coloniale (art. 341) »

ART. 307. — PANTALON.

En drap fin gris de fer bleuté avec poissepoil en drap fin écarlate, semblable, comme forme et confection, à celui des sous officiers rengagés de l'infanterie coloniale.

ART. 308. — PÈLERINE.

Du modèle des officiers.

ART. 309. — TUNIQUE AMPLE.

Confectionnée en drap bleu foncé (27 ains), avec collet et pattes de manches en drap du fond, semblable, comme forme de dimensions, à celle des adjudants de l'arme, sauf les différences ci-après :

Collet. — Chaque angle du collet est garni d'une patte en drap bleu foncé (longueur au milieu 75^{mm}) sur laquelle est brodée une grenade en filé d'or identique à celle de la capote. Deux petits boutons d'uniforme sont cousus au pied du collet pour fixer les épaulettes.

Devant. — La boutonnière du bas doit être placée exactement à hauteur de la taille.

Dos. — Pour un effet de taille moyenne, la hauteur de la basque du dos doit être de 220^{mm} ; cette hauteur varie suivant la taille de l'élève. Les deux boutons supérieurs doivent être placés à 10^{mm} environ au-dessus de la taille.

Brides d'épaulettes. — Les brides d'épaulettes sont du modèle adopté pour les sous-officiers rengagés de l'infanterie coloniale (art. 342).

Doublures. — La doublure du corsage et les poches de la doublure ample sont en satin de Chine noir ; les manches sont doublées en percaline croisée de couleur mastic.

Longueur à partir de la taille jusqu'au bas : pour un effet de taille moyenne, la longueur comptée à partir de la taille, doit être d'au moins 220^{mm} ; elle varie suivant la taille de l'élève.

Le bord inférieur du vêtement doit, lorsque l'effet est sur l'élève, être à peu près horizontal.

Il faut éviter d'exagérer l'ajustage de la tunique ample, la taille doit être simplement marquée sans être serrée.

Au-dessus des pattes rectangulaires des manches, sont placées des boucles en même soutache que celle indiquée à l'article 305.

Dimensions des boucles :

Hauteur	De la pointe supérieure de la boucle au bas de la manche	0^{m}260
	De la boucle	0 115
Largeur de la boucle au milieu		0 045

CHAPITRE II
Coiffure.

ART. 310. — KÉPI.

Le képi en drap fin est semblable à celui des adjudants d'infanterie coloniale. Les soutaches qui ornent les coutures et le calot sont de même nature que celles de la tunique.

Le képi de deuxième tenue est orné, sur le bandeau, d'une grenade brodée en filé d'or d'une hauteur de 20^{mm}.

Le képi de grande tenue est en drap bleu foncé (27 ains), semblable à celui de la première tenue des adjudants d'infanterie coloniale ; toutefois, il est muni des attributs de l'École.

CHAPITRE III
Équipement.

ART. 311. — BRODEQUINS.

Du modèle général.

ART. 312. — CEINTURON.

Du modèle des sergents-majors d'infanterie coloniale (art. 250 *bis*).

ART. 313. — DRAGONNE.

Du modèle des sergents-majors d'infanterie coloniale (art. 253).

CHAPITRE IV
Armement.

ART. 314. — SABRE.

Du modèle des sergents-majors d'infanterie de ligne. En outre, les élèves reçoivent, par les soins de l'École, l'armement nécessaire pour leur instruction.

SOUS-OFFICIERS DES TROUPES COLONIALES
ÉLÈVES OFFICIERS A L'ÉCOLE D'ADMINISTRATION DE VINCENNES

La tenue des sous-officiers des Troupes coloniales élèves Officiers d'administration est celle des élèves officiers à l'École militaire de Saint-Maixent, avec les modifications suivantes :

CHAPITRE PREMIER
Habillement

ART. 315. — BOUTONS D'UNIFORME.

Les boutons, du modèle de l'école, sont dorés et portent en exergue entre deux filets unis concentriques : « École d'administration de Vincennes », avec une étoile au milieu.

ART. 315 *bis*. — CAPOTE.

Le collet de la capote porte à ses angles, en remplacement d'une grenade, une étoile à cinq branches brodée en filé d'or, du diamètre de 25^{mm}, sans cannetille ni paillettes, sur une patte en drap du fond.

ART. 316. — PALETOT DE MOLLETON.

Modifications semblables à celles indiquées ci-dessus pour la capote.

ART. 317. — PÈLERINE.

Du modèle des officiers.

ART. 318. — TUNIQUE.

Le collet est orné d'une étoile à cinq branches du modèle décrit ci dessus pour la capote.

En tenue de ville et en grande tenue, les épaules sont garnies de pattes mobiles, en drap du fond, semblables, comme forme et dimensions, à celles des officiers d'administration subalternes des troupes coloniales. Elles sont encadrées, ainsi que le bouton fixé à la partie supérieure, d'une baguette en filé d'argent de 3^{mm} de largeur et ornées, dans l'axe du bouton, à 15^{mm} de la partie inférieure, d'une étoile à cinq branches semblable à celle du képi.

CHAPITRE II
Coiffure.

ART. 319. — KÉPI DE 1re TENUE.

Le képi de première tenue porte comme attribut, en remplacement de la grenade, une étoile à cinq branches dorée au bruni, surmontée d'une cocarde tricolore.

ART. 320. — KÉPI DE 2e TENUE.

Le képi de deuxième tenue est orné sur le bandeau d'une étoile à cinq branches, brodée en cannetille d'or mat.

CHAPITRE III
Équipement.

ART. 321. — BRODEQUINS NAPOLITAINS.

Du modèle général.

ART. 322 — CEINTURON ET DRAGONNE.

Des modèles en usage à l'école pour les élèves officiers d'administration des troupes métropolitaines.

CHAPITRE IV
Armement.

ART. 323. — ÉPÉE.

Du modèle général adopté pour les sous-officiers rengagés.
Les élèves reçoivent pour les exercices militaires l'armement du modèle des sections de commis et ouvriers militaires d'administration.

SOUS-OFFICIERS DE L'ARTILLERIE COLONIALE
ÉLÈVES OFFICIERS A L'ÉCOLE MILITAIRE DE L'ARTILLERIE
ET DU GÉNIE

La tenue des sous-officiers de l'artillerie coloniale, élèves officiers à l'École militaire de l'artillerie et du génie, confectionnée en drap de sous-officier rengagé, est semblable à celle des sous-officiers rengagés de l'arme, sauf les modifications qui suivent.

CHAPITRE PREMIER
Habillement

ART. — 324 — DOLMAN (Supprimé)

ART. 325. — MANTEAU.

Du modèle général des troupes à cheval.

Chaque angle du collet reçoit, sur un écusson en drap du fond, une grenade en or des dimensions du collet de la tunique.

Une soutache de grade, semblable à celle du dolman, est placée autour du bas de chaque manche, parallèlement et à 10^{mm} du bord supérieur du parement-botte; ses extrémités sont arrêtées dans la couture du parement.

ART. 326. — PANTALON D'ORDONNANCE.

Le pantalon est semblable, comme forme et confection, à celui des sous-officiers rengagés de l'arme.

Les bandes distinctives du pantalon sont rempliées en dessous et piquées sur leurs bords.

ART. 327 — PÈLERINE.

Du modèle des officiers.

ART. 327 *bis*. — TUNIQUE DE DRAP.

La tunique est semblable à celle des adjudants de l'arme, sauf les différences ci-après.

Brides de pattes d'épaules. — Du modèle adopté pour les sous-officiers rengagés des troupes d'artillerie.

Doublures. — La doublure du corsage et les poches de la tunique sont en satin de Chine noir ; les manches sont doublées en percaline croisée, de couleur mastic.

Pattes d'épaules. — Du modèle adopté pour les sous-officiers rengagés des troupes d'artillerie.

Marques distinctives. — Au-dessus des pattes rectangulaires des manches sont placées des boucles en soutache de 4^{mm} de largeur, mélangée de deux tiers d'argent et d'un tiers de soie rouge ; dimensions de la boucle : hauteur de l'extrémité supérieure à partir du bas de la manche 260^{mm}, largeur 45^{mm}. »

CHAPITRE II.

Coiffure.

ART. 328. — KÉPI DE 2e TENUE.

Le képi de deuxième tenue est du modèle attribué aux adjudants d'artillerie coloniale ; la soutache de grade est de même nature que celle de la tunique.

ART. 329. — KÉPI DE 1re TENUE

En grande tenue le devant du képi est orné :

1° D'un trophée en cuivre doré au mat et bruni, composé de deux canons croisés et d'une ancre surmontée d'une grenade, semblable comme forme et dimensions à celui des adjudants d'artillerie coloniale ; ce trophée est surmonté d'une cocarde en fer-blanc estampée (diamètre 45^{mm}) peinte aux couleurs nationales. La partie bleue de la cocarde a 20^{mm} de diamètre ; chacune de ses parties blanche et rouge 12^{mm}5.

La cocarde est fixée à l'attribut par quatre fils de laiton très doux (diamètre 1^{mm} environ) brasés deux à deux aux parties inférieure et supérieure de la flamme de la grenade et trouvant leur entrée dans deux trous pratiqués au bas de la cocarde ; ces fils d'une longueur de 12^{mm} environ se rabattent ensuite à droite et à gauche sur la cocarde pour la fixer solidement à la grenade.

Au sommet de cette cocarde, qui est tronquée de façon à affleurer le haut du turban, est brasé un crochet en fil de laiton destiné à fixer le haut de l'attribut sur le dessus du képi et à donner passage à la tige du pompon décrit ci-après.

A l'intersection des canons croisés est brasée sur une longueur de 5^{mm} environ une tige en fil de laiton, qui est rabattue en forme de crochet d'une longueur de 30^{mm} environ et s'engage dans le gousset porte-attribut en drap cousu sur le devant du képi ;

2° D'un pompon, du modèle des adjudants d'artillerie coloniale, de 37^{mm} de diamètre en cordonnet de 1$_m^m$5 de diamètre, formé d'un tiers de soie rouge et de deux tiers d'argent.

CHAPITRE III
Équipement.

Art. 330. — BRODEQUINS POUR TROUPES A CHEVAL.

Du modèle général.

Art. 330 *bis.* — ÉPERONS A TIGE.

Du modèle général.

Art. 331. — CEINTURON DE SABRE.

En cuir fauve ; la bélière en cuir verni.

Art. 332. — DRAGONNE.

Du modèle des adjudants d'artillerie coloniale.

CHAPITRE IV
Armement

Art. 333. — SABRE.

Sabre de cavalerie légère, modèle 1822.

Les élèves reçoivent, en outre du sabre pour la grande tenue et pour la tenue du jour, l'armement nécessaire pour leur instruction.

Tenue d'intérieur et d'exercice

La tenue d'intérieur et d'exercice des sous-officiers, élèves officier de l'artillerie coloniale, est la même que celle des sous-officiers élèves officiers de l'artillerie métropolitaine.

SOUS-OFFICIERS D'ARTILLERIE COLONIALE
ÉLÈVES OFFICIERS A L'ÉCOLE D'ADMINISTRATION DE VINCENNES

ART. 334 à 340. — (Supprimés).

SOUS-OFFICIERS RENGAGÉS D'INFANTERIE COLONIALE
TENUE DE VILLE (1).

CHAPITRE PREMIER.
Habillement.

ART. 341. — ÉPAULETTES.

L'épaulette, de couleur réglementaire, est confectionnée en mohair ; elle est montée sur un écusson composé : 1º d'une bande de cuir lissé bien ferme, de 2 à 3^{mm} d'épaisseur ; 2º d'une lamelle de cuivre de 2 à 3 dixièmes de millimètre d'épaisseur, placée sous le cuir et ayant une forme semblable, mais de dimensions moindres ; 3º d'une lamelle en bois mince, légèrement bombée placée sous la partie supérieure de l'écusson pour lui donner du relief. L'écusson est recouvert d'une étoffe tissée, façon à bâtons, à effet de trame, avec une chaîne coton ; la trame est en mohair.

Une boutonnière (longueur 22^{mm}) est tissée dans l'étoffe ; elle commence à 13 ou 14^{mm} de l'extrémité du corps de l'épaulette dont les anges forment deux pans coupés de 20^{mm} de longueur environ.

L'écusson de l'épaulette est entouré d'une grosse tournante rigide, en passementerie débordant sur les franges de l'écusson.

---

(1) Les sous-officiers rengagés sont autorisés à porter pendant les exercices à l'extérieur, conjointement avec la tenue d'ordonnace, la tenue de ville qui n'est plus susceptible d'être portée en ville.

Autour de cette tournante est enroulée une ganse (diamètre 1^{mm},5 environ), fabriquée avec âme en coton et recouverte en filé d'or, au titre de 990 millièmes, doré au 20 millièmes, les spirales de cette ganse sont espacées entre elles de 1^{mm}, de manière à laisser voir dans les intervalles deux petits cordonnets (largeur totale des cordonnets, 1^{mm}), en mohair de la couleur réglementaire. Le diamètre de cette tournante mesurée sur les ganses est de 10^{mm}.

Deux petites tournantes bordent cette première ; celle placée sur l'écusson est câblée à trois branches serrées (diamètre total 3^{mm}) d'une ganse en filé semblable à celle décrite ci-dessus et ayant la même grosseur de 1^{mm},5 ; l'autre, fixée en haut des franges, est câblée de la même façon (diamètre total, 2^{mm}) mais avec une ganse en filé n'ayant que 1^{mm} de grosseur.

La frange est en mohair retors de 15 bouts, mesurant 2^{mm}. L'intérieur de l'écusson est fortement rembourré avec de la filasse fine, à brins longs et bien élastiques, de manière à lui donner du relief, le dessous de l'écusson est entièrement doublé en drap bleu foncé mi-fin, du type admis pour les sous-officiers.

Le dessus de l'épaulette comporte au centimètre : 7 à 8 fils en chaîne, 28 à 30 fils doubles en trame. La couleur jaune est obtenue avec la gaude.

Dimensions de l'épaulette confectionnée

	1re taille.	2e taille.	3e taille.
Longueur du corps mesurée du sommet du corps à la naissance de l'écusson (environ)	0^{m}123	0^{m}118	0^{m}110
Largeur courante du corps (environ)	0.060	0.060	0.060
Écusson petit arc (non compris les tournantes) (environ)	0.054	0.054	0.054
Écusson grand arc (environ)	0.100	0.100	0.100
Hauteur apparente de la frange	0.110	0.110	0.110
Poids des franges par paires d'épaulettes	0^{k}100	0^{k}100	0^{k}100

ART. 342. — PALETOT DE MOLLETON.

Le paletot, confectionné en molleton bleu foncé fin, est semblable, comme forme et dimensions, à celui du modèle de la troupe, sauf les différences ci-après :

Collet. — Le collet (hauteur 40^{mm}), en drap du fond, est coupé carrément par devant et fermé par deux agrafes, les bords verticaux étant toutefois légèrement abattus (3^{mm} environ à leur partie supérieure), de manière à laisser au cou la liberté des mouvements lorsque le collet est agrafé. Une piqûre en soie court parallèlement à 3^{mm} de ses bords.

Le collet, doublé en drap du fond, reçoit à l'intérieur une bande de cuir lissé, très souple, d'une épaisseur de 2^{mm} environ. Sur la doublure et au milieu, est placé un ruban plat en soie noire (largeur 18^{mm}), rabattu tout autour et dont les extrémités arrivent à 15^{mm} des bords du collet.

Ce ruban sert à fixer cinq doubles boutons en métal blanc, arrêtés solidement par quelques points de couture, les deux premiers à 30^{mm} en arrière des bords verticaux du collet, les trois autres également espacés entre eux.

La tête apparente des cinq boutons est destinée à recevoir un col droit, en toile blanche, percé à sa partie inférieure d'un même nombre de boutonnières. Le col blanc, coupé carrément par devant, ne doit dépasser le collet du paletot, de tous côtés, que de 2^{mm} environ.

Chaque angle du collet est muni d'une patte en drap de sous-officier rengage bleu foncé, taillée en accolade à sa partie postérieure.

Les trois pointes de l'accolade sont en ligne droite et ses courbes ont une rentrée de 0^{m},005 environ. La hauteur de la patte est de 35^{mm}, sa longueur, mesurée suivant le grand axe, est de 65^{mm}.

Sur chacune de ces pattes est brodé, en soie rouge, un attribut, des dimensions ci-après :

Chiffre, hauteur 25^{mm}.
Ancre encâblée, hauteur 45^{mm}, largeur 25^{mm}.
Foudre, longueur 33^{mm}, hauteur 25^{mm} ;
Caducée, longueur 40^{mm}, hauteur 23^{mm}.
Étoile à cinq branches, diamètre 25^{mm}.

Brides d'épaulettes. — Sur chaque épaule est solidement fixée une bride en drap du fond, (longueur 100^{mm} largeur 20^{mm}), passepoilée d'un cordon écarlate, formant doublure à un galon façon cul-de-dé, (largeur 11^{mm}) qui la recouvre dans toute sa longueur. Ce galon, en or, est traversé au milieu, longitudinalement, par une raie en soie rouge, de 2^{mm}, tissée dans le métal.

Le petit bouton d'uniforme servant à arrêter les épaulettes est placé à environ 30^{mm} de la couture inférieure du collet et consolidé, en dessous, par une rondelle en drap du fond.

Patte de ceinturon. — Une patte, munie d'une boutonnière (longueur 90^{mm}, largeur 40^{mm} à sa base, 25^{mm} à hauteur de la boutonnière) est placée sur le côté gauche, à hauteur du creux de ceinture pour maintenir le ceinturon ; elle est fixée par un petit bouton d'uniforme consolidé par une rondelle de même cuir que celui du collet, cousue intérieurement.

Corsage. — Le dos, formé de deux pièces avec couture au milieu, est suffisamment ajusté pour dessiner légèrement la taille, et éviter les plis que peut produire le passage du ceinturon.

Le paletot se ferme droit devant au moyen de deux rangées de cinq boutons chacune. Les boutonnières sont passepoilées ; celle du haut est située à 30^{mm} du bord supérieur et celle du bas placée de façon que le bord inférieur du ceinturon s'appuie au-dessus du bouton corespondant ; à l'intérieur du vêtement, et sous chacun des derniers boutons d'uniforme est cousu un bouton d'os noir destiné à fixer intérieurement la partie cachée de l'effet.

Poches. — Deux poches, avec patte rentrante et sortante de même drap, sont ouvertes devant, de chaque côté de l'effet, et placées à 30 ou 40^{mm} au-dessus de la ceinture.

Une poche, dite de portefeuille, est pratiquée dans la doublure du vêtement à gauche.

Manches. — Les manches sont en deux morceaux, un dessus et un dessous ; elles sont légèrement cintrées à la saignée, et se terminent par un parement droit, en drap du fond, piqué à cordon sur son bord. Une fausse patte rectangulaire, en drap du fond, de 100^{mm} de longueur et de 40^{mm} de largeur, passepoilée en drap écarlate sur la partie arrière et aux deux extrémités et garnie de trois petits boutons d'uniforme, est appliquée à demeure sur le dessus de chaque manche et perpendiculairement et à partir du bord inférieur du parement.

Parementages. — Les parementages ont une hauteur de 70^{mm}.

Doublures. — Le corsage du vêtement est doublé en satin de Chine noir et résistant.

La doublure des manches est en percal mastic glacé ; celle des poches en croisé glacé noir.

Galons. — Les galons de grade et les soutaches d'ancienneté sont cousus sur les manches comme il est dit aux articles ci-après.

Boutons. — Les boutons sont du modèle en usage dans la troupe, toutefois ils sont formés d'une coquille en plaqué or, non dorée, sertie sur un culot en zinc à simple queue de cuivre rivée.

Piqûres. — Toutes les piqûres apparentes sont faites en soie.

ART. 343. — PANTALON.

Le pantalon, confectionné en drap gris de fer foncé de sous-officier rengagé, avec passepoil en drap fin écarlate, est conforme au pantalon d'ordonnance, sauf les modifications ci-après :

Brayette. — La brayette est fermée par quatre boutonnières percées dans une sous-patte en drap du fond, parementée en croisé de coton noir sur toute la hauteur de la fente ; cette sous-patte est adaptée sur le bord du devant de gauche également parementé, à cet endroit, de même tissu.

Au devant de droite est ajustée une languette en drap du fond, doublée à l'intérieur en croisé de coton mastic, portant quatre boutons correspondants, et, dans l'angle supérieur, une boutonnière qui se rattache à un bouton cousu sous la ceinture, à gauche.

Ceinture. — La ceinture, en drap du fond (hauteur devant 40^{mm}, aux hanches 45^{mm}, derrière 50^{mm}) est formée de deux bandes, chacune d'un seul morceau ; elle est entièrement doublée en croisé de coton mastic et renforcée d'une toile à doublure en coton sur toute la longueur. La ceinture est d'un seul morceau de chaque côté du pantalon. Le devant de gauche est percé, à 15^{mm} environ du bord supérieur, d'une boutonnière correspondant à un bouton placé sur le devant de droite et reçoit sur la couture une agrafe se composant d'un crochet et d'une porte en fil d'acier doux n° 13 entièrement nickelée. Les deux parties de la ceinture sont réunies derrière, par un soufflet triangulaire.

La ceinture, traversée par deux piqûres, une sur le bord supérieur, l'autre au milieu, reçoit, à 70^{mm} du devant droit, un gousset de montre en toile de coton (ouverture et profondeur 80^{mm}), dont l'ouverture est garnie d'une patte rectangulaire en drap du fond (longueur 80^{mm}, hauteur 20^{mm}).

La ceinture porte les boutons nécessaires à l'attache des bretelles.

Martingales. — Les martingales en drap du fond sont doublées en croisé de coton noir ; la martingale gauche porte une boucle rectangulaire à deux ardillons en fer verni noir. Un parementage en toile est appliqué en dedans du pantalon aux points d'arrêts des martingales.

Poches. — Sur chaque côté, à 0,040 de la ceinture, existe une poche de cuisse en toile de coton (hauteur totale 360^{mm}, plus grande largeur 180^{mm}, largeur près de la ceinture à laquelle elle se rattache 100^{mm}).

L'ouverture de la poche (180^{mm}) est parementée en drap du fond (largeur du côté qui touche la cuisse, 45^{mm}, du côté opposé, 30^{mm}). Le bord des ouvertures est piqué dans toute sa longueur, et, en arrière, une seconde piqûre, en forme de courbe, relie le parementage avec le dessus du pantalon. Les ouvertures des poches sont solidement bridées aux extrémités, qui sont consolidées, en outre ar deux petits morceaux de croisé de coton noir placés à l'intérieur du pantalon.

Doublures. — Immédiatement au-dessous de la doublure de la ceinture, et sur le derrière est placé un parementage, en croisé de coton mastic (hauteur 70^{mm}) s'arrêtant à la couture de côté du pantalon.

A l'intérieur du pantalon et à la suite des pattes qui forment la brayette sont fixées verticalement deux bandes de même croisé de coton (largeur apparente, 55^{mm} environ) partant de la ceinture pour se perdre sous la toile du fond.

Le fond du pantalon est garni d'un entre-jambes en croisé de coton mastic, composé de deux morceaux taillés en quart de cercle d'un rayon de 140^{mm} environ.

Le bas du pantalon est ourlé en dedans sur une hauteur de 35^{mm} environ et parementé, sur le devant, avec une toile de lin (longueur apparente à la base, 290^{mm} ; hauteur apparente au milieu, 50^{mm}) ; la courbe du parementage en toile est bordée d'une bande de croisé de coton noir (hauteur 10^{mm}).

Boutons. — Les boutons sont en fer verni noir à quatre trous du diamètre de ceux du pantalon actuel.

CHAPITRE II
Coiffure.

Art. 344. — KÉPI.

Le képi, en drap de sous-officier rengagé, est semblable comme aspect général au képi d'ordonnance, mais sa forme est plus élégante et sa confection plus soignée ; il présente, en outre, les différences ci-après.

Jugulaire. — Le devant du képi est garni d'une jugulaire dite à coulisse, en cuir verni noir (largeur 12^{mm}, longueur des coulants mesurée au milieu, 23^{mm}), dont les bandes et coulants sont bordés d'une soutache (largeur 2^{mm}), trois quarts métal doré et un quart soie rouge. Elle est fixée, de chaque côté du képi, par deux petits boutons d'uniforme (diamètre 10^{mm}), en métal doré.

Visière. — En cuir verni noir, unie et de même coupe que celle du képi d'ordonnance ; elle est doublée en maroquin vert et bordée d'un très petit jonc en cuir mince verni ; sa largeur au milieu est de 55^{mm} ; son développement extérieur est proportionné à la pointure.

Garniture intérieure. — Le képi est garni intérieurement d'une bande en toile gommée de la hauteur du bandeau et d'une coiffe (calot et pourtour) en croisé de coton noir ; une deuxième toile gommée maintient le devant entre les deux coutures de côté.

Le pourtour en basane noire fixé au bas du bandeau et à l'intérieur (épaisseur cinq à dix dixièmes de millimètre) mesure 0^m,040 de hauteur.

Le calot, de forme ovale, est monté sur cercle en acier.

Les dimensions principales de ce képi sont les suivantes :

Hauteur apparente . . . . {	devant	0^m,080
	derrière	0^m,120
Hauteur apparente du bandeau.		0^m,045
Diamètre du calot (taille moyenne) . {	longitudinal . . .	0^m,180
	latéral	0^m,160

Attribut. — Le bandeau porte sur son devant un attribut brodé en soie rouge des dimensions ci-après :

Ancre encablée, hauteur 0^m,025, largeur 0^m,018.

CHAPITRE III
Equipement

Art. 345. — ceinturon.

Le ceinturon est en galon mohair noir, façon dite à chevron, doublé en cuir noir. Il se compose d'une bande, d'une bélière et de deux feutres.

Bandes. — La bande est formée d'un galon mohair noir de 40^{mm} doublé en cuir noir. Sa longueur est proportionnelle à la taille de l'homme : 1re taille, 1^m,05 ; 2e taille, 1^m ; 3e taille, 0^m,95. A l'extrémité gauche de la bande est un D en cuivre cousu à demeure pour recevoir l'agrafe de la plaque ; à l'autre extrémité est fixée une plaque à pontet. Dans le pli que forme la bande engagée dans le pontet de la plaque est placé un verrou en cuivre (longueur 58^{mm}), destiné à fixer la bande à la longueur voulue.

Bélière. — La bélière est formée d'un galon mohair noir de 22^{mm} doublé en cuir noir. La longueur est de 330^{mm} environ, non compris les remplis d'enchapure de chaque bout ; le rempli du haut mesure environ 35^{mm} ; celui du bas 40^{mm}. La bélière s'enchape à la bande au moyen d'un système en cuivre (longueur 52^{mm}, largeur 22^{mm}), muni d'un crochet articulé, dit trousse sabre en cuivre (hauteur 45^{mm} environ), qui reçoit l'anneau du fourreau du sabre. L'enchapure de la bélière et du système se fait au moyen d'un bouton en cuivre à deux têtes (dont l'une bombée avec ancre de marine, et l'autre plate, diamètre de la tête 15^{mm}), et d'un D de même métal. Le système qui soutient la bélière s'enchape lui-même à la bande, au moyen d'un D en cuivre pris dans une enchapure en cuivre de la longueur de la bélière et solidement cousue au bord de la bande.

L'anneau du sabre est relié à la bélière par un porte-mousqueton en cuivre dont la partie supérieure s'enchape dans la bélière, au moyen d'un bouton à deux têtes en cuivre semblable à celui du haut.

Quatre boutonnières tissées dans le galon de la bélière permettent le passage des deux boutons à deux têtes dont il est question ci-dessus.

Feutres. — Ils servent à préserver le vêtement du frottement de la coquille du sabre et de la plaque de ceinturon ; ils sont en cuir noir ciré et cousus à la bande.

Le premier déborde par devant de 40^{mm} environ la bélière sous laquelle il passe. Sa longueur près de la bande est de 160^{mm} et son bord inférieur présente une courbe dont la plus grande distance à la bande est de 66^{mm}. Il est percé d'une entaille (largeur 45^{mm}) pour le passage de la patte de ceinturon.

Le deuxième, fixé à l'extrémité gauche de la bande, sous le D, dépasse la bande d'environ 65^{mm}. Il est taillé en pointe ; sa largeur la plus grande est de 60^{mm}.

Plaque. — La plaque est en cuivre, estampée en relief d'un écusson avec une ancre entourée de rameaux de chêne et de laurier. Hauteur de la plaque : 61^{mm}, largeur : 47^{mm} ; largeur extérieure : 13^{mm}.

Toutes les garnitures sont dorées au mat et brunies.

ART. 346. — CHAUSSURES.

Les sous-officiers rengagés ou commissionnés portent, en tenue de ville, des chaussures en cuir ciré ne présentant ni boutons, ni piqûres, ni lacets apparents.

CHAPITRE IV.

Armement.

ART. 347. — ÉPÉE MODÈLE 1887.

Lame. — Droite, triangulaire, à pans évidés dans toute sa longueur ; longueur 810^{mm}.

Monture. — Analogue, quant à la forme, à celle de l'épée de sous-officier du génie, modèle 1884 La poignée, la garde et les deux coquilles fixes sont d'une seule pièce en bronze blanc de nickel. La poignée est ornée d'un filigrane venu de fonte avec elle. Le pommeau et l'écrou en même métal.

La coquille de la garde de l'épée est ornée d'une grenade en métal doré.

L'écrou vissé sur la soie de la lame sert à assembler celle-ci avec la monture.

La cravate en buffle.

Fourreau. — Le corps du fourreau en tôle d'acier, le bracelet mobile et son anneau. Le dard à deux branches d'égale longueur. La cuvette, son fond, ses battes.

Poids	Sans fourreau.	0k700
	Avec fourreau.	1.010

L'épée se porte au crochet, la poignée en arrière et le bout en avant, la bélière faisant un tour autour du fourreau.

L'épée ne doit jamais traîner à terre, ni être portée sous le bras.

SOUS-OFFICIERS RENGAGÉS DE L'ARTILLERIE COLONIALE
TENUE DE VILLE (1).

CHAPITRE PREMIER.
Habillement.

ART. 348. — DOLMAN (Supprimé).

ART. 349. — PANTALON

Le pantalon, confectionné en drap de sous-officier rengagé bleu foncé, avec bandes et passepoils écarlates en drap de sous-officier rengagé, est semblable au pantalon d'ordonnance, sauf les modifications ci-après :

Brayette. — La brayette est fermée par quatre boutonnières percées dans une sous-patte en drap du fond, paramentée en croisé de coton noir sur toute la hauteur de la fente ; cette sous-patte est adaptée sous le bord du devant de gauche également paramenté, à cet endroit, de même tissu.

Au devant de droite, est ajustée une languette en drap du fond, doublée à l'intérieur en croisé de coton mastic, portant quatre boutons correspondants, et, dans l'angle supérieur, une boutonnière qui se rattache à un bouton cousu sous la ceinture à gauche.

---

(1) Les sous-officiers rengagés sont autorisés à porter pendant les exercices à l'extérieur, conjointement avec la tenue d'ordonnance, la tenue de ville qui n'est plus susceptible d'être portée en ville.

Ceinture — La ceinture, en drap du fond (hauteur devant 40^{mm}, aux hanches 45^{mm}, derrière 50^{mm}), est formée de deux bandes, chacune d'un seul morceau ; elle est entièrement doublée en croisé de coton mastic, et renforcée d'une toile à doublure en coton sur toute la longueur. Le devant de gauche est percé, à 20^{mm} du bord supérieur, d'une boutonnière correspondant à un bouton placé sur le devant de droite, et reçoit sur la couture une agrafe se composant d'un crochet et d'une porte en fil d'acier doux n° 13 entièrement nickelé.

Les deux parties de la ceinture sont réunies derrière par un soufflet triangulaire.

La ceinture, traversée par deux piqûres, une sur le bord supérieur, l'autre au milieu, reçoit à 70^{mm} du devant droit un gousset de montre en toile de coton (ouverture et profondeur 80^{mm}), dont l'ouverture est garnie d'une patte rectangulaire en drap du fond (longueur 80^{mm}, hauteur 20^{mm}).

La ceinture porte les boutons nécessaires à l'attache des bretelles.

Martingales. — Les martingales, en drap du fond, sont doublées en croisé de coton mastic ; la martingale gauche porte une boucle rectangulaire à deux ardillons en fer verni noir. Un parementage en toile est appliqué en dedans du pantalon aux points d'arrêt des martingales.

Poches. — Sur chaque côté à 0^{mm},040 environ de la ceinture existe une poche de cuisse en toile de coton (hauteur totale 360^{mm} plus grande largeur 180^m_m ; largeur près de la ceinture à laquelle elle se rattache 100^{mm}).

L'ouverture de la poche (180^{mm}) est paramenté en drap du fond (largeur du côté qui touche la cuisse 45^{mm}, du côté opposé 30^{mm}). Le bord des ouvertures est piqué dans toute sa longueur, et, en arrière, une seconde piqûre, en forme de courbe, relie le parementage avec le dessus du pantalon. Les ouvertures des poches sont solidement bridées aux extrémités, qui sont consolidées, en outre, par deux petits morceaux de croisé de coton noir placés à l'intérieur du pantalon.

Doublures. — Immédiatement au-dessous de la doublure de la ceinture et sur le derrière, est placée un parementage en croisé de coton mastic (hauteur 70^{mm}) s'arrêtant à la couture de côté du pantalon.

A l'intérieur du pantalon et à la suite des pattes qui forment la brayette, sont fixées verticalement deux bandes de même croisé de coton (largeur apparente 55^{mm} environ), partant de la ceinture pour se perdre sous la toile du fond.

Le fond du pantalon est garni d'un entre-jambes en croisé de coton mastic, composé de deux morceaux taillés en quart de cercle d'un rayon de 140$_{mm}$ environ.

Le bas du pantalon est ourlé en dedans sur une hauteur de 35^{mm} environ et paremenlé, sur le devant, avec une toile de lin (longueur apparente à la base 290^{mm}, hauteur apparente au milieu 50^{mm}) ; la courbe du parementage en toile est bordée d'une bande de croisé de coton noir (hauteur 10^{mm}).

Sur le milieu et à l'intérieur du rempli du bas du pantalon des sous-officiers montés, est cousue une bande de croisé de coton noir (largeur 10^{mm}) pour consolider l'attache des boutons de sous-pieds en veau noirci (largeur 40^{mm}; longueur 195^{mm}) qui sont fixés de chaque côté à l'aide d'un bouton en fer verni noir.

On tolère à l'enfourchure de petites pointes de drap.

Boutons. — Les boutons sont en fer verni noir à quatre trous, du diamètre de ceux du pantalon actuel.

Art. 349 *bis*. — tunique de drap.

La tunique, confectionnée en drap de sous-officier rengagé bleu foncé, est semblable, comme forme et dimensions, à celle du modèle général, sauf les différences ci-après :

Collet. — Les bords verticaux sont légèrement abattus (3^{mm} environ) à leur partie supérieure, de manière à laisser au cou la liberté des mouvements lorsque le collet est agrafé. Sur chacune des pattes est brodée une grenade en soie rouge (longueur 50^{mm}, hauteur 30^{mm}).

Brides de pattes d'épaules. — Sur chaque épaule est solidement fixée une bride en drap du fond (longueur environ 90^{mm}, largeur 15^{mm}) formant doublure et passepoil à un galon en or façon cul-de-dé (largeur 11^{mm}) qui le recouvre dans toute sa longueur ; ce galon est traversé au milieu, longitudinalement, par une raie écarlate de 1^{mm},5 tissée dans le métal.

Boutons. — Du modèle de l'arme mais plaqués en or.

Doublures. — Le corsage (y compris la partie intérieure) et les manches sont doublés en croisé de coton mastic.

Galons. — Du grade, et posés comme il est indiqué à l'article 111 § 5.

Pattes d'épaules. — En mohair, semblables comme nuance, forme et dimensions, à celles des adjudants ; elles sont portées en tenue de ville.

CHAPITRE II

Coiffure.

ART. 350. — KÉPI.

Le képi, en drap de sous-officier rengagé, est semblable comme aspect général au képi d'ordonnance, mais sa forme est plus élégante et sa confection plus soignée ; il présente, en outre, les différences ci-après.

Visière. — En cuir verni noir et de la même coupe que celle du képi d'ordonnance ; elle est doublée en maroquin vert et bordée d'un très petit jonc en cuir mince verni ; elle doit être inclinée de 30 degrés au-dessous de l'horizon.

Ventouses. — Deux ventouses en tombac, peintes de la couleur du turban et du même diamètre que celles du modèle actuel, sont fixées en avant des passepoils latéraux du turban pour se rabattre à l'intérieur du képi.

Garniture intérieure. — Le képi est garni intérieurement d'une bande de toile gommée de la hauteur du bandeau et d'une coiffe (calot et pourtour) en croisé de coton noir ; une deuxième toile gommée maintient le devant entre les deux coutures de côté.

Le pourtour en basane noire fixé au bas du bandeau et à l'intérieur (épaisseur cinq à dix dixièmes de millimètre) mesure 0^m,040 de hauteur.

Le calot, de forme ovale, est monté sur cercle en acier.

Les dimensions principales de ce képi sont les suivantes :

Hauteur apparente.	{ devant	0^m,086
	{ derrière	0^m,120
Hauteur apparente du bandeau.		0^m,045
Diamètre du calot (taille moyenne).	{ longitudinal	0^m,180
	{ latéral	0^m,160

Le képi ne porte ni pompon ni attribut en métal. Le bandeau est orné d'une grenade brodée en soie rouge pour les régiments et la compagnie d'artificiers, et d'un numéro également brodé en soie rouge pour les compagnies d'ouvriers.

CHAPITRE III
Équipement.

Art. 350 *bis*. — CHAUSSURES.

Les sous-officiers rengagés ou commissionnés portent, en tenue de ville, des chaussures en cuir ciré ne présentant ni boutons, ni piqûres, ni lacets apparents.

Ces chaussures ne sont pas munies d'éperons.

MAITRES OUVRIERS DE L'ARTILLERIE COLONIALE
Art. 351 à 357 (Supprimés).

INFIRMIERS MILITAIRES DES TROUPES COLONIALES.

Le personnel français de la section d'infirmiers militaires des troupes coloniales est habillé, équipé et armé, comme les troupes d'infanterie coloniale, sauf les modifications suivantes :

CHAPITRE PREMIER.
Habillement.

Art. 358. — CAPOTE.

Le collet de la capote porte, cousu à chacun de ses angles, en remplacement du numéro, un attribut brodé en fil rouge sur une patte en drap du fond (hauteur 35^{mm} longueur 65^{mm}). Cet attribut représente un serpent contourné sur un bâton entouré de deux branches, l'une de chêne, l'autre de laurier (longueur de la broderie 40 ^{mm} hauteur 30 ^{mm}).

Pour les adjudants, l'attribut du collet est brodé en cannetille d'or mat ; ses dimensions sont de 35^{mm} de largeur sur une hauteur maximum de 25^{mm}.

ART. 359. — PALETOT DE MOLLETON.

Les angles du collet sont ornés de l'attribut indiqué à l'article ci-dessus, brodé sur une patte en drap de soldat bleu foncé (longueur 65^{mm}, hauteur 35^{mm}) du modèle décrit pour le paletot de molleton de l'infanterie coloniale.

ART. 360. — PALETOT DE TOILE BLANCHE ET KAKI.

Les angles du collet sont ornés de l'attribut, indiqué à l'article ci-dessus, qui est fixé sur une patte mobile.

ART. 361. — TUNIQUE.

Pour les adjudants, les angles du collet sont ornés d'un attribut brodé en cannetille d'or mat de 35^{mm} de largeur, sur une hauteur maximum de 25^{mm}.

En grande tenue, les épaules sont ornées de pattes brodées en argent du modèle décrit pour les stagiaires officiers d'administration d'artillerie coloniale.

La tenue journalière ne comporte ni pattes ni brides.

CHAPITRE II.
Coiffure.

ART. 362. — CASQUE COLONIAL.

Du modèle général, avec l'attribut décrit à l'article 204 pour les médecins. Il est en cuivre pour les hommes de troupe et doré pour les adjudants.

ART. 363. — KÉPI DE 2ᵉ TENUE.

Le bandeau reçoit un ancre encablée identique à celle décrite pour le képi de l'infanterie coloniale.

Le képi des adjudants porte, sur le bandeau, le même attribut brodé en cannetille d'or mat.

ART. 364. — KÉPI DE 1ʳᵉ TENUE.

Le képi de première tenue des adjudants reçoit un attribut en cuivre doré au mat et bruni, du modèle décrit à l'article 204 pour les médecins.

CHAPITRE III.
Equipement.

Art. 364 *bis*. — CEINTURON ET DRAGONNE

Les adjudants ont le ceinturon et la dragonne des modèles adoptés pour les stagiaires officiers d'administration d'artillerie coloniale.

CHAPITRE IV.
Armement.

Art. 364 *ter*. — ÉPÉE.

Modèle 1884.

SECRÉTAIRES ET OUVRIERS MILITAIRES DE L'INTENDANCE DES TROUPES COLONIALES.

Le personnel français de la section de secrétaires et d'ouvriers militaires de l'Intendance des troupes coloniales est habillé, armé et équipé comme les troupes d'infanterie coloniale, hors en ce qui suit :

CHAPITRE PREMIER.
Habillement.

Art. 365. — CAPOTE.

Le collet de la capote porte cousue à chacun de ses angles, en remplacement du numéro une étoile à cinq branches d'un diamètre de 25^{mm}.

Cet attribut est de drap rouge découpé, cousu sur une patte en drap du fond (hauteur 35^{mm}, longueur 65^{mm}) pour tous les hommes de troupe à l'exception des adjudants ; pour ces derniers, l'attribut est brodé en filé d'or.

Art. 366. — PALETOT DE MOLLETON.

Les angles du collet sont ornés de l'attribut indiqué ci-dessus, cousu sur une patte en drap de soldat bleu foncé (longueur 65^{mm}, hauteur 35^{mm}) du modèle décrit pour le paletot de molleton de l'infanterie coloniale.

Art. 367. — PALETOT DE TOILE BLANCHE ET KAKI.

L'attribut ci-dessus du collet est fixé sur une patte mobile du modèle adopté pour les troupes d'infanterie coloniale.

Art. 368. — TUNIQUE DES ADJUDANTS.

Les angles du collet de la tunique des adjudants sont ornés de l'attribut indiqué ci-dessus et brodé en filé d'or.

En grande tenue, les épaules sont ornées de pattes brodées en argent du modèle décrit pour les stagiaires officiers d'administration d'artillerie coloniale.

La tenue journalière ne comporte ni pattes ni brides.

CHAPITRE II
Coiffure.

Art. 369. — CASQUE COLONIAL.

L'attribut de l'infanterie coloniale est remplacé par une étoile de laiton à cinq branches estampée en relief, du diamètre de 46^{mm} et légèrement incurvée de façon à épouser la forme de la coiffure. Pour les adjudants, cette étoile est dorée au mat et brunie.

Art. 370 — KÉPI DE 2e TENUE.

Le bandeau reçoit une ancre encablée identique à celle décrite pour le képi de l'infanterie coloniale.

Le képi des adjudants porte, sur le bandeau, le même attribut brodé en filé d'or.

Art. 371. — KÉPI DE 1re TENUE.

Le képi de 1re tenue des adjudants reçoit un attribut en cuivre doré au mat et bruni du modèle décrit à l'article 369 ci-dessus pour le casque colonial.

TITRE IV

CHAPITRE III.
Équipement.

ART 371 *bis*. — CEINTURON ET DRAGONNE.

Les adjudants ont le ceinturon et la dragonne des modèles adoptés pour les stagiaires officiers d'administration d'artillerie coloniale.

CHAPITRE IV
Armement.

ART. 371 *ter*. — ÉPÉE.

Modèle 1884.

SECRÉTAIRES D'ÉTAT-MAJOR DES TROUPES COLONIALES

Le personnel de la section des secrétaires d'état-major des troupes coloniales est habillé armé et équipé comme les troupes d'infanterie coloniale, hors en ce qui suit :

CHAPITRE Ier
Habillement.

ART. 371⁴. — CAPOTE.

Le collet de la capote porte à chacun de ses angles, sur une patte en drap du fond (hauteur 35^{mm}, longueur 65^{mm}), un foudre sans bombe, brodé en fil rouge (hauteur de la broderie 30^{mm}, longueur 50^{mm}).

ART. 371⁵. — PALETOT DE MOLLETON.

Les angles du collet sont ornés de l'attribut indiqué ci-dessus, brodé sur une patte en drap de soldat bleu foncé, (longueur 65^{mm} hauteur 35^{mm}) du modèle décrit pour le paletot de molleton de l'infanterie coloniale.

Art. 371⁶. — PALETOT DE TOILE BLANCHE ET KAKI.

L'attribut ci-dessus du collet est fixé sur une patte mobile du modèle adopté pour l'infanterie coloniale.

Art. 371⁷. — TUNIQUE DES ADJUDANTS

Les angles du collet sont ornés de l'attribut indiqué ci-dessus et brodé en filé d'or.

En grande tenue, les épaules sont ornées de pattes brodées en argent du modèle décrit pour les stagiaires officiers d'administration d'artillerie coloniale.

La tenue journalière ne comporte ni pattes ni brides.

Art. 371⁷ *bis*. — KÉPI.

Le bandeau reçoit une ancre encablée identique à celle décrite pour le képi de l'infanterie coloniale.

CHAPITRE II.
Équipement.

Art. 371⁸. — CEINTURON ET DRAGONNE.

Les adjudants ont le ceinturon et la dragonne des modèles adoptés pour les stagiaires officiers d'administration d'artillerie coloniale.

CHAPITRE III.
Armement.

Art. 371⁹. — ÉPÉE.

Modèle 1884.

VÉLOCIPÉDISTES

Art. 372. — ATTRIBUT.

Les vélocipédistes portent un attribut général, signe distinctif de leur emploi et des attributs spéciaux ainsi que des numéros permettant de reconnaître le quartier général (État-major ou Services) ou le corps de troupe auquel ils appartiennent.

Attribut général. — L'attribut général consiste en un vélocipède cousu sur chacun des revers du collet de la vareuse.

Pour les caporaux et soldats, le vélocipède est en drap de sous-officier (écarlate) découpé à l'emporte-pièce.

Le vélocipède a les dimensions suivantes :

Longueur totale	0ᵐ050
Hauteur (gouvernail compris)	0.035

Pour les sous-officiers, le vélocipède est des mêmes dimensions, mais il est brodé en filé d'or au passé, sans aucune paillette ni cannetille sur drap du fond de la vareuse ; il est cousu en soie comme les galons d'or.

Attributs spéciaux et numéros. — Les attributs spéciaux et les numéros dont le détail est donné ci-dessous varient suivant les affectations des vélocipédistes ; ils sont en drap de sous-officier, découpés à l'emporte-pièce pour les sous-officiers, caporaux et soldats et cousus sur un brassard.

Le brassard en drap de couleur du fond se porte au bras gauche et se fixe au vêtement au moyen d'une boucle placée en dessous. Deux brides en drap du fond, doublure *idem*, sont adaptées de chaque côté de la manche pour empêcher le brassard de glisser et de se perdre.

Longueur totale du brassard	0ᵐ450
Largeur au milieu	0.080
Largeur aux extrémités	0.030

1° Vélocipédistes affectés aux éléments du quartier général du corps d'armée des troupes coloniales :

Attribut général. — Vélocipède en drap écarlate pour les caporaux et soldats, en or pour les sous-officiers.

Attribut spécial. — Une ancre de 40ᵐᵐ en drap écarlate ;

2° Vélocipédistes affectés aux éléments d'un quartier général de division d'infanterie coloniale :

Attribut général. — Vélocipède en drap écarlate pour les caporaux et soldats, en or pour les sous-officiers.

Attribut spécial et numéro. — Une ancre de 30^{mm} en drap écarlate ; sous cette ancre, le numéro de la division en chiffres romains de 25^{mm} en drap écarlate ;

3° **Vélocipédistes affectés à l'état-major d'une brigade d'infanterie coloniale :**

Attribut général. — Vélocipède en drap écarlate pour les caporaux et soldats, en or pour les sous-officiers.

Attribut spécial et numéro. — Une ancre de 25^{mm} en drap écarlate ; sous cette ancre, le numéro de la division en chiffres romains de 20^{mm} en drap écarlate ; au-dessous du numéro de la division, le numéro de la brigade dans la division en chiffres arabes de 20^{mm} en drap écarlate ;

4° **Vélocipédistes affectés à un régiment d'infanterie coloniale :**

Attribut général — Vélocipède en drap écarlate pour les caporaux et soldats, en or pour les sous-officiers.

Attribut spécial et numéro. — Une ancre de 25^{mm} en drap écarlate ; sous cette ancre, le numéro du régiment en chiffres arabes de 20^{mm} en drap écarlate.

ART. 373. — HABILLEMENT ET ÉQUIPEMENT DES VÉLOCIPÉDISTES.

L'habillement des vélocipédistes de tous les états-majors, corps de troupe et services, comporte les effets indiqués ci-après :

1° Collet-manteau en drap, du modèle décrit à l'article 218 ci-dessus ;

2° Vareuse dolman en molleton, du modèle des chasseurs alpins, avec attribut-général sur le collet (vélocipède).

Brassard en drap de la couleur du fond de la vareuse, avec attribut spécial et numéro ; boutons et insignes de grade du modèle de l'infanterie coloniale ;

3° Jersey, du modèle des chasseurs alpins ;

4° Pantalon gris de fer bleuté, du modèle de l'infanterie coloniale ;

5° Ceinture de laine, du modèle des chasseurs alpins ;

6° Képi, du modèle de l'infanterie coloniale.

Les vélocipédistes sont pourvus des effets de linge réglementaires

Toutefois, ils ont en plus une cravate de rechange et leurs deux chemises sont en flanelle de coton avec col droit.

Chaque vélocipédiste est pourvu des effets de chaussures du soldat d'infanterie, et en plus d'une paire de bandes molletières en laine en usage dans les troupes alpines.

L'équipement comprend :

1° L'étui-musette modèle réglementaire ;

2° Un sac à dépêches ;

3° La cartouchière, du modèle de la cavalerie, maintenue par une courroie-ceinture qui n'est autre que le ceinturon du modèle général de la cavalerie sans bélière ni crochet trousse-sabre.

4° Le petit bidon avec quart adhérent, du modèle de la cavalerie ;

5° Le havresac, du modèle réglementaire pour les troupes à pied ; cet objet est porté sur les voitures ;

6° Une gaine en cuir pour le port de la carabine arrimée sur la machine.

7° Une courroie de sautoir.

Les dispositions qui précèdent, relatives à l'habillement, à l'équipement ne s'appliquent qu'aux hommes définitivement affectés comme vélocipédistes et convoqués pour les manœuvres d'automne ou en cas de mobilisation.

Dans tous les autres cas, les hommes employés comme vélocipédistes conservent la tenue de leur corps. Ils montent sans armes.

Les pantalons des vélocipédistes sont munis, par les soins du corps, avant leur mise en service, d'un fond rapporté, conformément à l'instruction ci-après :

Découdre la couture du montage du pantalon, les deux coutures d'entre-jambes ainsi que la doublure du fond. Presser le tout. Poser le fond, à bord ouvert, au moyen de deux piqûres à la soie placées, l'une à $0^m,001$ du bord, l'autre à $0^m,005$. Refaire, après glaçage, les coutures d'entre-jambes et du montage du pantalon. Recoudre la doublure du fond.

Dimensions du fond rapporté :

Largeur	$0^m,44$
Hauteur	$0^m,24$
Distance de la fourche	$0^m,23$
Allocation de drap en 140 (drap du fond)	$0^m,13$

ART. 374. — SAC A DÉPÊCHES POUR VÉLOCIPÉDISTES.

Se compose de quatre parties principales :
1° Un devant ;
2° Un dos formant patelette ;
3° Un soufflet ;
4° Une courroie de suspension en trois parties.

Le devant est formé par un rectangle de toile noire imperméable légèrement arrondi à ses angles inférieurs. A sa base, et à 85ᵐᵐ environ du bord latéral, est cousue de chaque côté une enchapure en cuir de vache noir ciré sur chair, de 20ᵐᵐ de largeur, dont l'extrémité arrive à 70ᵐᵐ environ du bord inférieur du devant.

Les enchapures sont, à leur extrémité inférieure prises dans la bordure du devant ; elles sont munies d'une boucle à rouleau et ardillon en fer verni noir et d'un passant fixe de même cuir. Largeur du passant 12ᵐᵐ.

Le dos est constitué également par un rectangle de même toile, légèrement arrondi à tous ses angles. La partie supérieure formant patelette se rabattant sur le devant est munie de deux contre-sanglons correspondant aux deux boucles fixées sur le devant et à la même distance des bords latéraux.

Leur extrémité cousue, légèrement arrondie, est à 60ᵐᵐ environ du bord de la patelette ; leur extrémité libre est percée de trois trous d'ardillons distants entre eux d'environ 20ᵐᵐ de centre à centre, le premier étant à 45ᵐᵐ du bout. Sur le derrière du sac sont cousus, à 60ᵐᵐ environ du bord inférieur et à 100ᵐᵐ environ des bords latéraux, deux passants fixes pour le passage du ceinturon. L'intervalle entre leurs deux parties cousues est de 60ᵐᵐ environ.

Une alèze en cuir (épaisseur à la base de 3ᵐᵐ) correspondant à chaque couture empêche l'excès d'adhérence du passant au sac et facilite ainsi le passage du ceinturon.

Le soufflet qui réunit le devant et le dos du sac est formé d'une bande de même toile que ceux-ci, de 80ᵐᵐ environ de largeur et se termine en oreillons dépassant le devant du sac de 60ᵐᵐ environ (mesure prise sur la patelette).

Les trois parties consécutives qui précèdent, devant, dos et soufflet, sont garnies sur tout leur pourtour d'une bordure en cuir semblable à celle employée pour la bordure du havresac ; le dos et le soufflet comportent une doublure en toile de lin.

Pour donner plus de rigidité au devant du sac, la doublure correspondant à cette partie de l'effet est constituée par deux toiles réunies par un encollage. A l'intérieur du sac sur la face interne du dos est ménagé un compartiment destiné à renfermer les plis importants de petite dimension ; ce compartiment, dont l'ouverture vient affleurer la partie supérieure du devant, est constitué par un rectangle de carton recouvert de toile de lin collée sur ses deux faces et un soufflet qui est la continuation de la double toile cousue au dos du sac à points de sellier, à la main ou à la machine.

Le soufflet comporte trois passants fixes, deux latéraux et un inférieur pour le passage de la courroie de sûreté ; la longueur de ces passants correspond à la largeur du soufflet ; ils sont pris de chaque côté dans la bordure, leur largeur est de 20^{mm}, deux coutures parallèles distantes entre elles de 20^{mm} réservent au milieu de ces passants un passage pour la courroie de sûreté. Les deux passants latéraux sont distants de l'extrémité du soufflet de 155^{mm} (mesure prise sur la patelette) ; le passant inférieur est placé au milieu de la base du soufflet.

Outre ces trois passants, le soufflet comporte de chaque côté, à la hauteur des oreillons et disposée longitudinalement, une enchapure avec dé en fer verni noir pour le passage de la courroie de sûreté et de la courroie de suspension ; l'extrémité opposée à l'enchapure est arrondie, cousue au milieu du soufflet et renforcée à l'intérieur par un morceau de cuir mince semblable à celui de la bordure.

La courroie de suspension se compose de trois pièces : 1° une courroie de sûreté, entourant les bords inférieurs et latéraux du sac, est maintenue par les passants et les dés fixés sur le soufflet ; elle est percée d'une fente de 25^{mm}, à 20^{mm} de chacune de ses extrémités ; 2° un boucleteau ; 3° une courroie faisant l'office de contre-sanglon ; ces deux dernières pièces constituant la courroie de suspension proprement dite.

Les extrémités de ces deux pièces s'engagent de dehors en dedans dans les dés placés sur le soufflet, au moyen de deux boutonnières de 25^{mm} de longueur réunies par un double bouton en cuivre. Ce bouton double pénètre également dans la fente pratiquée dans la courroie de sûreté ; l'extrémité supérieure de la courroie formant contre-sanglon est percée de sept trous d'ardillons : le premier à 75^{mm} du bout, les autres distants entre eux de 25^{mm} de centre en centre. Ce contre-sanglon vient s'engager dans la boucle qui termine la courroie formant boucleteau, muni d'un passant fixe de 14^{mm} de largeur, ce qui permet ainsi le port du sac en bandoulière.

La toile noircie imperméable et la toile à doublure en lin sont semblables à celles employées pour la confection du havresac. La largeur des boucles à rouleau et des dés en fer est la même que celle des contre-sanglons qu'ils reçoivent. Toutes les coutures sont faites au fil poissé comme au modèle type.

Dimensions :

Devant, bordure comprise	Hauteur	0^{m}260
	Largeur	0 380
Dos formant patelette (bordure comprise)	Longueur	0 500
	Largeur	0 380
Soufflet	Longueur développée, mesure prise sur le dos	1 »
	Longueur développée, mesure prise sur le devant	0 880
Oreillons	Développement du dos, au devant	0 115
Contre-sanglons de patelettes	Longueur totale	0 155
Passants de ceinturon	Longueur totale	0 128
	Largeur	0 024
Enchapure des dés	Longueur apparente	0 080
	Largeur	0 025
	Longueur de l'enchapure, taillée en pointe	0 04)
Courroie de sûreté	Longueur totale	1 060
	Largeur	0 024
Courroie de suspension	Longueur du boucleteau (boucle non comprise)	0 350
	Longueur du contre-sanglon	1 110
	Largeur	0 024
	Distance de la 1re boutonnière à l'extrémité de la courroie	0 020
	Distance de la 2e boutonnière à l'extrémité de la courroie	0 095
Compartiment intérieur	Largeur	0 240
	Profondeur	0 180

TITRE IV

EFFETS DE GYMNASE.

ART. 375. — CEINTURE DE GYMNASE.

En tissu de fil dit « de surfaix », largeur 135mm environ. Le tissu est partagé en quatre raies rouges ayant 20mm environ de largeur et de trois raies grises ou blanches de 15mm environ ; elle est doublée en treillis.

La longueur de la ceinture varie suivant la taille.

Ses extrémités sont garnies de basanes qui doivent former recouvrement de 100mm environ et de 20mm environ en dessous.

A une des extrémités sont adaptés deux contre-sanglons en fort cuir ayant 180mm environ de longueur apparente sur 30mm de largeur, percés de quatre trous pour recevoir les ardillons de la boucle. Le premier de ces trous est percé à l'emporte-pièce à environ 60mm de la patte transversale ; une patte du même cuir, ayant de 30 à 35mm de largeur, est fixée sur les houts de ces contre-sanglons, en travers et dans toute la largeur de la ceinture ; elle reçoit un anneau en fer étamé de 40mm environ de diamètre et de 5mm d'épaisseur.

A l'autre extrémité sont fixées deux boucles à rouleau avec ardillons. Ces boucles, en fer rond étamé de 20 à 23mm de hauteur sur 30mm de largeur dans œuvre, sont garnies d'une enchapure et de passants en cuir engagés sous la basane de recouvrement où ils sont fixés par deux fortes coutures.

Toutes les coutures doivent être faites avec du fil poissé.

ART. 376. — PANTALON DE GYMNASE.

Ce pantalon étant le même que le pantalon de travail pour toutes armes, les corps devront se reporter à la description de ce dernier effet.

ART. 377. — VESTE DE GYMNASE.

La veste est en treillis. Elle est entièrement doublée en toile de lin. Sa longueur est telle que son bord inférieur descend à 80mm au-dessous des hanches et à 150mm au-dessous de la taille.

Les devants croisent l'un sur l'autre au moyen de deux rangées chacune de cinq boutons d'os blancs à trous. Ces rangées sont écartées l'une de l'autre de 140mm environ en haut, de 160mm environ au milieu et de 90ᵐᵐ environ au bas. Le collet (hauteur 30ᵐᵐ) est à angles droits, avec une échancrure de 10ᵐᵐ de chaque côté ; il est doublé en treillis.

En haut du revers et à partir de la naissance du collet, est pratiqué un suçon de 100ᵐᵐ environ de longueur.

Les manches sont en deux morceaux, sans parements ni fente sur le côté.

Elles mesurent (en largeur) en haut 230ᵐᵐ, à la saignée 210ᵐᵐ ; au bas 150ᵐᵐ. Les bords de l'ouverture inférieure sont piqués.

Sous l'emmanchure et sur la pièce de devant est pratiquée une ouverture d'environ 110ᵐᵐ de longueur, repliée et piquée sur ses bords et solidement bridée à ses extrémités.

Cette veste doit être ample, en raison du retrait que le tissu peut subir au lavage.

EFFETS DE NATATION.

Art. 378. — CALEÇON DE BAIN.

Le caleçon de bain est confectionné en toile de coton écru. Il est fait de deux pièces formant chacune une jambe du caleçon, réunies au moyen d'une couture piquée. Le haut du caleçon est replié sur lui-même de 20ᵐᵐ environ, pour donner passage à une tresse en fil de 12ᵐᵐ environ de largeur faisant coulisse. Il est pratiqué sur le devant de l'effet et au milieu, à l'endroit de la coulisse, une fente de 70ᵐᵐ environ, dont les bords sont piqués comme les coutures ; c'est par cette fente que passent les extrémités libres de la coulisse.

Le bas du caleçon est ourlé de 10ᵐᵐ environ.

Dimensions du caleçon de bain confectionné :

Hauteur	Depuis la ceinture jusqu'à l'entre-jambes	devant	0ᵐ340
		derrière	0.380
	Sur les côtés		0.420
Largeur	A la ceinture		0.520
	Au bas de la jambe		0.300
Ecartement de l'entre-jambes (environ)			0.150

Art. 379. — CEINTURE DE NATATION.

Se compose d'un tissu de sangle dit « de surfaix », ayant 700 à 750ᵐᵐ de longueur apparente environ, sur 95ᵐᵐ de largeur.

Elle est garnie, à ses extrémités, d'un anneau en fer étamé de 5 à 6ᵐᵐ d'épaisseur et de 40ᵐᵐ environ d'ouverture dans œuvre. Ces anneaux sont enchapés avec le même tissu rabattu et cousus solidement au fil poissé.

Art. 380. — CORDE DE NATATION.

Une corde de 5ᵐ20 environ de longueur et de 10ᵐᵐ environ de grosseur, formée de quatre torons, de trois brins tordus, est fixée à un des anneaux au moyen d'un œillet coulant fait avec la même corde et consolidée par une épissure et une ligature au fil de cordonnier ; l'autre extrémité de la corde est garnie d'une ligature au fil de cordonnier pour l'empêcher de s'effiler.

Cette corde est soigneusement goudronnée sur toute son étendue.

Art. 381. — SOLDATS-ORDONNANCES DES OFFICIERS SUPÉRIEURS D'INFANTERIE COLONIALE POURVUS DE DEUX CHEVAUX DÈS LE TEMPS DE PAIX.

En raison des nécessités qui obligent ces militaires à monter à cheval tous les jours, soit pour promener les chevaux, soit pour accompagner les officiers à la manœuvre et aux exercices, la tenue à leur affecter sera celle des conducteurs de caissons à munitions.

En conséquence, la tenue de ces soldats sur le pied de paix sera la suivante :

1° *Tenue à cheval :*

Culotte de drap à l'uniforme de l'infanterie coloniale (du modèle en usage dans l'artillerie coloniale) ;
Paletot de molleton ;
Manteau (troupes à cheval) ;
Jambières en cuir (du modèle en usage dans l'artillerie coloniale) ;
Brodequins, éperons à la chevalière (du modèle en usage dans l'artillerie coloniale).

2° *Tenue à pied :*

Pantalons d'ordonnance ;
Paletot de molleton de toile et kaki ;

Chaussures de repos ;
Porte-sabre-baïonnette (modèle 1866).

Par suite, leur habillement devra comprendre :

Un manteau de troupe à cheval ;
Une culotte de drap ;
Un étui de revolver avec lannière ;
Une paire de jambières en cuir ;
Une paire de brodequins ;
Une paire d'éperons à la chevalière ;
Une collection d'effets de pansage comprenant le sac à avoine ;
Un bourgeron de toile ;
Un pantalon de treillis ;
Un képi de 1re tenue ;
Un paletot de molleton ;
Un pantalon d'ordonnance ;
Une paire de souliers ;
Une paire de guêtres de toile.

ART. 382. — SOLDATS ORDONNANCES D'OFFICIERS ET ASSIMILÉS MONTÉS N'AYANT QU'UN SEUL CHEVAL.

Sont autorisés à porter, dans leur service spécial, le manteau d'hommes montés.

TITRE V

§ 1er. Rubans de croix et médailles (1).

ART. 383. — ORDRE NATIONAL DE LA LÉGION D'HONNEUR.
(Institué par la loi du 29 floréal an ix (19 mai 1802.)

Ruban à côtes, moiré, rouge, largeur 38^{mm}2.

ART. 384. — MÉDAILLE MILITAIRE.
(Créée le 22 janvier 1852.)

Ruban à côtes, moiré, largeur 38^{mm}, jaune d'or ; liseré vert lumière sur ses bords, largeur 5^{mm}.

ART. 385. — MÉDAILLE DE CRIMÉE.
(Décret du 26 avril 1856.)

Ruban à côtes, bleu de ciel, largeur 28^{mm} ; liseré jaune clair sur ses bords, largeur 3^{mm}.

ART. 386. — MÉDAILLE DE LA BALTIQUE.
(Décret du 10 juin 1857.)

Ruban à côtes, jaune clair, largeur 28^{mm} ; liseré bleu de ciel, largeur 3^{mm}.

---

(1) Les décorations françaises se portent dans l'ordre suivant, de droite à gauche, sur le côté gauche de la poitrine, à la hauteur de la 2ᵉ rangée de boutons : Légion d'honneur, médaille militaire, médailles commémoratives, décorations universitaires, décoration du mérite agricole, médaille d'honneur. Les décorations étrangères viennent à la suite et à la gauche des décorations et médailles françaises.

Art. 387. — MÉDAILLE D'ITALIE.
(Décret du 11 août 1859.)

Ruban à côtes, moiré, largeur 36^{mm}; onze raies dans le sens de la longueur, alternativement six raies rouge ponceau, largeur 4^{mm}, et cinq blanches, largeur 2^{mm}; lisière soie blanche de 1^{mm}.

Art. 388 — MÉDAILLE DE CHINE.
(Décret du 2 janvier 1861).

Ruban à côtes, moiré, largeur 36^{mm}; jaune clair sur lequel est tissé en bleu, en caractères chinois, le mot « Pékin ».

Art. 389. — MÉDAILLE DU MEXIQUE.
(Décret du 29 août 1863).

Ruban à côtes, moiré, largeur 36^{mm}; blanc avec une bande rouge ponceau et une vert-lumière en croix et au milieu l'aigle mexicain marron tenant dans son bec un serpent.

Art. 390. — MÉDAILLE DE MENTANA.
(Décret du 3 mars 1868).

Ruban à côtes, moiré, largeur 36^{mm}, cinq raies égales dans le sens de la longueur, deux bleu de ciel et trois blanches.

Art. 391. — MÉDAILLE DU TONKIN.
(Loi du 6 septembre 1885.)

Ruban à côtes, moiré, largeur 35^{mm}, quatre raies vert-lumière de 4^{mm},5 dans le sens de la longueur, alternées avec trois raies jaune d'or de 4^{mm},5; lisière jaune d'or de 2^{mm}.

Art. 392. — MÉDAILLE DE MADAGASCAR.
(Loi du 31 juillet 1886)

Ruban à côtes, moiré, largeur 37^{mm}, raies dans le sens de la largeur alternativement bleu de ciel et vert-lumière, de 4^{mm} de largeur.

Art. 393. — MÉDAILLE DU DAHOMEY.
(Loi du 24 novembre 1892).

Ruban à côtes, moiré, largeur 37^{mm}, raies dans le sens de la longueur, alternativement noires et jaunes d'or. Même disposition que le ruban de la médaille du Tonkin.

Art. 394. — Médaille coloniale.
(Instituée par décret du 6 mars 1894).

Ruban à côtes, moiré, largeur 35mm ; au centre une raie blanche de 7mm, de chaque côté une raie bleu d'azur de 11mm de largeur, chacune de ces deux raies bordées en dehors d'un filé blanc de 2mm, bordé lui-même d'un filé bleu de 1mm formant bordure du ruban.

Art. 395. — Médaille de chine 1900-1901.
(Instituée par décret du 1er juillet 1902).

Ruban semblable à celui de la médaille du Tonkin, avec une agrafe.

Art. 396. — Palmes universitaires.
(Instituées le 17 mars 1808).

Ruban à côtes, moiré, violet, largeur 38mm.

Art. 397. — Ordre du mérite agricole.
(Institué le 7 juillet 1883.)

Ruban à côtes, moiré vert, liséré rouge, largeur 38mm.

Art. 398. — Médaille d'honneur.
(Instituée par la Restauration en 1815.)

Ruban à côtes, moiré, largeur 28mm ; trois raies égales dans le sens de la longueur, bleu, blanc et rouge.

Art. 399. — Médaille des épidémies.
(Instituée le 31 mars 1885.)

Ruban à côtes, moiré, bleu, blanc et rouge, largeur 30mm.

Art. 400. — Ordre impérial du dragon de l'Annam.
(Institué à Hué le 14 mars 1886.)

Ruban à côtes moiré, vert, largeur 38mm ; liséré orange, sur les bords, de 8mm.

Art. 401. — Ordre royal du Cambodge.
(Fondé le 8 février 1864.)

Ruban à côte, moiré, blanc, largeur 38mm ; liséré orange sur ses bords, largeur 6mm.

ART. 402. — ORDRE DU NICHAM-IFTIKHAR.
(Fondé en 1837.)

Ruban à côtes, moiré, vert mousse, largeur 38mm, bordé de chaque côté par deux étroites bandes rouge ponceau, distantes de 2mm.

ART. 403. — ORDRE DE L'ÉTOILE NOIRE.
(Institué le 30 août 1892.)

Ruban à côtes, moiré, bleu clair, largeur 38mm.

ART. 404. — ORDRE DU NICHAN-EL-ANOUAR.
(Institué en 1888.)

Ruban à côtes moiré, largeur 38mm, fond bleu foncé ; bande verticale blanche au centre du tiers de la largeur du ruban.

ART. 405. — ORDRE DE L'ÉTOILE D'ANJOUAN.
(Institué vers 1860.)

Ruban à côtes moiré, largeur 38mm ; fond bleu pâle bordé de chaque côté de deux lisérés orange de un vingtième de la largeur du ruban, le premier liséré à un vingtième du bord du ruban, le second à un vingtième du premier.

§ 2. — Brassards.

ART. 406. — BRASSARD DES CONDUCTEURS DE CAISSONS A MUNITIONS, DE VOITURES RÉGIMENTAIRES, DE VOITURES DE COMPAGNIE OU BATTERIE, DE CHEVAUX HAUT-LE-PIED ET DE MULETS.

Le brassard est formé d'une bande en drap de soldat, doublée du même et passepoilée en drap de sous-officier écarlate ; cette bande est coupée en forme de fuseau ; son milieu est orné d'une grenade également en drap de sous-officier écarlate, cousue à points rabattus. Une des extrémités est munie d'une boucle à deux ardillons en fer noirci et verni et d'un passant en drap redoublé, dans lesquels s'engage l'autre extrémité, qui est coupée en pointe sur une longueur de 20mm environ.

Dimensions :

Longueur totale, y compris la boucle	0m430
Largeur { au milieu	0 070
{ aux extrémités	0 030
Hauteur de la grenade	0 035

Le brassard se boucle sur le bras gauche ; il est maintenu sur le vêtement au moyen d'une bride en drap du fond doublée du même, qui est cousue sur chacun des côtés de la manche.

ART. 407. — BRASSARD DES BRANCARDIERS RÉGIMENTAIRES.

Semblable au brassard affecté dans chaque arme aux conducteurs de voitures, sauf que l'attribut consiste en une croix de Malte en drap blanc, renversée et reposant sur deux de ses branches (largeur de l'attribut 45^{mm}).

ART. 408. — BRASSARD DES CONDUCTEURS D'ANIMAUX RÉQUISITIONNÉS ET DES HOMMES DU SERVICE D'ALIMENTATION.

Le brassard est formé de deux bandes, en toile d'Armentières, teinté en cachou, superposées et piquées sur tout leur contour. Il présente en bas une ligne droite et en haut une ligne légèrement convexe qui en fait varier la hauteur. L'une des extrémités du brassard est garnie d'une boucle à trois ardillons en fer étamé et comporte, à environ 25^{mm} en arrière de cette boucle, une fente ourlée de 40^{mm}, faite dans le sens de la hauteur de l'effet et destinée à recevoir l'extrémité arrondie qui reste libre après son passage dans la boucle. Un écusson en cuivre tombac, portant en son milieu la légende : « Réquisitions militaires » estampée en relief, est fixée sur le brassard à environ 110^{mm} de l'enchapure de la boucle. Cet écusson est solidement cousu au brassard à l'aide d'un double fil tordu et ciré qui passe dans les trous pratiqués à cet effet sur les bords.

Les sous-officiers et les brigadiers ou caporaux font usage du même brassard, différencié de la manière suivante :

Pour les sous-officiers, un galon en or, façon lézardes, de 22^{mm} de largeur, taillé en pointe à sa partie postérieure est placé horizontalement de chaque côté de l'écusson à une distance de 5^{mm} environ. Sa longueur totale à la pointe est de 35^{mm}. Ce galon est préalablement cousu en soie sur un morceau de drap bleu foncé de sous-officier débordant de 2^{mm} environ le galon dans tout son pourtour, pour permettre son application sur le brassard.

Pour les brigadiers ou caporaux, deux galons en laine écarlate façon cul-de-dé, de 12^{mm} de largeur, juxtaposés, formant également ment pointe à la partie postérieure sont placés ainsi qu'il est dit

pour le galon des sous-officiers ; ils sont cousus directement sur le
brassard.

Dimensions :

Longueur apparente développée		$0^m 380$
Hauteur	À l'extrémité libre, terminée en pointe arrondie (mesurée à 30^{mm} du bout de cette pointe)	0 040
	Au milieu du corps (environ)	0 069
	À l'enchapure de la boucle	0 050
Plaque ou écusson	Plus grande largeur	0 060
	Hauteur au milieu	0 140

Les hommes employés en temps de mobilisation aux divers services de l'alimentation de l'armée, et qui ne reçoivent pas d'uniforme, font également usage de ce brassard.

ART. 409. — BRASSARD DES HOMMES PRÉPOSÉS AU SERVICE DES VOIES DE COMMUNICATION

Le brassard est formé d'une bande de toile de lin ou de chanvre, teinte en bleu solide, à l'indigo ; il est piqué sur son contour. L'une de ses extrémités est garnie d'une boucle à barrette à trois ardillons, en fer étamé, et comporte à 10^{mm} environ en arrière de cette boucle une fente ourlée de 40^{mm} environ de hauteur faite dans le sens de la hauteur de l'effet. Cette fente est destinée à recevoir l'autre extrémité arrondie, qui est libre après son passage dans la boucle.

La toile bleue du brassard doit remplir les conditions imposées pour la toile bleue de la veste des ouvriers militaires.

Ces inscriptions sont faites dans les corps au moyen de peinture blanche à la céruse et de lettres et de chiffres découpés à jour dans une bande de papier fort de la longueur du brassard.

Pour obtenir un marquage convenable, il convient de mouiller complètement le tissu de façon à coucher le poil ; lorsque le brassard est encore humide, on le fixe bien tendu et à plat, puis on procède au marquage à l'aide d'un pinceau à poils courts et rigides, légèrement imbibé de peinture, que l'on passe dans les caractères découpés.

Les lettres et les chiffres reçoivent deux couches de peinture, et les retouches nécessaires se font à la main.

Chaque brassard porte un numéro individuel permettant de vérifier l'identité du porteur.

Dimensions :

Longueur apparente développée de l'enchapure de la boucle à la pointe (environ).		0^m400

Longueur apparente développée de l'enchapure de la
boucle à la pointe (environ). 0m400
                Mesurée au milieu (environ) 0 065
Hauteur du bras- { Près l'enchapure de la boucle (environ). . 0 045
sard .   { A l'extrémité libre, terminée en pointe
              arrondie (à 30mm du bout de cette
              pointe). 0 040
Boucle .   { Longueur dans œuvre 0 047
            { Hauteur dans œuvre. 0 017

§ 3. — Galons.

Art. 410. — GALONS DE GRADE ET DE FONCTION
SOUTACHE DE GRADE ET SOUTACHE D'ANCIENNETÉ.

Galon d'or de 22^{mm} (cul-de-dé ou lézardes). — Il se compose d'une chaîne en soie dite fleuret et d'une trame en filé.

Le filé est un soie-trame recouverte d'une lame d'argent au titre de 500/1000e dorée au feu ; à l'or pur à la quantité de 40/1000e (soit un lingot de 1000 grammes ainsi décomposé : or pur, 40 grammes ; argent, 480 grammes à l'extérieur ; métal blanc, 480 grammes au centre).

Il y a par kilogramme de filé 685 à 700 grammes de métal et 300 à 315 grammes de soie. La soie des deux parties, chaîne et trame, est teinte à la gaude en jaune d'or vif.

La soie trame qui entre dans le filé est une soie cuite du ver de mûrier (à l'exclusion de soie tussah ou autre) ; cette soie a en écru un titre d'ensemble compris entre 136 et 146.

La torsion des fils de la trame est de 350 tours environ par mètre, les bouts composant ces fils n'ayant reçu eux-mêmes aucune torsion élémentaire.

Poids des galons : un mètre de galon d'or, semblable aux échantillons-types, doit peser 25 à 27 grammes ; sur ce poids, la chaîne entre pour 9 à 10 grammes, et le filé d'argent doré pour 16 à 17, dont 5^{gr} 5 à 6 grammes de métal blanc ; sa réduction est de 58 à 60 duites de filé de trame au centimètre carré.

Galon d'or de 12^{mm}. — Ce galon est fabriqué avec les mêmes matières et dans les mêmes conditions que le galon de 22^{mm} ; il doit peser de 11 à 12 grammes au mètre courant ; sur ce poids, la chaîne entre pour 4 grammes à 4^{gr},5 et la trame pour 7 grammes à 7^{gr}, 5.

Galon d'or, façon dite en trait côtelé de 0ᵐ,006 de largeur pour fausses jugulaires. — Ce galon se compose de dix brins de chaîne en soie dite apprêt doux, teinte en jaune d'or vif, et d'une trame en trait d'argent au titre de 990/1000ᵉ, dorée au feu à l'or pur au titre de 20/1000ᵉ.

La trame, préparée dans ces conditions, contient donc, pour un poids total de 1000 grammes :

Or pur . . . . 20 grammes.
Argent . . . . 970 —
Alliage . . . . 10 —

Le galon confectionné doit être d'un tissu égal et serré, ferme au toucher, exempt de nœuds, de bourre de peluche ; la soie de la chaîne doit être complètement recouverte par la trame. La couleur de l'or doit être franche et intense et non pâle et blafarde.

Galons de laine de 22ᵐᵐ. — Les galons de laine sont confectionnés en laine de bonne qualité et bien filée, sans aucun mélange de coton, sur chaîne entièrement en fil et aussi sans coton. La trame est teinte en fil, en écarlate, à la cochenille, légèrement additionnée de graine de Perse ; le galon doit être d'un tissu serré, ferme au toucher, bien épluché, la chaîne ne paraissant pas sous la trame.

Le mètre de galon de laine de 22ᵐᵐ, semblable aux échantillons-types, doit peser de 18 à 19 grammes, dont 7 pour la chaîne.

Galons de laine de 12ᵐᵐ. — Le galon de laine de 0ᵐ,012, également semblable aux échantillons-types est fabriqué avec les mêmes matières et dans les mêmes conditions que le galon de laine de 0ᵐ,022. Il doit peser 9 grammes au minimum au mètre courant, dont 4 grammes au maximum pour la chaîne.

Galons à losanges tricolores de 0ᵐ,022. — Le galon de trompette et clairon est de l'espèce dite épinglée. La chaîne apparente se compose de 43 fils doubles, dont 15 bleus, 15 rouges et 13 blancs ; la chaîne d'envers se compose de 20 fils de lin. La trame est en bon fil de lin et non en coton, losanges écarlates et bleus.

Le mètre en 0ᵐ,022 doit peser au minimum 23 grammes, dont 7 au minimum pour le fil.

Mesuré à l'envers, le galon doit avoir une largeur de 0ᵐ,022, y compris les lisières de fil ; mesuré à l'endroit, il doit avoir un minimum de 0ᵐ020 de largeur (chaîne apparente en laine) non compris les lisières de fil.

Soutache d'ancienneté pour les sous-officiers rengagés. — La soutache d'ancienneté, façon dite au passé, est de 4^{mm} de largeur, partie en soie rouge, partie en or. Les deux matières alternent en chevrons de 2^{mm},5 de largeur pour les chevrons métalliques et 1^{mm},5 pour les chevrons en soie.

Les chevrons de la soutache sont en argent fin doré au 25/1000e. le poids de la soutache est, au mètre, de 5^{gr},5.

Soutache de grade des adjudants et des chefs de fanfare. — La soutache de grade, façon dite au passé, est de 4^{mm} de largeur, partie en soie rouge, partie en argent ; les deux matières alternent en chevrons de 2^{mm},5 de largeur pour les chevrons métalliques et de 1^{mm},5 pour les chevrons en soie.

Les chevrons métalliques de la soutache sont en argent au titre de 990/1000e de fin ; le poids de la soutache est, au mètre, de 5^{gr},5.

Galons de grade des adjudants et des chefs de fanfare. — Façon dite en trait côtelé ; largeur 6^{mm} ; en argent, mélangé d'un tiers de soie rouge en trois raies longitudinales également espacées.

Tresses plates pour bonnet de police. — En argent, largeur 3^{mm}, mélangées d'un tiers de soie rouge.

SOUTACHE D'ANCIENNETÉ POUR LES CAPORAUX ET BRIGADIERS FOURRIERS, CAPORAUX, BRIGADIERS ET SOLDATS RENGAGÉS OU COMMISSIONNÉS

La soutache d'ancienneté, pour les caporaux et brigadiers fourriers, caporaux, brigadiers et soldats rengagés ou commissionnés, est en soie rouge de 4^{mm} de largeur façon dite au passé.

La soutache d'ancienneté en soie rouge doit être conforme au descriptif ci-après :

Largeur	0^m,004
Nombre de fils qui composent l'âme	14, divisés en côtes de 7 fils chacune.
Nombre de chevrons au centimètre	10 chevrons.
Poids au mètre courant	3 grammes, dont 1^{gr},6 de soie et 1^{gr},4 de coton.

§ 4. — Marques distinctives.

1° Infanterie coloniale.

SOLDAT DE PREMIÈRE CLASSE.

Capote, paletot de molleton, paletot de toile. — Un galon en laine, cul-de-dé, de 22^{mm}, placé sur chaque manche, de couleur écarlate.

CAPORAL.

Bourgeron. — Deux galons parallèles en laine écarlate 12^{mm} façon cul-de-dé, placé sur le devant à 3^{mm} l'un de l'autre.

Capote, paletot de molleton, paletot de toile. — Deux galons en laine écarlate, cul-de-dé, de 22^{mm}, placés sur chaque manche.

SERGENT.

Capote, tunique, paletot de molleton, paletot de toile. — Un galon d'or façon dite à lézardes, de 22^{mm}, placé sur chaque manche.

FOURRIER.

Capote, tunique, paletot de molleton, paletot de toile. — Galon de sergent et, en outre, comme marque distinctive de l'emploi, un galon d'or à lézarde de 22^{mm}, placé obliquement sur le haut de chaque bras, en plongeant de dehors en dedans.

Distance de la couture d'em- manchure au galon . . .	En dehors	sur la tunique et les paletots de molleton et de toile . .	0^{m}099
		sur la capote	0 085
	En dedans	sur la tunique et les paletots de molleton et de toile . .	0 150
		sur la capote	0 150

L'une des extrémités de ce galon va se perdre dans la couture de la manche, l'autre est rempliée en dessous et arrêtée sur la ligne simulant la couture pour les effets dont la manche est d'un seul morceau, et dans la couture pour les effets dont la manche est en deux morceaux.

Le caporal fourrier porte sur chaque manche le galon de caporal et, en outre, le galon d'emploi, comme il est dit ci-dessus.

SERGENT-MAJOR.

Capote, tunique, paletot de molleton, paletot de toile. — Deux galons à lézardes de 22^{mm}, en or, placés sur chaque manche.

ADJUDANT.

Capote. — Un galon d'argent, dit en trait côtelé, largeur 6^{mm}, mélangé d'un tiers de soie rouge en trois raies longitudinales également espacées et placé à 80^{mm} au-dessus de l'orifice de chaque manche.

Tunique en drap et en toile. — Mêmes galons que ceux de la capote, placés parallèlement et immédiatement en dessus du parement.

CHEF DE FANFARE.

Capote. — Collet orné aux angles d'une lyre brodée (largeur 17^{mm}, hauteur 30^{mm}), de même forme que celle de la tunique.

Galon de grade sur les manches semblable à celui de la capote des adjudants.

Tunique. — Collet brodé d'une baguette droite de 8^{mm} composée de deux cordons de 3^{mm} chacun en cannetille d'or mat, entre lesquels un troisième cordon de 2^{mm} seulement est brodé en cannetille brillante. Les trois sont contigus et sans paillettes d'aucune espèce. Dans l'angle du collet est brodée en cannetille mate et brillante, une lyre inclinée sans bandelettes (largeur 15^{mm}, longueur 37^{mm}). Galon de grade sur les manches semblable à celui de la tunique des adjudants.

SAPEURS OUVRIERS D'ART ET CAPORAL SAPEUR.

Capote, paletot de molleton, paletot de toile. — Sur chaque manche, à égale distance entre l'épaule et le coude, deux haches en sautoir surmontées d'une petite grenade, découpées en drap de sous-officier écarlate. Longueur de chaque hache 115^{mm}, longueur du fer 50^{mm}, écartement des deux manches de hache par le bas 90^{mm}, hauteur de la grenade 60^{mm}, hauteur totale de l'ornement 140^{mm}, largeur 130^{mm}.

Le caporal sapeur porte, en outre, les galons de son grade.

CLAIRONS (SOLDATS ET CAPORAUX).

Capote. — Immédiatement au dessous du bord supérieur du collet est appliqué un galon de laine, à losanges tricolores, de 22^{mm}, dont les bouts viennent se perdre dans la couture d'encolure. Les numéros sont cousus au-dessus.

Paletot de molleton. — Comme sur la capote. De plus, semblable galon est placé à 70^{mm} du bas des manches.

Paletot de toile. — Pas de galon au collet. Un galon semblable à celui du paletot de molleton est placé à 70^{mm} du bas des manches, au-dessus des parements.

SERGENT ET SERGENT-MAJOR CLAIRON.

Capote, tunique, paletot de molleton. — Galons de sergent ou de sergent-major en or. Au bas des manches, ou autour des parements et du collet, un galon en or dit cul-de-dé de 22^{mm}. Les bouts du galon viennent se perdre dans la couture d'encolure. Les numéros sont cousus au-dessus.

Paletot de toile. — Galons de sergent ou de sergent-major. De plus, autour des parements des manches un galon en or cul-de-dé de 22^{mm}.

SOUS-CHEF DE FANFARE.

Capote, tunique, paletot de molleton, paletot de toile. — Galons semblables à ceux décrits pour les tenues de sergent et de sergent-major clairon. De plus, une lyre entièrement brodée en filé d'or est portée sur les manches de tous ces effets. Cet attribut est cousu sur un écusson (hauteur 70^{mm}, largeur 50^{mm}) de drap bleu foncé que l'on fixe à égale distance du coude et de l'emmanchure. Les dimensions de la lyre sont les suivantes : hauteur 60^{mm}, plus grande largeur 35^{mm}.

SOLDATS MUSICIENS.

Capote, paletot de molleton, paletot de toile. — Chaque manche de ces effets est pourvue d'une lyre découpée en drap de sous-officier écarlate, brodée extérieurement d'un cordonnet en or. Les dimensions et la forme de cette lyre sont les mêmes que celles indiquées pour la lyre décrite ci-dessus.

TÉLÉGRAPHISTES.

Capote, paletot de molleton, paletot de toile. — Les télégraphistes coloniaux portent, à chacun des angles du collet, un attribut distinctif brodé sur une patte du modèle décrit pour le paletot de molleton de l'infanterie coloniale. La patte est en drap du fond pour la capote, en drap de soldat bleu foncé pour le paletot de molleton (caporaux et soldats), en drap de sous-officier bleu foncé pour le paletot de toile (caporaux et soldats), en drap de sous-officier rengagé bleu foncé pour les sous officiers.

Cet attribut consiste en une étoile de laquelle émergent trois foudres. Pour les caporaux et soldats, l'étoile et les foudres sont en laine bleue. Pour les sous-officiers, l'étoile est brodée en soie bleue, mais elle porte en son centre une paillette d'argent, les foudres sont formés par une suite de paillettes en argent, reliées entre elles par un fil de même métal.

Dimensions :

De l'étoile	Plus grande largeur, d'une pointe à une autre et suivant une ligne droite	1ᵐ018
Des foudres	Pour celui brodé, suivant une ligne horizontale, à partir de l'étoile jusqu'à la la pointe	0 025
	Pour ceux brodés diagonalement, à partir de l'étoile jusqu'à la pointe	0 015
De la patte en drap	Longueur	0 065
	Hauteur	0 035

Les dimensions de l'attribut sont telles qu'il puisse être inscrit dans un rectangle de 60ᵐᵐ de base sur 25ᵐᵐ de côté.

Képi. — Le bandeau reçoit une ancre encablée identique à celle décrite pour le képi de l'infanterie coloniale.

PERSONNEL DU CADRE DU DÉPOT DES ISOLÉS.

Les angles du collet de la capote, du paletot de molleton et du paletot de toile, portent une ancre cousue ou brodée sur une patte des modèles décrits pour la capote, le paletot de molleton et le paletot de toile de l'infanterie coloniale.

CAPORAUX ARMURIERS

Capote, paletot de molleton, paletot de toile.

Les caporaux armuriers portent comme marque distinctive un insigne spécial sur la manche gauche, à égale distance du coude et de l'emmanchure. Cet insigne consiste en une grenade surmontée de deux fusils entre-croisés, le tout brodé en soie écarlate et entouré d'un liseré formé par un cordonnet en or fin, sur un écusson en drap de sous-officier de la couleur du fond.

Dimensions.

Longueur de chaque fusil (environ)	0m050
Écartement des deux crosses par le bas (environ)	0 045
Hauteur de la grenade (environ)	0 010
Hauteur totale de l'attribut (environ)	0 021
Largeur totale de l'attribut (environ)	0 050
Écusson { Hauteur	0 060
{ Longueur	0 090

NOTA. — Les corps demanderont directement au dépôt des modèles, les modèles-types d'insignes qui leur seront nécessaires.

ART. 411. — SOUTACHES D'ANCIENNETÉ.

Soutache. — Les sous-officiers (adjudant compris), qui se trouvent dans les conditions d'ancienneté exigées, portent sur chaque manche de la tunique, du paletot de molleton, du paletot de toile et de la capote, une soutache d'ancienneté, façon dite au passé de 4mm de largeur, partie en soie rouge, partie en or, telle qu'elle est décrite ci-dessus à l'article 371.

Les commissionnés portent la soutache dans les mêmes conditions que les rengagés.

Soutache. — Les caporaux fourriers, caporaux et soldats qui se trouvent dans les conditions d'ancienneté exigées portent sur chaque manche de la capote, du paletot de molleton et du paletot de toile une soutache de soie rouge de 4mm de largeur, façon dite au passé.

2° Artillerie coloniale

CANONNIER SERVANT OU CONDUCTEUR, OU OUVRIER, DE 1re CLASSE,

Veste, paletot de molleton, paletot de toile. — Un galon en laine, façon cul-de-dé, de 22mm, de couleur écarlate, placé sur chaque manche.

OUVRIER DE 2e CLASSE.

Veste, paletot de molleton, paletot de toile. — Dans les compagnies d'ouvriers d'artillerie coloniale, l'ouvrier de 2e classe porte, sur la manche droite seulement, le galon du soldat de 1re classe.

ARTIFICIER DE BATTERIE.

Veste, paletot de molleton, paletot de toile. — Sur la manche droite seulement, deux galons parallèles en laine écarlate de 22mm.

BRIGADIER.

Veste, paletot de molleton, paletot de toile. — Sur chaque manche, deux galons en laine écarlate de 22mm.

Manteau, bourgeron. — Deux galons semblables, mais de 12mm, placés sur chaque devant.

Capote. — Deux galons semblables de 12mm placés sur chaque manche.

MARÉCHAL DES LOGIS.

Veste, paletot de molleton, paletot de toile. — Sur chaque manche un galon d'or, façon dite à lézarde, en 22mm.

Manteau. — Un galon semblable, mais de 12mm, placé sur chaque devant.

Capote. — Un galon d'or semblable de 12mm appliqué sur chaque manche.

SOUS-CHEF ARTIFICIER DE BATTERIE.

Veste, paletot de molleton, paletot de toile. — Galons de maréchal des logis chef placés sur la manche droite seulement.

Manteau. — Galons de maréchal des logis chef sur le côté droit de la rotonde seulement.

Capote. — Galons de maréchal des logis chef sur la manche droite seulement.

FOURRIER.

Veste, paletot de molleton, paletot de toile. — Galons de maréchal des logis ou de brigadier et, comme marques distinctives de l'emploi, un galon à lézardes, en or (largeur 22mm) placé obliquement sur le haut de chaque manche.

Capote. — Galons de maréchal des logis ou de brigadier, mais de

12ᵐᵐ. Galon d'emploi comme sur la veste mais de 12ᵐᵐ de largeur seulement sur chaque manche.

Manteau. — Pour maréchal des logis fourrier, galon en or semblable à celui du maréchal des logis.

Pour brigadier fourrier, galon en or du maréchal des logis, au-dessous, à 3ᵐᵐ, un galon de laine écarlate de 12ᵐᵐ.

MARÉCHAL DES LOGIS CHEF.

Veste, paletot de molleton, paletot de toile. — Sur chaque manche, deux galons en or de 22ᵐᵐ.

Manteau. — Deux galons en or de 12ᵐᵐ placés sur chaque devant.

Capote. — Deux galons en or de 12ᵐᵐ placés sur chaque manche.

CHEF ARTIFICIER DU RÉGIMENT

Veste, paletot de molleton, paletot de toile, manteau. — Mêmes galons que le maréchal des logis chef.

ADJUDANTS.

Tunique en drap et en toile, manteau. — Au bas de chaque manche, sur le parement, un galon d'argent mélangé d'un tiers de soie rouge.

TROMPETTE.

Veste. — Collet garni d'un galon de laine de 22ᵐᵐ de large, à losanges tricolores, dont les extrémités vont se perdre sous les pattes en drap écarlate.

Paletot de molleton. — Un galon de laine tricolore de 22ᵐᵐ de largeur contourne le collet à 2ᵐᵐ du bord supérieur et sur toute sa longueur ; il dessine les angles droits de ce collet et ses extrémités viennent se perdre dans la couture d'encolure.

Paletot de toile. — Comme pour le paletot de molleton, mais les extrémités du galon s'arrêtent au bord des devants du collet qui n'est pas muni de grenades mobiles.

Le brigadier trompette porte, en outre, les galons de son grade.

MARÉCHAL DES LOGIS TROMPETTE.

Veste, paletot de molleton, paletot de toile. — Collet garni d'un galon en or, façon cul-de-dé, de 22ᵐᵐ de largeur, dont les extrémités vont se perdre sous les pattes en drap écarlate taillées en accolade pour la veste.

Le collet du paletot de molleton et celui du paletot de toile portent un galon semblable posé de la même manière que pour le trompette.

MARÉCHAUX FERRANTS.

Veste, paletot de molleton. — Le premier maître, les maîtres, les aides-maréchaux et les élèves maréchaux ferrants portent, comme signe distinctif de leur emploi, un fer à cheval sur chaque manche, à égale distance du coude et de l'emmanchure. Pour le premier maître, cet attribut est brodé en fil d'or guipé, sur un écusson en drap bleu foncé de sous-officier.

Pour le maître maréchal ferrant il est brodé en soie écarlate avec cordonnet en or sur son contour et clous également en or ; l'écusson est en drap bleu foncé de sous-officier.

Pour le premier aide-maréchal ferrant, le fer à cheval est découpé en drap écarlate de sous-officier ; il est percé de chaque côté de quatre trous ; cet insigne est cousu sur drap bleu foncé de sous-officier et est bordé entièrement par un cordonnet en or, façon câblé, de 1^{mm} de diamètre.

Pour le deuxième aide-maréchal ferrant, le fer à cheval, semblable au précédent, est cousu sur drap bleu foncé de soldat ; son contour externe est bordé d'un cordonnet en or semblable à celui du premier aide.

Pour l'élève maréchal ferrant, le fer à cheval est semblable au précédent, sans aucune bordure ; il est cousu directement sur la manche.

Indépendamment de l'attribut, le premier maître et les maîtres maréchaux ferrants portent sur chaque manche les insignes du grade dont ils sont pourvus, savoir : les galons de maréchal des logis pour le premier maître et ceux de brigadier pour les maîtres maréchaux ferrants.

Dimensions :

Fers de bras	Hauteur	0^{m}053
	Largeur	0 045
Clous ou trous	Hauteur et largeur	0 002
	Distances entre eux	0 006
	Distances du premier trou ou clou des extrémités du fer	0 012

BOURRELIERS.

Veste, paletot de molleton, paletot de toile. — Les bourreliers portent, sur la manche gauche, un collier de cheval, découpé en drap écarlate de sous-officier et placé sur la manche, ainsi qu'il est dit ci-dessus pour le fer à cheval.

Dimensions :

Hauteur . . . . 0^m060
Largeur 0 043

BRIGADIERS ARMURIERS.

Capote, veste, paletot de molleton, paletot de toile

Les brigadiers armuriers portent sur la manche gauche, comme marque distinctive, l'insigne décrit à l'article 410 pour les caporaux armuriers.

§ 5. — Manière de poser les galons.

1º Infanterie coloniale.

Sur la capote, les galons se placent obliquement, partant de 10^{mm} au-dessus du bord du parement, avec lequel ils font un angle de 25 degrés, et vont rejoindre la couture postérieure à 100^{mm} environ au-dessus du parement.

Le deuxième galon se place parallèlement au bord supérieur du premier, à un intervalle de 3^{mm}.

Sur le paletot de molleton, les galons se placent obliquement partant de 70^{mm} environ du bas de la manche et vont rejoindre la couture postérieure, à 140^{mm} environ du bas de la manche.

Le deuxième galon se place parallèlement au bord supérieur du premier, à un intervalle de 3^{mm}.

Sur le paletot de molleton de la tenue de ville des sous-officiers rengagés, les galons se placent en ligne droite, plongeant du dehors en dedans ; leur bord inférieur part de la couture du devant de la manche immédiatement au-dessus du passepoil du parement avec lequel il forme un angle de 25 degrés, et il va rejoindre la couture postérieure de la manche à environ 80^{mm} au-dessus du parement.

Le deuxième galon se place parallèlement au bord supérieur du premier, à un intervalle de 3^{mm}.

Sur le bourgeron du caporal, le premier galon est placé horizontalement sur le côté gauche, à 90^mm au-dessous de la couture d'assemblage du collet ; son extrémité antérieure est repliée de 10^mm en dedans de l'ouverture du devant ; ce premier galon est continué sur le côté droit par un galon correspondant de même longueur placé sur la même ligne.

Longueur totale apparente du premier galon de grade, le vêtement boutonné, 80^mm.

Le deuxième galon de grade, également en deux parties, est placé parallèlement au premier et à 3^mm au-dessous.

2° *Artillerie coloniale.*

Paletot de molleton. — Le premier galon part de 40^mm en dessus de l'orifice de la manche et forme un angle dont le bord externe s'élève à 135^mm au-dessus de cet orifice. Le deuxième galon est placé parallèlement et à 3^mm de distance ; son sommet est à 200^mm.

Tunique de sous-officiers rengagés (adjudants exceptés). — Les galons se posent en pointe, ils prennent naissance dans les coutures latérales de la manche, à 10^mm au-dessus du parement. Lorsque la manche porte un seul galon, sa pointe supérieure est à 130^mm au-dessus du parement ; quand elle en comporte deux, la pointe supérieure du premier est à 100^mm au-dessus du parement ; le deuxième galon est placé parallèlement et à 3^mm de distance, son sommet extérieur est à 190^mm au-dessus du parement.

Veste. — Le premier galon se pose à 3^mm de distance du contour du parement. Le deuxième galon est placé parallèlement et à 3^mm de distance.

Quand la manche porte un seul galon, sa pointe supérieure est à 180^mm au-dessus de l'orifice de la manche ; quand celle-ci en comporte deux, le sommet de l'angle formé par le bord externe du premier galon s'élève à 150^mm au-dessus de l'orifice de la manche ; celui du deuxième galon à 240^mm.

Capote. — Le premier galon de grade est appliqué en pointe sur la manche, sous le parement-botte, à une hauteur telle que cette pointe dépasse de 60^mm le bord supérieur de ce dernier lorsque celui-ci est relevé sur la manche à la hauteur normale de 200^mm.

Les extrémités du galon sont rabattues près des coutures latérales à environ 100^mm du bas de la manche. Le deuxième galon est appliqué au-dessus du premier, parallèlement et à 3^mm de distance ;

le sommet de l'angle de ce deuxième galon ne doit pas dépasser de plus de 100^{mm} le bord supérieur du parement.

Le galon de fourrier se pose sur le haut de chaque bras, en plongeant de dehors en dedans.

L'une des extrémités de ce galon va se perdre dans la couture de la manche ; l'autre est rempliée en dessous et arrêtée sur la ligne simulant la couture pour les effets dont la manche est d'un seul morceau, et dans la couture pour les effets dont la manche est en deux morceaux.

Distance de la couture d'emmanchure au galon	En dehors.	Tunique ,	0^{m}090
		Capote.	0 110
	En dedans.	Tunique	0 150
		Capote.	0 130

Manteau. — Le premier galon est placé horizontalement sur le devant de la rotondequi porte les boutonnières, à 30^{mm} au-dessous de la boutonnière du haut, son extrémité antérieure à 5^{mm} du bord vertical de la rotonde. Sur le devant qui porte les boutons, un galon correspondant est placé à la même hauteur et sur la même ligne que le premier, son extrémité antérieure à 35^{mm} du bord vertical de ce devant.

Le deuxième galon est placé paralèlement au premier, à 3^{mm} au-dessous.

La longueur apparente de chaque galon est de 70^{mm}.

Bourgeron. — Les galons sont posés sur chaque devant comme il est dit ci-dessus pour le manteau, le premier galon à 90^{mm} de la couture d'assemblage du collet.

§ 6. — Manière de poser les soutaches d'ancienneté.

1° *Infanterie coloniale.*

ART. 412. — SOUTACHES.

Capote de sergent-major, de sergent et de sergent fourrier. — Le bord supérieur de la soutache d'ancienneté affleure la piqûre du parement sur le dessus de la manche seulement ; ses extrémités sont prises d'un côté dans la piqûre du rempli de la fente du parement, de l'autre dans le pli du parement, la manche ployée à plat.

Tunique de tenue de ville des sous-officiers rengagés (adjudants exceptés). — Le bord supérieur de la soutache d'ancienneté affleure la piqûre du parement, sur le dessus de la manche seulement ; ses extrémités sont prises d'un côté dans la couture du parement, de l'autre dans un trou pratiqué dans le pli de celui-ci, manche ployée à plat.

Pour les sergents et sergents-majors clairons, la soutache d'ancienneté affleure sur le dessus de la manche le bord inférieur du galon de fonctions cul-de-dé.

Paletot de molleton. — La soutache d'ancienneté affleure le bord inférieur du galon de grade ; les extrémités de la soutache sont prises dans les coutures latérales des manches.

Capote et tunique ample des adjudants. — Le bord supérieur de la soutache d'ancienneté affleure le bord inférieur du galon de grade ; ces deux galons sont contigus ; pour la tunique, les extrémités du galon se perdent sous la fausse patte.

Art. 413. — Soutaches d'ancienneté
POUR LES CAPORAUX FOURRIERS, CAPORAUX ET SOLDATS.

Capote. — Le bord supérieur de la soutache d'ancienneté affleure la piqûre du parement sur le dessus de la manche seulement. Les extrémités sont prises d'un côté dans la piqûre du rempli de la fente du parement, de l'autre dans le pli du parement, la manche ployée à plat.

Paletot de molleton. — La soutache d'ancienneté pour les caporaux fourriers, caporaux et soldats de 1re classe affleure le bord inférieur du galon de grade. Les extrémités de la soutache sont prises dans la couture latérale des manches, sur le dessus seulement. Pour les soldats de 2e classe la soutache d'ancienneté est placée à $0^m,09$ du bord inférieur de la manche.

2° *Artillerie coloniale.*

Art. 414. — Soutaches.

Manteau de sous-officier (adjudant compris). — La soutache d'ancienneté est placée sur la rotonde à 10^{mm} parallèlement au-dessous du galon de grade ; elle est de la même longueur que celui-ci.

Pour les adjudants, le bord supérieur de la soutache d'ancienneté affleure le bord inférieur du galon de grade ; ces deux galons sont contigus.

Capote de sous-officiers non montés.

1° Maréchaux des logis. — La soutache d'ancienneté affleure le bord inférieur du galon de grade ; les extrémités de la soutache sont prises dans les coutures latérales des manches ;

2° **Maréchaux des logis chef.** — La soutache d'ancienneté affleure le bord inférieur du premier galon de grade qui est placé le plus près du bas de la manche ; les extrémités de la soutache sont prises dans les coutures latérales des manches.

Veste de travail de sous-officier des compagnies d'ouvriers et d'artificiers. — Le bord supérieur de la soutache d'ancienneté affleure le bord supérieur du parement, sur le dessus de la manche seulement ; ses extrémités sont prises d'un côté dans la piqûre du rempli de la fente du parement, de l'autre dans le pli de celui-ci, la manche ployée à plat.

Paletot de molleton. — La soutache d'ancienneté affleure le bord inférieur du galon de grade qui est placé le plus près du bas de la manche ; les extrémités de la soutache se perdent dans la couture de la manche.

Tunique de sous-officiers rengagés (adjudants exceptés). — Le bord supérieur de la soutache affleure le bord inférieur du premier galon de grade ; ses extrémités se perdent dans les coutures latérales de la manche.

Art. 415. — SOUTACHE D'ANCIENNETÉ POUR LES BRIGADIERS-FOURRIERS, BRIGADIERS ET CANONNIERS.

Veste. — Le bord supérieur de la soutache d'ancienneté affleure la piqûre du bord supérieur du parement. Ses extrémités sont arrêtées d'un côté dans la couture du parement, de l'autre dans le pli de celui-ci, la manche ployée à plat.

Manteau d'homme monté. — La soutache d'ancienneté est placée sur la rotonde à 10^{mm} parallèlement au-dessous du galon de grade pour les brigadiers fourriers et brigadiers et à 30^{mm} au-dessous de la boutonnière du haut pour les canonniers ; l'extrémité antérieure à 5^{mm} du bord verticale de la rontonde.

Capote, Paletot de molleton. — La soutache d'ancienneté affleure le bord inférieur du galon de grade pour les gradés ; elle est placée à 0^m,09 du bord inférieur de la manche pour les canonniers ; les extrémités de la soutache sont prises dans les coutures latérales des manches.

Nota. — Tous les galons de grade sont cousus en plein et arrêtés dans les coutures des manches ; les soutaches d'ancienneté sont cousues au milieu.

Les galons en or et en argent, ainsi que les soutaches, sont cousus en soie. Les autres galons sont cousus en fil.

Les galons en or sont lisérés en drap écarlate pour tous les effets de l'infanterie coloniale.

§ 7. — Instruction pour la confection et la pose des pattes à insignes et galons mobiles, sur les paletots de toile blanche et kaki.

ART. 416. — PATTES À INSIGNES À FIXER AUX ANGLES DU COLLET.

La patte à insignes est confectionnée en drap de sous-officier bleu foncé, piquée à la machine sur un fond de drap écarlate débordant en passepoil de 2^{mm}. Cette patte, sur laquelle est fixé, en drap écarlate, un insigne, est attachée au collet au moyen de crochets spéciaux.

ART. 417. — GALONS DROITS

Coudre les galons de 22^{mm} de largeur sur un morceau de drap écarlate en laissant déborder tout autour un liséré de 1^{mm} environ.

Le premier galon devra arriver à 70^{mm} environ du bas de la manche (côté de la saignée) et à 150^{mm} environ (côté du coude) ; le deuxième galon est placé à 3^{mm} au-dessus du premier.

Le galon de fourrier à fixer sur le haut de la manche sera cousu également sur drap est placé à 90^{mm} de la couture d'emmanchure (côté du coude) et à 150^{mm} en dedans (côté de la saignée).

Pour le galon de sergent ou de maréchal des logis et le galon de fonctions du fourrier, fixer à chaque extrémité de la bande de drap écarlate comportant les galons, une agrafe (le bec en dedans) destinée à trouver passage dans les brides d'attache à placer sur les manches.

Pour les galons de sergent-major, de maréchal des logis chef, de caporal ou brigadier fourrier, fixer sur la bande de drap comportant les galons, six agrafes (le bec en dedans), deux à chaque extrémité et deux au milieu ; placer sur les manches un nombre de brides d'attache correspondant.

La soutache d'ancienneté sera placée, le cas échéant, à 3^{mm} au-dessous du galon de grade.

ART. 418. — GALONS EN POINTE.

Coudre les galons de 22mm de largeur sur un morceau de drap écarlate, en laissant déborder tout autour un liséré de 1mm environ.

Le bas du premier galon devra arriver à 60mm environ de la partie inférieure de la manche et le sommet à 200mm environ ; le deuxième galon sera placé à 3mm au-dessus du premier.

Le galon de fourrier à fixer sur le haut de la manche sera cousu également sur drap et placé à 90mm de la couture d'emmanchure (côté du coude) et à 150mm en dedans (côté de la saignée).

Pour le galon de sergent ou de maréchal des logis, fixer, sous la bande de drap comportant les galons, six agrafes (le bec en dedans) : une à chaque pointe, une à chaque extrémité et deux au milieu ; placer sur les manches un nombre de brides d'attache correspondant.

Pour les galons de sergent-major, de maréchal des logis chef, de caporal ou brigadier fourrier, fixer, sous la bande de drap comportant les galons, dix agrafes (le bec en dedans) : une à chaque pointe, deux à chaque extrémité et quatre au milieu ; placer sur les manches un nombre de brides d'attache correspondant.

La soutache d'ancienneté sera placée, le cas échéant, à 3mm environ au-dessous du galon de grade.

Le bec des agrafes sera aplati au milieu et légèrement relevé à la pointe.

§ 8. — Insignes et prix de tir et d'observation.

ART. 419. — INSIGNES ET PRIX DE TIR.

1° Infanterie coloniale.

Insigne de tir. — L'insigne de tir consiste en un cor de chasse en drap écarlate de sous-officier, découpé à l'emporte-pièce.

Le cor de chasse a les dimensions suivantes :

Hauteur du cor de chasse	0m032
Largeur totale du cor de chasse	0 060
Diamètre intérieur du cercle	0 017
Diamètre extérieur du cercle (parties moyennes)	0 022

Le pavillon est tourné à droite en le regardant.

Le cor de chasse de tir est cousu sur la manche gauche seulement de l'effet. Le bas de cet ornement doit se trouver à 230mm au-dessous de la couture d'emmanchure (environ à égale distance entre l'épaule et le coude).

Pour les sapeurs, le cor de chasse, aussi sur le bras gauche seulement, est cousu dans l'angle inférieur que forment les manches des outils croisés de l'ornement spécial qui leur est affecté, le bas du cor de chasse à 65ᵐᵐ du sommet de cet angle rentrant.

Prix de tir. — Le prix de tir consiste en un cor de chasse des mêmes dimensions que le cor de chasse en drap, mais brodé en filé d'or, au passé, sans paillettes ni cannetille, sur un écusson rectangulaire en drap du fond de l'effet (longueur de l'écusson 78ᵐᵐ, largeur 58ᵐᵐ environ).

Le cor de chasse se pose à la place indiquée ci-dessus sur la manche de l'effet.

Pour les fourriers, il est placé au-dessous du galon de fonctions, le bas du cor de chasse à 260ᵐᵐ de la couture d'emmanchure.

Il est cousu en soie comme les galons d'or.

Insigne de tir spécial, attribué aux sous-officiers, caporaux et soldats, qui ont obtenu deux années de suite le cor de chasse brodé. — L'insigne se compose d'un cor de chasse surmonté d'une petite grenade, brodés en fil d'or et séparés par un intervalle de 3ᵐᵐ mesuré au milieu de l'attribut.

Cet insigne brodé sur un écusson en drap du fond de l'effet se place sur la manche gauche, à égale distance entre l'épaule et le coude.

Dimensions :

Cor de chasse	Hauteur totale	0ᵐ032
	Largeur totale	0 060
	Diamètre intérieur du cercle	0 017
	Épaisseur moyenne de ce cercle	0 005
Grenade à sept flammes	Hauteur totale	0 031
	Largeur de la flamme	0 036
	Diamètre de la bombe	0 013
Écusson (fixé sur la manche par un rabattement en soie de la couleur du drap de l'effet)	Hauteur	0 080
	Largeur	0 075

Prix de concours. — Les prix de concours consistent en épinglettes qui sont de deux modèles :

1° Épinglette et chaîne en argent ; cor de chasse en argent doré ;

2° Épinglette, chaîne et cor de chasse en argent.

Elles sont poinçonnées au titre de 800/1000ᵉ.

Les différentes parties des épinglettes ont les dimensions ci-après :

Cor de chasse (découpé et estampé, le pavillon tourné à droite, en le regardant)	Hauteur.	0ᵐ021
	Largeur.	0 040
	Diamètre intérieur du cercle.	0 014
Épingle rivée au cor de chasse	Longueur.	0 070
	Grosseur courante.	0 001
Chaînette.	Longueur de la chaînette, non compris le crochet	0 350
	Diamètre	0ᵐ0035 à 0 00375
	Longueur apparente du crochet.	0 030
Poids total moyen.		20 gr. à 20 gr. 5

Le dorage du cor de chasse devra contenir au moins 20/1000ᵉ d'or.

Insigne de tir pour le personnel des sections de mitrailleuses. — Le personnel des sections de mitrailleuses porte sur la manche gauche de l'effet (capote, paletot de molleton), à égale distance du coude et de l'emmanchure, un insigne distinctif de tir consistant en un écusson en drap de sous-officier, de la couleur du fond, orné :

1° Pour les sous-officiers, de deux petits canons entre-croisés brodés en filé d'or ;

2° Pour les caporaux, de deux petits canons entre-croisés brodés en soie écarlate ;

3° Pour les tireurs pointeurs, d'un insigne identique à celui des caporaux, surmonté d'une grenade brodée en soie écarlate.

Dimensions :

Largeur de chaque canon (environ).	0ᵐ038
Écartement des extrémités des deux culasses (environ).	0 036
Hauteur de l'insigne, sans la grenade (environ)	0 020
Hauteur de la flamme, y compris la gorge de la bombe (environ) .	0 012
Largeur de la flamme (environ)	0 017
Bombe, diamètre (environ)	0 007

2° Artillerie coloniale.

Insigne de tir. — Dans chaque batterie, le meilleur pointeur est distingué au moyen d'une grenade de 35ᵐᵐ de largeur sur 60ᵐᵐ de hauteur, découpée en drap écarlate de sous-officier et appliquée sur la manche gauche, du paletot de molleton et de la veste, à égale distance du coude et de l'emmanchure.

Prix de tir. — Pour les pointeurs qui ont remporté les prix d'école, quel que soit d'ailleurs le grade du pointeur, la grenade, de 60ᵐᵐ de hauteur, est brodée en filé d'or sur un écusson de drap bleu foncé de sous officier : la largeur de la flamme est de 35ᵐᵐ et le diamètre de la bombe de 22ᵐᵐ ; la flamme est bordée d'un fil de soie mi-perlé ponceau ; la bombe, en relief, a au centre un pois brodé en même soie ; pour nervures, six points de poste en soie ponceau ; la gorge et les contours de la bombe sont bordés d'un cordonnet de même soie.

Insigne pour prix d'observation. — Les canonniers ayant obtenu un prix d'observation portent sur la manche gauche de la veste, et du paletot de molleton, un insigne en filé d'or, sans cannetille ni paillettes, consistant en une grenade de laquelle émergent deux foudres de chaque côté.

Cet insigne est brodé sur un écussson en drap bleu foncé de sous-officier. La flamme de la grenade et les foudres sont bordés entièrement d'un fil de soie mi-perlé ponceau ; la bombe, en relief, ayant son centre brodé en même soie, est divisée en six secteurs égaux séparés les uns des autres par un cordonnet de soie ponceau ; la gorge et les contours de la bombe sont bordés d'un même cordonnet de soie.

Les dimensions de l'attribut sont telles qu'il puisse être inscrit dans un rectangle de 80ᵐᵐ de base sur 48ᵐᵐ de hauteur.

L'écusson est découpé suivant le contour du dessin de l'attribut, de manière à former un polygone de 20 côtés distants de 2ᵐᵐ à 4ᵐᵐ environ des extrémités des foudres.

La partie inférieure de l'attribut cousu sur la manche doit arriver à 170ᵐᵐ environ de la couture d'emmanchure.

Dimensions invariables :

Grenade	Flamme	Hauteur, y compris la gorge de la bombe.	0ᵐ020
	Largeur.		0 027
	Bombe, diamètre.		0 012
Foudres.	Distance de la pointe à la bombe de la grenade	Ceux du haut	0 028
		— bas	0 034
	Largeur		0 002

Insigne d'observateur de 1ʳᵉ classe. — Semblable, comme forme et dimensions, à celui décrit ci-dessus, mais il est brodé entièrement en laine écarlate sur un écusson de drap bleu foncé de soldat.

TITRE VI
Effets de petit équipement.

Art. 420. — BESACE.

Composée d'un morceau de treillis mille raies bleu et blanc, présentant une résistance dynamométrique de 138 kilogr. en chaîne et 160 kilogr. en trame, sur des bandes préalablement immergées, 22 à 23 fils en chaîne et 24 à 25 fils en trame.

Ce morceau, replié sur lui même, est fermé aux deux extrémités par deux petits flancs rectangulaires doublés en toile écrue.

L'ouverture se trouve sur une des faces et se ferme par une laçure en portemanteau au moyen de six œillets métalliques placés à 50^{mm} environ l'un de l'autre. Chacune des extrémités de cette ouverture est arrêtée par une piqûre transversale renforcée par une bride. Un bouton noir en os, à 4 trous, est fixé à une des extrémités de l'ouverture afin d'arrêter la laçure.

Sur la face opposée à l'ouverture sont fixés deux passants faits de même toile ayant chacun 90^{mm} d'entrée.

La couture de chacun de ces passants est consolidée par quatre points d'arrêt à cheval sur le passant et le corps de la besace.

Dimensions :

Longueur totale de la besace	0^{m}520
Largeur	0 200
Ouverture	0 300
Longueur des flancs	0 150
Largeur —	0 045
Poids minimum de la petite besace	0k125

Art. 421. — BOTTINES.

Art. 422 — BRETELLES DE PANTALON POUR HOMMES A PIED
(Supprimés).

Art. 423. — BRETELLES DE PANTALON.

La bande formant le corps de la bretelle est en fil de coton très fort, tissé genre nid d'abeilles à côtes de couleur grise, avec liséré sur chaque bord de couleur tranchante ; à l'intérieur est une âme formée de 17 fils de lin câblé à 3 bouts ; l'une des extrémités est garnie d'une patte en veau ou en vache fauve gaufré sur fleur et demi-nourri, bien souple, d'une épaisseur de 0.0018 à 0.0025, cousue à double pi-

,qûre et percée d'une boutonnière faite à l'emporte-pièce ; l'autre extrémité de la bande qui est repliée en pointe vient s'engager
dans une forte boucle en fer ou en acier doux, poli, dite Malakoff, à
trois ardillons (épaisseur minimum du fil 3^{mm} ; épaisseur minimum
de la tige des ardillons 1^{mm}) ; la branche inférieure de cette boucle
est munie d'un rouleau, et reçoit une patte à double tirant, également en veau ou en vache fauve, demi-nourri, dont les deux extrémités sont percées d'une boutonnière faite à l'emporte-pièce.

Le tissu des bretelles doit présenter au centimètre carré 14 à 16 fils
en chaîne, 10 à 11 fils en trame (les fils sont comptés à l'envers de
la bretelle) ; il y a quatre côtes en chaîne à l'endroit.

La boucle *Malakoff* devra pouvoir supporter une traction de 40
kilogrammes sans rupture aucune et sans que les extrémités de la
barrette qui porte les ardillons sortent de leur logement.

Dimensions :

Longueur.	de la bande confectionnée, non compris la patte en cuir cousue à l'une des extrémités	0^m795 à 0^m805
	de cette patte	0 070
Largeur de la bande.		0 045
Hauteur de la boucle hors œuvre (environ)		0 031
Largeur de la boucle dans œuvre.	à sa partie supérieure.	0 047
	— inférieure.	0 027
Longueur de la patte de cuir double tirant.		0 250
Largeur de la patte de cuir à double tirant.	au milieu.	0^m020
	au bas de l'œillet (environ).	0 027
Poids minimum de la paire de bretelles.		0^k115

ART. 424. — BRODEQUINS NAPOLITAINS AVEC CONTREFORT DES TROUPES A PIED.

Les brodequins sont confectionnés sur deux formes, l'une pour le
pied droit, l'autre pour le pied gauche.

Les différentes pièces qui composent le brodequin sont : l'empeigne, le quartier, le contrefort et le sous-contrefort du quartier, la
semelle extérieure ou semelle forte dite seconde, la semelle intérieure dite première, l'entre-deux, la trépointe, la cambrure et le
cambrillon, le bon-bout, les sous-bouts et fers à cheval du talon.

Empeigne. — En cuir de vache corroyé et nourri, d'un seul morceau, d'une épaisseur régulière de 0,002 à 0,0026, variant suivant la longueur du brodequin.

L'empeigne forme, par son prolongement, la sous-patte de recouvrement, dite languette, qui est légèrement dégagée à l'échancrure. Cette languette est abaquarrée tout autour, y compris l'échancrure, et sa largeur en haut est de 44^{mm} à 50^{mm}, suivant la pointure.

Quartier. — En cuir de vache corroyé et nourri, d'un seul morceau, d'une épaisseur régulière de 1^{mm}7 à 2^{mm}6, variable avec la longueur de la chaussure.

Le quartier, dont les angles sont arrondis, est renforcé extérieurement à sa partie inférieure au moyen d'un coutrefort en cuir nourri de même qualité que le quartier et d'une épaisseur de 2^{mm} à 2^{mm}6 ; le coutrefort est légèrement paré sur son bord à l'endroit de la piqûre. Les coutures du coutrefort ne doivent présenter en dedans aucune aspérité.

Ce coutrefort est doublé d'un sous-coutrefort en vache lissée bien ferme, d'une épaisseur de 2^{mm} à 2^{mm}5.

La hauteur de la tige du quartier au-dessus du talon est de 160 à 180^{mm}, selon la pointure ; la hauteur du coutrefort au-dessus du talon est de 50 à 60^{mm}, selon la pointure, et de 40 à 50^{mm} à ses extrémités en cambrure.

Le quartier comporte, de chaque côté, six œillets en cuivre étamé, également espacés entre eux, dont le centre est à 15^{mm} des bords extérieurs verticaux et à 10^{mm} des bords supérieurs et inférieurs. Le diamètre intérieur des œillets est d'environ 5^{mm}.

Le quartier est réuni à l'empeigne par une couture extérieure dite jointure, faite à raison de six à sept points par deux centimètres et ne formant à l'intérieur aucune aspérité pouvant blesser le pied de l'homme ; la couture en jointure doit se continuer jusqu'à 2^{mm} environ au-dessous de la piqûre supérieure du coutrefort.

La jointure est recouverte par le prolongement du coutrefort qui continue la ligne de l'oreille du quartier de manière à descendre jusqu'à la cambrure. Ce prolongement est fixé sur l'empeigne par une piqûre oblique ; l'attache du quartier à l'empeigne est, en outre, consolidée par une deuxième piqûre placée sur le coutrefort, à 10^{mm} environ en arrière de la jointure, se continuant parallèlement et à 2^{mm} du coutrefort pour s'arrêter à 20^{mm} en dessous de l'angle de celui-ci.

La partie du quartier prise par les coutures entre le contrefort et l'empeigne sera convenablement parée afin d'éviter une trop forte saillie.

Les lacets de brodequins sont en cuir fauve nourri, de bonne qualité, passé à la filière ; leur diamètre est de 3^{mm} environ et leur longueur de 850^{mm} environ.

Semelle extérieure dite seconde. — En cuir fort ou cuir à la jusée, tanné seulement et bien battu.

Elle est d'un seul morceau dans toute la longueur du pied ; son épaisseur, après battage, doit être de 4^{mm} 2 à 5^{mm} 5 avec une tolérance de 0,^{m}002 en moins du talon.

Son bout est large et légèrement arrondi ; ses dimensions varient selon la pointure.

La semelle seconde est à lisse forte jusqu'à la cambrure, à partir de laquelle elle est abaquarrée jusqu'au talon.

Chaque semelle est garnie, selon la pointure, de 88 à 98 clous, espacés de 2^{mm} environ et disposés d'après le modèle annexé au cahier des charges du 4 octobre 1899.

La tête des clous doit border la couture, pour mieux la protéger, mais sans la dépasser.

Ces clous galvanisés, sont à tête demi-sphérique unie mesurant, après galvanisation au zinc :

Tige harpon (modèle du ministère de la guerre). Cette tige est carrée et se termine par un harpon à la base carrée.	Hauteur, (harpon compris)	8^{mm}
	Épaisseur (tige seule)	2
	Hauteur —	5
	— du harpon	3
	Diamètre du —	3
Diamètre de la tête demi-sphérique		8
Hauteur totale du béquet galvanisé		12

La cambrure vissée contient deux rangs de vis : le premier rang est de 6 à 8 vis en dehors et 8 à 10 en dedans ; il est placé à 8^{mm} environ de l'extrémité des bords de la semelle seconde. Le deuxième rang, à 3^{mm} du premier rang, comporte 3 vis en dehors et 4 vis en dedans. La couture de la semelle forte à l'avant-pied avec la trépointe et l'entre-deux doit être faite à 3 ou 4^{mm} du bord de la semelle, à raison de trois points sur une longueur de 15^{mm}.

Semelle intérieure dite première. — En cuir de vache lissé, bien tanné, d'une épaisseur de 3^{mm} à 3^{mm} 5 d'une régularité convenable et sans être trop serré, afin de mieux maintenir la couture.

Entre deux. — Entre la première et la semelle forte est placé un entre deux, ou double semelle en cuir fort, bien tanné, ou en cuir de vache lissé, bien ferme, bien tanné et non refendu, allant du bout de la chaussure à la cambrure, où il est suffisamment paré afin de ne pas former saillie à cet endroit ; il doit avoir une épaisseur de 3^{mm} à 3^{mm},5 après battage.

Trépointe. — En vache lissée de très bonne qualité, d'un seul morceau de 3^{mm} à 3^{mm},5 d'épaisseur.

La semelle seconde, l'entre deux et la trépointe ne doivent pas se disjoindre.

Cambrure et cambrillon. — Chacun d'un seul morceau pris dans les parties basses de la peau ; la cambrure est en cuir de vache lissé et le cambrillon en cuir fort.

La cambrure et le cambrillon doivent avoir des dimensions suffisantes pour remplir exactement le vide qu'ils ont à combler, afin de produire un remplissage convenable du brodequin.

Ce remplissage pourra être complété au moyen d'un petit morceau de cuir, dit chiquet, collé au bout et au-dessus de la cambrure.

Talon. — Le talon se compose d'un bon-bout et de cinq à six sous-bouts ou fer à cheval.

Bon-bout. — En cuir fort, de 4^{mm}5 à 5^{mm}5 d'épaisseur et de même qualité que celui de la semelle extérieure.

Sous-bouts et fers à cheval. — En cuir fort, ou en vache lissée ; ces pièces et le bon-bout ne doivent pas se disjoindre.

Le talon est vissé en deux parties, moins le bon-bout qui est tenu par des chevilles. La première série de vis reliera un sous-bout au fer à cheval, la semelle seconde, le contrefort, le sous-contrefort, le quartier et la semelle première ; le quartier rentrera de 0^m,02 sous le talon afin d'être pris dans le vissage. La deuxième série reliera les semelles aux autres sous-bouts qui constituent le talon. Il faut dix à douze vis pour la première opération et huit à dix pour la seconde.

La hauteur extérieure du talon est de 30^{mm}, sa hauteur en cambrure est de 15^{mm}.

Chaque talon est renforcé, selon la pointure, de 55 à 59 chevilles en fer galvanisé au zinc qui fixent le bon-bout.

40 à 44 de ces chevilles sont disposées sur deux rangs autour du talon, savoir : 26 à 28 sur le bord et 14 à 16 sur la deuxième ligne, vers le dehors du talon ; 15 chevilles sont disposées en un triangle ayant sa base sur le milieu de l'arête transversale et son sommet à 30^{mm} environ de cette arête, vers le milieu du talon.

La base du triangle se compose de 5 chevilles et le sommet d'une seulement.

Fil à employer. — Le fil de chanvre d'excellente qualité dont on doit se servir pour les coutures est formé par la réunion au moyen de poix de 10 brins ou branche de fil n° 6 pour la semelle première et de 8 brins de fil n° 6 pour la semelle de seconde.

La jointure de l'empeigne et du quartier et les piqûres du contre-fort sont faites avec du fil n° 9 à 5 brins. Le brodequin doit tomber d'aplomb, c'est-à-dire que l'avant de la semelle et la surface entière du talon doivent toucher le sol quand la chaussure est posée à plat.

Pointures. — La pointure est l'expression en centimètres de la longueur de la chaussure, cette longueur étant prise sur la semelle intérieure, dite première, au moment du découpage avant l'es-tampage.

La chaussure militaire est confectionnée sur huit pointures de longueurs différentes, variant de 0^m,26 à 0^m,33.

Il y a, dans chaque pointure, quatre grosseurs de doigts et de cou-de-pied, ce qui constitue quatre subdivisions de pointures. La série complète se compose donc de trente-deux sortes de chaussures devant permettre de chausser tous les hommes à l'exception de ceux dont les pieds ont une conformation anormale. Les brodequins sont confectionnés conformément aux indications du tableau ci-après. Les dimensions des semelles sont prévues pour chaque grosseur ; celle des talons des premières par groupe de deux grosseurs, enfin celle des bons bouts par pointure seulement. Les longueurs des quartiers varieront suivant les pointures ; leur bord supérieur aura une longueur inférieure de 20^{mm} à la pointure pour la quatrième grosseur, et pour les grosseurs en dessous, les longueurs différeront entre elles de 10^{mm}.

La longueur apparente de l'empeigne, y compris la languette, une fois la chaussure terminée, sera égale à la pointure, ce qui néces-site que la longueur réelle ait au moins 15^{mm} de plus que cette poin-ture.

La longueur de la languette, prise à partir du sommet jusqu'à une ligne tangente aux deux cintres de l'empeigne, variera de 0ᵐ126 à 0ᵐ133 d'après la loi ci-après ; 0ᵐ126 pour la pointure 26 ; 0ᵐ128 pour la pointure 28 ; 0ᵐ130 pour la pointure 30, et de même pour les pointures intermédiaires.

Quant aux longueurs du bas et du centre des quartiers et aux largeurs des empeignes, elles résultent de l'application du cuir sur la forme, et c'est de leur bonne coupe selon la grosseur, comme de leur bon assemblage, que dépendent le bien-aller et l'élégance de la chaussure une fois confectionnée.

TABLEAU de pointures pour les brodequins et souliers des troupes à pied.

Sauf pour les pointures, toutes les dimensions sont exprimées en millimètres.

POINTURES d'après la longueur des semelles premières en centimètres.	SUBDIV. 1re — D	SUBDIV. 1re — C.P.	SUBDIV. 2e — D	SUBDIV. 2e — C.P.	SUBDIV. 3e — D	SUBDIV. 3e — C.P.	SUBDIV. 4e — D	SUBDIV. 4e — C.P.	SEM. PREM. AVANT CONFECTION 1re gr. aux doigts	1re gr. à 0,02 du bout	2e gr. aux doigts	2e gr. à 0,02 du bout	3e gr. aux doigts	3e gr. à 0,02 du bout	4e gr. aux doigts	4e gr. à 0,02 du bout	SEM. SECONDES APRÈS CONFECTIONS 1re gr. aux doigts	1re gr. à 0,02 du bout	2e gr. aux doigts	2e gr. à 0,02 du bout	3e gr. aux doigts	3e gr. à 0,02 du bout	4e gr. aux doigts	4e gr. à 0,02 du bout	TALONS sem. premières 1re et 2e grosseurs	TALONS sem. premières 3e et 4e grosseurs	TALONS bons-bouts Longueurs et largeurs uniques
26	220	235	235	241	232	250	240	260	80	60	82	62	84	64	87	66	94	70	96	72	98	74	100	76	64	67	72
27	225	240	230	246	237	255	245	265	83	61	85	63	87	65	89	67	97	71	99	73	101	75	103	77	66	69	74
28	230	245	235	251	242	260	250	270	86	62	88	64	90	66	92	68	100	72	102	75	104	76	106	78	68	71	76
29	235	250	240	256	247	265	255	275	89	63	91	65	93	67	95	69	103	73	105	75	107	77	109	79	70	73	78
30	241	256	245	262	252	270	260	280	92	64	94	66	96	68	98	70	106	74	108	76	110	78	112	80	72	75	80
31	245	262	250	268	257	276	265	285	95	65	97	67	99	69	101	71	109	75	111	77	113	79	115	81	74	77	82
32	250	268	255	274	262	282	270	290	98	66	100	68	102	70	104	72	112	76	114	78	116	80	118	82	76	79	84
33.Exceptionnelle	255	274	260	280	267	287	275	295	101	67	103	69	105	71	108	73	115	77	117	79	119	81	121	83	78	81	86

Nota. — La largeur aux doigts est la largeur maximum aux deux tiers de la longueur à partir du talon, la largeur en cambrure est prise au premier tiers ; elle sera les deux tiers de la largeur aux doigts.

ART. 428. — BRODEQUINS NAPOLITAINS AVEC CONTREFORT DES
TROUPES A CHEVAL.

Ces brodequins sont établis sur les mêmes formes que les bottines
et d'après le tableau des pointures indiqué plus haut ; les quartiers
et les empeignes doivent avoir les dimensions et longueurs indiquées pour les autres brodequins.

Le semelage ne comporte pas d'entre-deux.

Le talon a une hauteur extérieure de 35ᵐᵐ ; sa hauteur en cambrure est de 20ᵐᵐ ; il ne doit pas comporter, outre le bon-bout,
moins de 5 et plus de 7 sous-bouts, y compris les fers à cheval.

Le chevillage et le clouage des semelles sont également semblables
à ceux des bottines.

Fil à employer pour la confection des chaussures. — Le fil de
chanvre d'excellente qualité dont on doit se servir pour les coutures
est formé par la réunion, au moyen de poix, de dix brins ou
branches de fil n° 6 pour la semelle première et de huit brins de
fil n° 6 pour la semelle seconde. La jointure de l'empeigne et du
quartier et les piqûres du contrefort sont faites avecdu fil n° 9 à
cinq brins.

TABLEAU des pointures pour les brodequins des troupes à cheval.

Sauf pour les pointures, toutes les dimensions sont exprimées en millimètres.

Column groups — **SUBDIVISIONS PAR GROSSEURS** (D. des doigts de pied et C. P. du cou-de-pied): 1re, 2e, 3e, 4e, each with D and C. P. — **LARGEUR DES SEMELLES POUR CHAQUE GROSSEUR**: *Semelles premières avant confection* (1re, 2e, 3e, 4e grosseur, each « aux doigts » and « à 0,02 du bout ») and *Semelles secondes après confection* (idem) — **TALONS**: *Semelles premières* (1re et 2e grosseurs ; 3e et 4e grosseurs) and *Bons-bouts* (largeurs et longueurs uniques).

POINTURES (cm)	1re D	1re C.P.	2e D	2e C.P.	3e D	3e C.P.	4e D	4e C.P.	SP 1re aux doigts	SP 1re à 0,02	SP 2e aux doigts	SP 2e à 0,02	SP 3e aux doigts	SP 3e à 0,02	SP 4e aux doigts	SP 4e à 0,02	SS 1re aux doigts	SS 1re à 0,02	SS 2e aux doigts	SS 2e à 0,02	SS 3e aux doigts	SS 3e à 0,02	SS 4e aux doigts	SS 4e à 0,02	Talons 1re et 2e gr.	Talons 3e et 4e gr.	Bons-bouts
26	220	235	225	241	232	250	240	260	80	58	82	60	84	62	86	64	90	68	92	70	94	72	96	73	62	64	70
27	225	240	230	246	237	255	245	265	82	59	84	61	86	63	88	65	92	69	94	71	96	73	98	75	64	66	72
28	230	245	235	251	242	260	250	270	84	60	86	62	88	64	90	66	94	70	96	72	98	74	100	76	66	68	74
29	235	250	240	256	247	265	255	275	86	61	88	63	90	65	92	67	96	71	98	73	100	75	101	77	68	70	76
30	240	256	245	262	252	270	260	280	88	62	90	64	92	66	93	68	98	72	100	74	101	76	102	78	70	72	78
31	245	262	250	268	257	276	265	285	89	63	91	65	92	67	94	69	99	73	101	75	101	77	102	79	72	74	80
32	250	268	255	274	262	282	270	290	90	64	92	66	93	68	94	70	100	74	101	76	102	78	103	81	74	76	82
33 Exceptionnelle	255	274	260	280	267	287	275	295	92	65	93	67	94	69	94	71	101	75	102	77	103	79	104	81	76	78	84

NOTA. — 1° L'entrée des bottines aura 0^m,05 de plus que la longueur pour les 1re et 2e grosseurs et 0^m,07 de plus pour les 3e et 4e; 2° La largeur en cambrure sera les deux tiers de la largeur aux doigts. Ces largeurs sont respectivement prises au premier et au deuxième tiers de la longueur.

Chaque chaussure porte sur la partie extérieure de la semelle seconde à la cambrure un timbre sec imprimé au balancier avant la confection indiquant à la fois la pointure et la subdivision de pointure. Un deuxième timbre sec indique le trimestre de la confection, le numéro de la commande et la raison sociale du fournisseur.

NOTA. — Instruction pour le clouage des chaussures dans les corps de troupe.

L'emplacement de la tige des clous sur la semelle seconde est imprimé légèrement lors de l'estampage dans les ateliers de confection.

Lorsque cet estampage est fait mécaniquement, il peut arriver que d'un côté l'emplacement soit placé trop près de la couture et de l'autre trop loin. Ce défaut, lorsqu'il viendra à se présenter, devra être corrigé de façon que les clous bordent bien la couture.

Les trous pour amorcer le logement du clou seront pratiqués à l'aide d'une broche métallique pointue dont la longueur doit avoir 3^{mm} de moins que celle de la tige du clou (1) à enfoncer et la largeur 5/10 de millimètre de moins que la largeur de la tige ou de la base du harpon, s'il s'agit de clous à tige harpon.

La broche devra être arrêtée au bout d'un tambour métallique d'environ 10^{mm} de diamètre, afin de ne pas pénétrer plus qu'il ne convient.

Une fois les trous amorcés, la semelle sera légèrement mouillée avec une éponge imbibée d'eau, qui, filtrant dans les trous, permettra aux clous d'entrer plus facilement sans trop déchirer les fibres du cuir.

Le clouage peut s'opérer soit sur formes en bois, soit sur pied de fer monté sur jambe en bois.

Le premier système a l'inconvénient d'obliger à enformer la chaussure, ce qui détériore rapidement les formes et occasionne une perte de temps.

Le second système est à employer de préférence. La chaussure se place d'ailleurs plus rapidement et plus facilement sur le pied de fer que sur la forme.

Il importe de se servir d'un jeu de quatre pieds : un pour les pointures 26 et 27, un pour les 28 et 29, un pour les 30 et 31 et un pour les 32 et 33.

---

(1) Les dimensions des clous sont indiquées au cahier des charges des confections en particulier pour le soulier, la broche aura 3^{mm} de longueur sur $1^{mm},5$ de diamètre à la base.

L'ouvrier devra toujours s'assurer que la semelle première porte bien d'aplomb sur le pied de fer, attendu que, s'il en était autrement, les clous s'enfonceraient obliquement.

Pour planter le clou, l'ouvrier commencera par le placer à la main dans le trou préparé par la broche en ayant soin de le disposer bien droit ; puis il l'enfoncera à coup de marteau avec modération, afin d'éviter de tordre la tige par un à-coup brusque et de ne pas briser la couture.

ART. 426. — CALEÇON EN TOILE DE COTON.

Confectionné en cretonne de coton écru, à raies bleues ou sans raies sur les lisières et au milieu, présentant une résistance dynamométrique de 65 kilogr. en chaîne et en trame et 25 fils en chaîne et trame.

Le caleçon est garni d'une ceinture forme cintrée de même tissu et doublée de même. Sur le devant une ouverture paremeutée de la même toile sur 30^{mm} de large en haut et 40^{mm} en bas ; trois boutons en os blanc, à trous et à cuvette, placés sur la ceinture avec boutonnières correspondantes percées à 10^{mm} environ du bord latéral, servent à fermer le caleçon ; la ceinture se serre à volonté au moyen d'un ruban de fil de coton de 800^{mm} environ de longueur et de 13^{mm} environ de largeur, passé dans quatre œillets, deux de chaque côté de la fente laissée derrière.

Au bas de chaque jambe un semblable ruban est cousu autour du rempli et dépasse l'ouverture faite à cet endroit d'au moins 300^{mm} de chaque côté pour fermer le caleçon. Des pièces de renfort sont placées à l'extrémité de toutes les fentes. La fente de derrière est paremeutée depuis la ceinture sur une longueur de 180^{mm} environ et de chaque côté la largeur de ce parementage est de 30^{mm} en haut et de 20^{mm} en bas.

Une pièce de renfort en toile de coton (longueur 75^{mm}, hauteur 40^{mm}) est placée sur chaque devant de la ceinture à 30^{mm} environ du niveau de l'assemblage de côté prolongé ; elle est rempliée et piquée tout le tour ; son bord supérieur est pris dans le repli de la ceinture. A 15^{mm} de ce bord environ, une ouverture mesurant environ 50^{mm} de longueur est pratiquée dans toute l'épaisseur de la ceinture et faite en points de boutonnière solidement arrêtés ; cette ouverture sert au passage de la bretelle du pantalon pour empêcher le caleçon de glisser. Deux petits plis de 35^{mm} environ chacun sont formés derrière de chaque côté du caleçon et pris dans le montage de la ceinture.

Les caleçons sont confectionnés sur quatre tailles et doivent avoir les dimensions indiquées au tableau ci-après.

La longueur du côté est supérieure à celle de l'entre-jambes, savoir : pour la 1re taille, 280^{mm} ; pour la 2e taille, 270^{mm} ; pour les 3e et 4e tailles, 260^{mm}.

Dimensions :

		1re TAILLE.	2e TAILLE.	3e TAILLE.	4e TAILLE.
Longueur	depuis la ceinture (côté jusqu'au bas des jambes).	1^{m}170	1^{m}070	1^{m}000	0^{m}949
	depuis l'enfourchure entre-jambes jusqu'au bas des jambes	0 890	0 800	0 740	0 640
	de chaque côté de la ceinture (mesure prise à la tête de la première boutonnière)	0 470	0 440	0 410	0 380
Hauteur de la ceinture	devant	0 120	0 120	0 120	0 120
	derrière	0 045	0 045	0 045	0 045
Demi-largeur	des cuisses à l'enfourchure	0 400	0 380	0 360	0 340
	à demi-distance entre l'enfourchure et le bas	0 270	0 260	0 250	0 240
	au bas	0 150	0 140	0 140	0 140
Fente	derrière la ceinture	0 140	0 140	0 140	0 140
	du bas des jambes	0 160	0 160	0 160	0 160
Distance du bas de l'ouverture devant à l'enfourchure		0 050	0 050	0 050	0 050
Longueur libre de chaque cordon du bas		0 300	0 300	0 300	0 300
Poids minimum du caleçon		0k375	0k335	0k305	0k280

ART. 427. — CALOTTE DE COTON.

Faite au métier, d'une seule pièce et à mailles, sans autre couture que celle qui forme la partie supérieure froncée, à laquelle est fixée une petite houpette en fil de coton écru, solidement cousue par un double fil.

Dans la partie inférieure, le tissu est redoublé sur lui-même au métier, de manière à former une bordure en remaillage de 25^{mm} environ de hauteur.

Dimensions de la calotte de coton

Hauteur de la calotte, depuis le bord jusqu'à la naissance
   de la houpette . . . . 0^m230
Largeur au bas (variable selon la pointure) 0.250
Poids minimum de la calotte . . . . 0^k045
Nombre de mailles en chaîne (au minimum) 9
Nombre de mailles en trame (au minimum) 6

ART. 428. — CHEMISE DE COULEUR EN FLANELLE DE COTON A COL.

Les chemises sont confectionnées sur quatre tailles : elles n'ont
ni fronces, ni plis, ni goussets ; les manches sont d'une seule pièce,
à poignet et fermées chacune par un petit bouton d'os ; la pièce d'é-
paule est d'un seul morceau, d'une épaule à l'autre et traversant le
dos, où elle forme renfort au-dessous du collet ; sur le devant, ses
bords viennent se perdre sous les paREMENTures de l'ouverture de la
poitrine ; le collet est percé d'une boutonnière, sur son extrémité
gauche, correspondant à un petit bouton d'os placé sur l'extrémité
droite ; il est garni d'une piqûre à $0^m,005$ environ du bord extérieur ;
le poignet est également piqué dans toute sa longueur à $0^m,022$ environ du bord extérieur et à hauteur de la boutonnière.

Sur chacun des côtés de la fente est appliquée une bande de flanelle
de coton repliée sur elle-même : celle du côté droit, qui porte les
deux boutons, mesure en dessus $0^m,030$ environ de largeur, et $0^m,023$
au moins en dessous ; celle de gauche qui porte les boutonnières
mesure en dessus environ $0^m,032$ et $0^m,020$ au moins en dessous ;
l'extrémité intérieure de la bande de droite est piquée et rabattue et
son extrémité extérieure piquée à cordon ; l'extrémité intérieure de
la bande de gauche est également piquée et rabattue et extérieurement elle est piquée à $0^m,005$ de chacun de ses bords.

Ces deux bandes sont arrêtées à $0^m,025$ du bas par une piqûre et
deux brides de boutonnières, la bande de droite s'engageant à partir
de cet arrêtement sous celle de gauche.

Les bords des devants doivent être prolongés de manière à être
pris dans les boutonnières et dans l'attache des boutons ; les boutons
et les boutonnières sont placés : le premier à $0^m,100$ et le deuxième
à $0^m,200$ de l'encolure (mesure prise du milieu de la boutonnière et
du bouton).

Le collet, les poignets et les pans sont arrondis aux angles.

L'arrêtement des fentes de côté et de celles du bas des manches est renforcé par un lacet de coton écru (largeur 0^m,010 environ) posé à plat.

Toutes les coutures et piqûres sont faites au fil de coton câblé.

Les coutures peuvent être faites indistinctement à la main ou à la machine à coudre.

Les dimensions sont les suivantes :

	Dimensions			
	1re taille.	2e taille.	3e taille.	4e taille.
Longueur devant, prise au pli de l'épaule.	1^{m}040	0^{m}980	0^{m}940	0^{m}880
Longueur devant, prise au pied du collet	0 980	0 920	0 880	0 820
Longueur derrière, prise au pli de l'épaule.	1 120	1 060	1 020	0 960
Longueur derrière, prise au pied du collet.	1 100	1 040	1 000	0 940
Longueur de l'ouverture sur la poitrine.	0 320	0 300	0 300	0 300
Longueur des fentes de côté à partir du bas du devant.	0 300	0 300	0 300	0 300
Largeur des pans entre lisières.	0 780 à 0 800	0 780 à 0 800	0 780 à 0 800	0 780 à 0 800
Largeur de la pièce d'épaules, entre le collet et la manche.	0 150	0 150	0 150	0 150
Largeur de la pièce d'épaules derrière le collet.	0 060	0 060	0 060	0 060
Longueur totale de la pièce d'épaules	0 580	0 570	0 560	0 550
Collet { Longueur totale mesurée à la base.	0 480	0 470	0 450	0 430
Collet { Hauteur	0 040	0 040	0 040	0 040
Manches { Long^r depuis la pièce d'épaules jusqu'au poignet.	0 620	0 600	0 580	0 560
Manches { Largeur { près du corps	0 300	0 290	0 280	0 260
Manches { Largeur { au coude	0 260	0 250	0 240	0 230
Manches { Largeur { près du poignet	0 130	0 130	0 130	0 130
Manches { Hauteur du poignet	0 035	0 035	0 035	0 035
Poids. { Minimum de la chemise	0^{k}550	0^{k}520	0^{k}500	0^{k}470

L'étoffe dite flanelle de coton doit réunir les conditions suivantes :

Le coton doit être de première qualité du type dit « Louisiane » à longues fibres, afin qu'il puisse fournir une surface duveteuse analogue à celle des tissus de laine. La flanelle est tissée à l'armure croisée quatre pas, afin de lui donner l'élasticité désirable ; examinée au compte-fil, elle doit avoir, par centimètre carré, 26 à 27 fils en chaîne et 28 à 29 fils en trame.

Le tissu, éprouvé au moyen du dynamomètre, devra donner une résistance minimum de 40 kilogr. en chaîne et de 70 kilogr. en trame.

La chemise est teinte en fils avant le tissage ; elle est tissée à petits carreaux ou à raies de couleurs noire, bleu ou rouge, le tissu quadrillé doit présenter, en trame, un minimum de 14 fils moulinés au centimètre.

La teinture bleue devra toujours être obtenue par l'indigo ; les autres couleurs devront résister aux épreuves spécifiées dans les cahiers des charges spéciales régissant la fourniture des effets de petit équipement.

Art. 429. — CHEMISE BLANCHE.

Semblable comme forme et dimensions à la chemise en flanelle de coton décrite ci-dessus à l'article 428 et confectionnée en cretonne de coton écru de bonne qualité, convenablement purgée d'encollage, la toile ayant une largeur de $0^m,600$ d'une lisière à l'autre et contenant, par centimètre carré, 25 à 26 fils en chaîne et en trame.

Art. 430. — COL EN PERCALE DROIT

A cinq boutonnières ; du modèle de ceux des officiers. Largeur minimum $0^m,032$.

L'indication de la pointure est écrite sur chaque col à l'encre indélébile.

Pointures : de 37 à 45.

Art. 431. — CORDE A FOURRAGE.

En chanvre de première qualité, façon dite septain et composée de sept brins de ficelle tordus.

Un des bouts de cette corde est muni d'un fort anneau en fer étamé formant poulie. Cet anneau recourbé en fer à cheval, a environ 40^{mm} de flèche et 6^{mm} de diamètre, ses extrémités, aplaties en cercle de 13^{mm} de diamètre, doivent avoir $1^{mm},5$ d'épaisseur au moins.

La petite poulie en cuivre a 12^{mm} de long (diamètre de la gorge 7^{mm} au moins). Le rivet formant axe a environ 3^{mm} de diamètre.

L'autre extrémité est maintenue par une ligature en fil poissé, bien serrée par 14 à 15 tours et bien arrêtée.

Longueur moyenne de la corde $5^m,450$ (peut varier entre $5^m,400$ et $5^m,500$).

Poids de la corde 260 à 270 grammes ; elle doit pouvoir supporter une traction minimum au dynamomètre (longueur $0^m,15$ entre mâchoires), de 450 kilogr.

Art. 432. — COURROIE DE MANTEAU.

En cuir de vache noirci sur chair, avec passant de même et boucle à rouleau en fer étamé, à l'une de ses extrémités.

> Longueur . . . . 630^{mm}
> Largeur 22
> Épaisseur du cuir . . . . $2^{mm}5$ à 3

Art. 433. — COURROIE DE SAUTOIR OU DE LA CAPOTE

En cuir de vache noirci et ciré sur chair, avec passant de même cuir (largeur 12^{mm}, épaisseur 2^{mm} environ) et boucle à rouleau en fer étamé, solidement enchapée à l'une de ses extrémités et fixée par une couture faite au fil bien poissé, à six branches, qui sert à réunir les deux bouts de la capote quand elle est roulée pour être portée en sautoir ; largeur 20^{mm}, longueur 350^{mm} épaisseur $2^{mm},5$ à 3 m.

L'extrémité opposée à la boucle est percée de six trous d'ardillon, espacés entre eux de 25^{mm} dont le premier est placé à 40^{mm} environ du bout de la courroie.

Art. 433 bis. — COURROIE DE SAUTOIR (Vélocipédistes).

En cuir de vache noirci et ciré sur chair, d'une épaisseur de $2^{mm}5$ à 3^{mm}, d'une longueur mesurée du pli de l'enchapure à l'extrémité de 450^{mm} et d'une largeur de 20^{mm} ; elle est pourvue d'un passant de même cuir (largeur 13^{mm}) d'une épaisseur de 2^{mm} environ.

A l'une des extrémités de la courroie est solidement enchapée, par une couture faite au fil bien poissé, à six branches, une boucle à rouleau en fer étamé ; l'autre extrémité est percée de six trous d'ardillon, espacés entre eux de 25^{mm}, dont le premier est placé à 50^{mm} environ du bout de la courroie.

Art. 434. — CRAVATE BLEUE.

En toile de coton, genre calicot de très bonne qualité, de couleur bleu marin, obtenue par l'indigo pur, et présentant, au centimètre carré, 32 fils en chaîne et 30 en trame.

Elle est formée d'une bande d'étoffe de $1^m,500$ de longueur environ, sur 210^{mm} de largeur ; les quatre côtés sont ourlés sur une longueur de 5^{mm} environ, à moins que l'un des quatre côtés ne soit formé par une lisière.

Poids minimum de la cravate : 0^k035^{gr}.

ART. 435. — CRAVATE NOIRE.

En tissus de laine dit satin turc. Elle présente une bande de 1^m,35 de longueur, non compris les ourlets, sur 150^{mm} de largeur. Elle est ourlée aux deux extrémités et sur les côtés.

ART. 436. — COUTEAU DE POCHE.

Comprend une lame en acier, un ressort en acier, un manche en bois rivé sur les deux clavettes en tôle et un talon percé d'un trou.

Longueur totale du couteau ouvert (y compris le talon). . . 0^m205
Longueur de la lame. 0.090

ART. 437. — ÉPAULETTES.

Les épaulettes sont montées sur un corps à écusson composé de deux toiles de coton semblables (conditions de fabrication de cette toile 0 k. 415 au minimum au mètre carré, 10 à 11 fils retors, deux bouts en trame et 14 à 16 fils retors, trois bouts juxtaposés deux à deux en chaîne au centimètre) enduites d'une pâte de caoutchouc, sur les deux faces, puis réunies ensemble par un collage en caoutchouc, pour leur assurer une adhérence complète. Le corps à écusson est ensuite vulcanisé et son épaisseur totale, toile et enduit, mesure 0^m 002 à 0^m,003.

Ce corps à écusson est recouvert d'une étoffe tissée, façon cul-de-dé à effet de trame, c'est-à-dire chaîne coton, trame laine.

Une boutonnière (longueur 0^m,022 à 0^m,024) est tissée dans l'étoffe ; elle commence à 0^m,012 ou 0^m,014 de l'extrémité du corps de l'épaulette, dont les angles forment deux pans coupés de 0^m,020 de longueur environ.

L'écusson de l'épaulette est entouré de trois tournantes en passementerie, la plus grosse à 0^m,009 de diamètre ; elle est formée d'une âme en fil de coton simplement juxtaposé, autour de laquelle s'enroulent alternativement deux cordonnets en laine, l'un de 7 à 9 dixièmes de millimètre à deux torons de deux brins retors deux bouts ; l'autre de 13 à 15 dixièmes de millimètre de diamètre environ, à trois torons semblable à ceux du précédent.

La seconde tournante, appliquée sur l'écusson, mesure 0^m003 de diamètre environ ; elle est câblée à trois branches serrées formées chacune d'une âme en coton légèrement tordue recouverte en laine.

La troisième tournante, placée à la naissance des franges, est façonnée comme la seconde, mais son diamètre n'est que de $0^m,002$ environ.

La frange comporte par épaulette 350 brins au minimum de 12 à 14 dixièmes de millimètre de diamètre ; elle est en laine bien épurée ; chaque brin comporte deux branches tordues ensemble et formées chacune de quatre fils retors à deux bouts.

Dimensions de l'épaulette confectionnée :

	1re TAILLE.	2e TAILLE.	3e TAILLE.
Longueur du corps mesurée du sommet du corps à la naissance de l'écusson.	$0^m,1\,5$.	$0^m,118$	$0^m,110$
Largeur courante du corps	$0^m,060$	$0^m,060$	$0^m,060$
Hauteur de l'écusson non compris les tournantes.	$0^m,043$	$0^m,043$	$0^m,043$
Largeur de l'écusson non compris les tournantes.	$0^m,088$ à $0^m,090$	$0^m,088$ à $0^m,090$	$0^m,088$ à $0^m,090$
Hauteur apparente de la frange	$0^m,080$	$0^m,080$	$0^m,080$
Poids minimum des franges d'une seule épaulette	$0k,032$	$0k,032$	$0k,032$

La garniture de l'épaulette comprend : une doublure en drap, une matelassure d'étoupe et une bande de toile de coton.

Doublure. — La doublure est en drap de soldat bleu foncé (drap 19 ains). La partie qui recouvre le corps est entièrement rempliée de chaque côté sur une longueur de $0^m,025$ environ ; elle est piquée à la main à points devant et arrêtée à la naissance de l'écusson. La partie qui recouvre l'écusson est également rempliée sur une largeur de $0^m,025$ mais le rempli s'arrête à la moitié de la hauteur de l'écusson ; cette partie de la doublure est cousue à points devant assez serrés. Enfin, elle est fixée autour de la boutonnière par dix ou douze points devant.

Matelassure. — L'écusson est garni d'une matelassure en étoupe placée dans le creux formé par les tournantes et le baut des franges; chaque épaulette contient 4 à 6 grammes d'étoupe environ.

Bande de toile. — Une bande de toile de coton, de la qualité employée pour la doublure des effets d'habillement, de 0^m,080 à 0^m,085 de longueur, et de 0^m,030 à 0^m,035 de largeur apparentes, est cousue à points rabattus sur la doublure en drap dans le sens de la longueur, à partir du bas de la boutonnière. Elle est destinée à recevoir :

Par les soins du corps, le timbre du régiment et le numéro matricule de l'homme ;

Par les soins du fournisseur, les initiales de sa raison sociale et le numéro de la taille de l'épaulette.

Les marques du fournisseur sont apposées dans le sens de la largeur de la bande, à l'extrémité voisine de la boutonnière, et dans un rectangle mesurant 0^m,030 sur 0^m,015.

Condition de fabrication. — Les épaulettes sont fabriquées avec de la laine jonquille de teinte uniforme.

Les laines employées doivent être exclusivement des laines mères ; elles doivent avoir été lavées à fond et soigneusement triées, dégraissées et épurées avant de subir les opérations de la teinture.

L'emploi de toute autre sorte de laine, de déchets, d'autres textiles, etc., est rigoureusement interdit. Le montage et l'assemblage des différentes parties des épaulettes doivent être faits de telle sorte que la tournure générale de l'effet confectionné reproduise l'aspect du modèle-type.

Teinture. — La laine destinée à la confection des épaulettes doit obligatoirement être teinte à la *gaude.*

ART. 438. — ÉPERONS A LA CHEVALIÈRE (1).

L'éperon en fer limé et poli se compose d'une branche et d'une tige.

Branche. — La branche enveloppe au dehors le contrefort de la jambière. Elle est légèrement arrondie en dedans et en dehors et pourvue latéralement d'un pivot, à bouton, rivé à chaque extré-

---

(1) « Le port de l'éperon d'ordonnance avec le pantalon d'ordonnance est supprimé pour tous les sous-officiers (sous-officiers rengagés exceptés) en tenue de ville et en tenue de sortie. »

mité. Ces pivots servent à fixer les brides et les sous-pieds qui sont en cuir de vache ciré.

Le pivot externe porte une boucle roulante à ardillon à laquelle vient s'attacher l'extrémité libre, taillée en pointe, de la bride d'éperon qui contourne le cou-de-pied.

Tige. — Sur le milieu de la branche se raccorde la tige qui est horizontale comme la branche ; sa tête renforcée sur les côtés latéraux par deux cônes accolés de 12^{mm} de diamètre à la base, est légèrement recourbée vers le talon ; elle est refondue verticalement entre les deux cônes sur une longueur de 17^{mm} en dessus et de 15^{mm} en dessous pour recevoir autour d'un axe une molette mobile de 1^{mm} environ d'épaisseur présentant dix pointes en dent de scie de 4^{mm} environ de saillie.

Dimensions :

Branche	Écartement entre ses extrémités (env.)	0^{m}095
	Développement intérieur (environ)	0 230
	Profondeur de son centre (environ)	0 100
	Largeur (environ)	0 010
	Épaisseur (environ)	0 004
	Pivot à bouton (diamètre)	0 012
	Boucle { Longueur dans œuvre	0 019
	Boucle { Largeur au mil. dans œuvre	0 015
Tige	Longueur (environ)	0 040
	Diamètre (environ)	0 010
	Distance entre les sommets des deux cônes formant la tête renforcée	0 015
	Molette (diamètre mesuré au sommet des pointes)	0 017
Brides	Longueur moyenne	0 230
	Largeur { du côté du pivot	0 020
	Largeur { du côté de la boucle	0 015
Sous-pied	Longueur minimum	0 250
	Largeur	0 022

Nota. — Les sous-pieds et les brides sont percés, à 0^m,012 d'une de leurs extrémités, d'une boutonnière de 0^m,020. La deuxième boutonnière des sous-pieds et les trous des brides sont pratiqués dans les corps de troupe au moment de l'ajustage.

ART. 439. — ÉTUI-MUSETTE.

L'étui-musette est fait d'un seul morceau de forte toile trois-fils teinte en fils en cachou foncé.

Ce morceau est replié sur lui-même et ses côtés sont réunis par des coutures en jointures dont les remplis de 10^{mm} environ, qui se trouvent en dehors, sont couverts par la sangle contournant l'étui.

L'étui présente la forme d'un portefeuille dont l'ouverture horizontale, rempliée à l'intérieur sur une hauteur apparente de 15^{mm} environ, est recouverte par une patelette à pans coupés.

Le rempli du bord de la patelette (hauteur apparente 50^{mm} environ) est coupé à ses extrémités sur une longueur de 25^{mm} environ afin de ne pas former une double épaisseur de toile avec les angles abattus ; sur le milieu du rempli sont percées, à 100^{mm} environ des bords verticaux de la patelette deux boutonnières venant se fixer à deux boutons en zinc de 16^{mm} à trous ou à barrette cousus au corps de l'étui.

Le bord inférieur de l'étui forme un pli creux en soufflet.

Une sangle, également teinte en cachou, en fort tissu croisé de fil de chanvre ou de lin (largeur 30^{mm}) contourne l'étui. Cette sangle se prolonge à gauche de l'étui en le regardant au dehors sur une longueur apparente de 180^{mm} environ, forme un pli où se trouve enchapée une boucle en fer étamé à deux ardillons, puis double cette longueur pour se terminer à 75^{mm} environ au-dessous de l'ouverture de l'étui ; un passant en petite sangle de 14 à 15^{m}/$_m$ de largeur est placé à environ 10^{mm} de la boucle.

A droite de l'étui, la sangle se prolonge sur une longueur apparente d'environ 1^m,10, dont l'extrémité est rabattue en pointe, puis double cette longueur jusqu'à 75^{mm} au-dessous de l'ouverture de l'étui.

La sangle est piquée sur ses bords dans toute sa longueur ; ses extrémités sont consolidées, de chaque côté de l'étui, par quatre fortes brides.

Une pièce de renfort (longueur apparente 50^{mm} environ, largeur apparente 30^{mm} environ) est cousue en dedans de chaque côté de l'ouverture de l'étui.

Les piqûres, les coutures, les brides et les boutonnières sont faites au fil cachou bon teint. La boucle devra pouvoir supporter une traction de 50 kilogr. sans que les pointes des ardillons passent en dessous de la traverse supérieure.

Dimensions :

Largeur de l'étui-musette	0m400
Hauteur apparente devant	0 240
Profondeur du repli en soufflet rentré en dedans	0 027
Hauteur { de l'étui derrière y compris le rabat	0 410
{ du recouvrement ou rabat sur le devant	0 170
Largeur de chacun des pans coupés de la patelette	0 080
Longueur de la sangle (côté droit) mesurée de l'ouverture de l'étui à la pointe	1 100
Longueur du boucleteau, mesurée de l'ouverture au pli de l'enchapure de la boucle	0 180
Poids minimum de l'étui-musette confectionné	0k230

Conditions de fabrication de la toile de l'étui-musette. — La toile trois fils employée à la confection de l'étui-musette est en lin ou chanvre ; sa largeur minimum, après teinture, doit être 0m850.

Elle doit présenter au centimètre carré 18 à 19 fils doubles en chaîne et 16 à 17 en trame.

La force dynamométrique doit être au minimum de 182 kilogr. en chaîne et 190 kilogr. en trame, sur des bandes préalablement immergées.

La sangle de l'étui-musette doit présenter au centimètre carré 15 à 16 fils en chaîne et 10 à 11 fils en trame ; cette sangle (tissu simple) devra pouvoir supporter une traction minimum au dynamomètre (longueur 0m,15 entre mâchoires) de 142 kilogr, l'éprouvette essayée ayant été préalablement immergée.

ART. 440. — FOUET.

Il se compose : 1° d'un manche en bois dur noirci (longueur 380mm, diamètre au gros bout 25mm environ) garni au petit bout d'une virole en cuivre de 40mm, percée d'un trou pour passer l'accouple ; 2° d'une accouple en vache dite cuir de Hongrie de 2mm,5 à 3mm,5 d'épaisseur (longueur 1 mètre, doublé jusqu'à 350mm avec trois nœuds de 40 à 50mm de longueur, ensuite tressé sur une longueur de 350mm environ et le reste en lanière) ; 3° d'une mèche en ficelle ; 4° d'un cordon de poignet en veau noirci sur fleur d'environ 1mm,5 d'épaisseur et d'une largeur de 10mm à sa partie travaillante, passé dans un trou pratiqué au gros bout du manche.

Résistance minimum dynamométrique du cordon de poignet : 30 kilog.

ART. 441. — GAMELLE INDIVIDUELLE.

La gamelle individuelle est confectionnée en tôle emboutie étamée (épaisseur après étamage 56 à 66/100es de millimètre) pour les
troupes à pied et 66 à 76/100es pour les troupes à cheval ; elle a la
forme d'un tronc conique et les dimensions suivantes :

		Troupes à pied.	à cheval.
Corps de la gamelle.	Diamètre supérieur (dans œuvre)	0^m150	0^m163
	— inférieur (hors œuvre)	0 130	0 140
	Hauteur	0 092	0 095
Couvercle.	Diamètre du dessus du couvercle	0 155	0 170
	— de l'enfoncement destiné à loger l'anneau	0 060	0 060
	Profondeur de l'enfoncement	0 005	0 005
	Bande rentrante du couvercle (hauteur)	0 012	0 012
	Bande rentrante du couvercle (diamètre du bord inférieur)	0 142	0 157
	Anneau du fil de fer de 3^{mm} de diamètre (hauteur)	0 030	0 030
	Anneau du fil de fer de 3^{mm} de diamètre (ouverture)	0 028	0 028
	Enchapure de l'anneau (longueur environ)	0 021	0 021
Anses de fil de fer de 3 à 4 ^{mm} de diamètre	Distance d'un rivet à l'autre	0 050	0 050
	Ouverture	0 030	0 033
	Saillie en dehors du corps de la gamelle	0 015	0 015
Chaînette munie d'un S à chaque extrémité, en fil de fer de $1^{mm},5$ à 2^{mm} de diamètre (longueur, y compris les deux S)		0 170	0 170
Poids variant entre	475 et 525 grammes pour les troupes à cheval		0^k500
	380 et 430 grammes pour les troupes à pied	0^k405	
Contenance minima		1 litre	1 lit. 1/

ART. 442. — GANTS DE PEAU POUR SOUS-OFFICIERS RENGAGÉS.

En peau de mouton blanchie et chamoisée, doigts et dessus de
main piqués à l'anglaise, toutes les coutures des doigts et de la
main doivent être en outre surjetées à l'intérieur pour augmenter la
solidité de la piqûre.

Ils sont en forme dite arrondie, le bord près du poignet est solidement ourlé et fendu en dessous de 60 à 70mm.

Cette fente qui remonte vers le creux de la main est également ourlée et porte d'un côté une petit bouton à queue en métal nickelé et de l'autre une boutonnière passepoilée en peau.

ART. 443. — GILET DE FLANELLE.

En flanelle blanche croisée pure laine. Le gilet est sans manches, il est confectionné d'un seul morceau pris dans le sens de la longueur de l'étoffe. les devants se rattachent au dos par des coutures d'épaulette piquées et rabattues.

L'encolure et les emmanchures sont bordées à plat extérieurement, par un ruban en coton blanc croisé, d'un centimètre de largeur, piqué sur ses deux bords.

Le bas du gilet est formé par la lisière de l'étoffe et n'est pas remplié.

Le gilet de flanelle se boutonne, sur le côté droit, au moyen de sept boutons en os blanc à trous, également espacés, situés à 25^{mm} environ du bord de l'effet et cousus sur deux parementages extérieurs de flanelle de 30^{mm} de largeur. Un même nombre de boutonnières en fil sont pratiquées à gauche sur un rempli de 50^{mm} de largeur, piqué sur ses deux bords. En outre du parementage extérieur de flanelle sur lequel sont cousus les boutons, cet effet comporte un parementage intérieur formé d'un ruban en coton blanc croisé de 25^{mm} de largeur.

Après confection, il est fait trois remplis de 30^{mm} de haut en bas cousus à longs points de 0^{m},01 environ, un dans le dos et un de chaque côté sous le bras afin de pouvoir élargir cet effet quand la flanelle s'est rétrécie après quelques lavages.

Il est délivré deux gilets de flanelle aux hommes qui sont envoyés aux colonies.

Dimensions :

Longueur du gilet de flanelle . . . . . de 750^{mm} à 800^{mm}
Demi-largeur 600
Poids minimum du gilet (environ) . . . . . . 170 gr.

ART. 444. — GUÊTRES DE TOILE.

Confectionnées en toile de lin crémée, dite toile de guêtres, et doublées de la même toile.

La guêtre se compose d'une jambe et d'un gousset arrondi par devant, chacun en deux pièces, le tout assemblé par des coutures piquées. Elle se ferme sur le dehors de la jambe au moyen de neuf boutonnières percées au bord de l'ouverture verticale ; les boutons correspondants sont en os, à trous, du diamètre de 12^{mm} environ, et au nombre de quatorze, placés, savoir : neuf sur une ligne oblique, celui du bas étant à 4^{mm} environ du bord vertical de la guêtre et celui du haut à 30^{mm} environ de ce bord et cinq près du bord de la guêtre à partir du cinquième bouton.

Les boutons doivent être cousus avec un fil double passé dans chacun des quatre trous et arrêtés séparément.

Quand la guêtre est ajustée sur la jambe, la partie qui porte les boutons est engagée sous celle des boutonnières d'environ 20^{mm} au bas et de 50^{mm} environ en haut.

La doublure s'étend depuis le cinquième bouton jusqu'à la cinquième boutonnière et descend jusqu'au bas. Un parementage de 40^{mm} environ s'étend sous les boutonnières, au-dessus de la doublure. Sous les boutons, il en existe un d'environ 40^{mm} près de la doublure et de 60^{mm} en haut de la guêtre.

Elles sont confectionnées sur trois tailles :

Le sous-pied est en veau ou vache fauve, lissé, quart-nourri (épaisseur 1^{mm},5 à 2^{mm},5) ; il est fixé à la guêtre d'un côté seulement.

La toile doit présenter, au centimètre, 23 à 24 fils en chaîne et 24 à 25 fils en trame.

Poids minimum de la paire de guêtres de taille moyenne (y compris le sous-pied) : 140 grammes.

Dimensions :

		1re taille.	2e taille.	3e taille.
	Hauteur par derrière	0^{m}300	0^{m}290	0^{m}280
	— devant, depuis le gousset jusqu'au haut.	0 170	0 160	0 150
Guêtre pliée à plat et boutonnée.	Largeur en haut pliée à plat et boutonnée à la rangée de boutons postérieure	0 155	0 145	0 135
	Largeur à la hauteur de la naissance du gousset	0 120	0 115	0 110
	Largeur directe du talon à la partie antérieure du gousset	0 255	0 245	0 235
	Diagonale du talon à la naissance du gousset	0 180	0 170	0 160
	Longueur de la couture sur le milieu du gousset.	0 150	0 150	0 150
Largeur du sous-pied		0 045	0 045	0 045
Longueur apparente du sous-pied		0 110	0 110	0 110

Art. 445. — MOUCHOIR D'ORDONNANCE.

En toile de coton à carreaux de couleur, présentant au centimètre 27 à 29 fils en chaîne et en trame.

Longueur entre les deux lisières, environ 700^{mm} et 600^{mm} sur les deux autres côtés, qui doivent être ourlés.

Les couleurs, très bon teint, sont obtenues sur les fils avant le tissage et non par impression sur l'étoffe. La couleur bleue, obtenue par l'indigo, et la couleur blanche devront toujours prédominer sur les couleurs cachou, rouge, violette, etc.

Poids minimum du mouchoir, 50 grammes.

Art. 446. — MUSETTE DE PANSAGE GARNIE.

La musette de pansage est confectionnée d'un seul morceau en forte toile de trois fils, teinte en fils en cachou foncé, présentant au centimètre 18 à 19 fils doubles en chaîne, 16 à 17 fils en trame et une résistance dynamométrique de 128 kilogr. en chaîne et 190 kg. en trame, sur des bandes préalablement immergées.

La partie inférieure est arrondie ; la partie supérieure renforcée par un ourlet. A l'un des côtés de l'ouverture est un petit gousset auquel est fixé un bout de sangle cachou de 150^{mm} de long, terminé par une boucle en fer étamé avec un seul ardillon.

A l'autre côté de l'ouverture de la musette est attaché un autre bout de même sangle (800^{mm} de longueur environ), ces sangles sont arrêtées chacune par deux fortes brides.

La sangle cachou est en fort tissu croisé de fil de chanvre ou de lin, présentant au centimètre carré 15 à 16 fils en chaîne et 10 à 11 fils en trame. Cette sangle devra pouvoir supporter une traction minimum au dynamomètre de 124 kilogr. (longueur, 150^{mm} entre mâchoires), l'éprouvette essayée ayant été faite préalablement immergée.

Dimensions :

Hauteur de la musette	0^{m}450
Largeur —	0 350
— de la sangle	0 025
Poids minimum de la musette de pansage	0^{k}180

La musette de pansage garnie comporte :

1 musette de pansage, 1 étrille, 1 brosse à cheval, 1 torchon-serviette, 1 éponge, 1 paire de ciseaux.

Étrille. — L'étrille est en tôle vernie noire (épaisseur, 1^{mm} environ), armée de six lames, dont deux lisses et quatre dentelées. Les dents sont au nombre de 44 à 46 par 100^{mm}; vers les extrémités des lames, leur pointe est légèrement abattue.

Les deux lames externes sont formées par les deux grands côtés, rabattus à angles droits, du plateau rectangulaire. Quatre rivets fixent les autres lames sur le plateau.

La saillie, au milieu des lames dentelées, est de 17^{mm}; de 15^{mm} pour les lames lisses; la saillie des extrémités de chaque lame est de 10^{mm} environ.

Un marteau, d'une largeur de 12^{mm} et d'une longueur de 52^{mm} environ, débordant le plateau de 7^{mm} environ, est maintenu à chaque angle par deux rivets.

Les bouts arrondis des quatre pattes rivées, formant marteau, mesurent au minimum 7^{mm} de diamètre.

L'étrille est garnie d'une bride en vache fauve, demi-nourrie (épaisseur, 2^{mm},5 à 3^{mm},5), de 28 à 30^{mm} de largeur, et dont la longueur, de 210^{mm} environ permet de passer la main. Les bouts arrondis sont percés, à 6^{mm} de leurs extrémités, d'une boutonnière de 25^{mm} de longueur.

Cette bride se fixe avec deux boutons en fer à tête plate arrondie (diamètre minimum, 10^{mm}), d'une hauteur apparente de 7^{mm}, rivés sur le milieu des lames extérieures.

Dimensions :

Les tiges des boutons rivés mesurent au minimum	Diamètre	0^m005
Longueur de l'étrille dans le sens des lames		0 142
Largeur minima		0 095

Brosse à cheval en chiendent et piazzava. — Semelle avec placage en hêtre, à côtés parallèles présentant une large rainure gougée, à dos plat, plus épais au milieu qu'aux extrémités et à bouts terminés en pointes.

A sa partie supérieure, qui touche le placage, la semelle est creusée sur environ 0^m,215 de longueur, 0^m,045 de largeur et 0^m,003 de profondeur pour loger la ficelle qui tient les loquets; elle comporte

75 trous coniques disposés en cinq rangées ; une centrale de 11 lo
quets et deux de chaque côté de celle-ci formant deux pourtours,
l'un intérieur composé de 26 loquets et l'autre extérieur de 38. Les
trous de la rangée du milieu et du pourtour intérieur sont droits et
leur diamètre du côté du placage est de $0^{mm},006$ à $0^{mm},007$; ceux du
pourtour extérieur sont percés obliquement vers les bords de manière à donner à la brosse une forme entaillée ; leur diamètre est de
$0^{m},004$ à $0^{m},005$; leur bord externe est à $0^{m},008$ ou $0^{m},009$ des côtés
de la semelle et à $0^{m},017$ ou $0^{m},018$ des bouts.

La ficelle employée est du numéro 15 à trois brins ; le chiendent
est employé dans la proportion de un tiers environ contre deux tiers
de piazzava.

La partie supérieure de la semelle est badigeonnée avec une solu-
tion de goudron afin de protéger la ficelle contre l'humidité.

Le placage est consolidé sur la semelle par six pointes en laiton
à tête plate, de $0^{m},015$ de longueur, disposées triangulairement, trois
à chaque bout.

Dimensions (y compris le placage) :

Longueur de la semelle		$0^{m},243$ à $0^{m},247$
Largeur de la semelle		0 063 à 0 066
Epaisseur totale	au milieu	0 020 à 0 022
	aux bouts	0 014 à 0 016
Epaisseur du placage	au milieu	0 008 à 0 009
	aux bouts	0 002 à 0 003
Saillie des loquets		0 055 à 0 058
Poids total de la brosse		0k 265 à 0k 390

Brosse en soie. — La brosse à cheval, de forme ovale, est composée de 17 rangées de mèches en soie pure de Chine, chaque mèche
ayant 10^{mm} de saillie sur bois ; la rangée du pourtour contient 64
mèches et les autres rangées vont en diminuant jusqu'au centre.
Les mèches sont maintenues par une ficelle de chanvre de première
qualité.

Semelle en hêtre de première qualité, de forme ovale légèrement
bombée au-dessus, percée de 240 trous coniques disposés sur sept
rangées concentriques. La rangée du pourtour percée à 5 ou 6^{mm}
du bord comporte 48 trous, la seconde 44, la troisième 40, la quatrième 35, la cinquième 30, la sixième 25 et celle du centre 18. Ces
trous sont également espacés et alignés vers le centre, aussi unifor-
mément que possible.

Le dessus plat, rainuré de la semelle, comporte un placage de bois
de hêtre de très bonne qualité, cloué sur son pourtour au moyen de
seize petits clous en laiton à tête ronde également espacés et distants de 3 à 4ᵐᵐ du bord. Les trous sont garnis d'épis en forte soie
noire de Chine serrés par de la ficelle n° 16 à quatre brins, de 900
mètres au kilogramme bien tordue et paraffinée.

La brosse est en outre munie d'une bride en cuir de vache fauve
lissée refondue, de très bonne qualité, de 2 à 3ᵐᵐ d'épaisseur, les
bouts de cette bride, fixés à la semelle par une pointe à tête plate
de 17ᵐᵐ environ de longueur sont renforcés par de petites pattes
de même cuir qui reçoivent chacune trois vis en laiton à tête plate
de 15ᵐᵐ de longueur, ces vis traversent les pattes et la bride qu'elles
fixent ainsi à la semelle.

Dimensions de la semelle et du placage.	Longueur au centre		179ᵐᵐ	à 181ᵐᵐ
	Largeur —		98	100
	Épaisseur de la semelle sans le placage	aux bords	9	10
		au centre	13	15
	Épaisseur du placage		1	17
	Diamètre des dessus		2	3
	Trous coniques dessous		3,5	4,5
Dimensions de la bride et des pattes.	Longueur développée de la bride		179	181
	Largeur de la bride			25
	Longueur des pattes			10
	Largeur —			20
Saillie des épis				20
Poids total de la brosse terminée			210ᵍʳ.	à 240ᵍʳ.

Torchon-serviette. — Le torchon serviette de pansage est en toile
de chanvre d'environ 0ᵐ,78 entre lisières ; sa largeur est de 0ᵐ,48
environ. Les bords opposés à la lisière sont ourlés sur une largeur
de 5ᵐᵐ environ.

Le tissu comporte 14 à 16 fils en chaîne au centimètre, et 15 à
17 fils en trame.

Le poids minimum du torchon est de 140 grammes.

Éponge. — De la provenance dite de Gerbis, de bonne qualité,
de forme régulière et suffisamment serrée, c'est-à-dire à pores petits et nombreux, bien reliés à leur extrémité par un tissu large-
ment barbelé, souple et résistant, sans déchirures ni coutures intérieures ou autres apprêts ayant pour but de masquer les défauts ;
bien dégorgées et dégagées de corps étrangers, tels que : algues,

sable, débris de coquillages ou de coraux. Pesées sèches, leur poids varie de 20 à 40 grammes.

On admettra les « demi-formées » et les « bonnes coupées » dans la proportion du quart.

Ciseaux de pansage. — En acier demi-dur trempé : ronds par le bout, les deux branches réunies par un rivet en laiton, ils doivent être bien polis, sans aucune bavure, anneaux bien finis et bien adoucis.

Les ciseaux doivent être convenablement aiguisés.

Longueur des branches : 155^{mm} environ, dont 75^{mm} environ de lame à partir du pivot.

ART. 447. — PANTALON D'ÉCURIE OU DE TRAVAIL, EN TREILLIS.

Confectionné en treillis écru, présentant une résistance dynamométrique de 160 kilogr. en chaîne et de 214 kilogr. en trame sur des bandes préalablement immergées, au centimètre, 23 à 24 fils en chaîne, 24 à 25 fils en trame.

Devant, est une brayette fermée par quatre boutonnières percées dans une sous-patte, en treillis, parementée en toile, adaptée sous le devant gauche, qui est également parementé en toile.

A ce devant de droite, est ajoutée une languette triangulaire en treillis qui reçoit autant de boutons et sert à mieux fermer la brayette ; cette languette est doublée en toile, de toute la hauteur de la fente, et large en haut d'environ 70^{mm}, avec boutonnière dans l'angle qui se rattache à un bouton cousu sous la ceinture à gauche.

La ceinture est d'un seul morceau de chaque côté. Le devant est percé d'une boutonnière à 15^{mm} environ du bord supérieur ; ses deux extrémités, derrière, sont réunies par un soufflet triangulaire d'environ 60^{mm} de large en haut et de 140^{mm} de long sur les côtés.

Elle porte six boutons pour l'attache des bretelles ; le dessus et le dessous de la ceinture sont d'un seul morceau, replié sur lui-même ; un gousset de montre en toile est placé à droite sur le devant. Sur chaque côté du pantalon est une poche de cuisse, en toile. L'entrée de la poche est à 40^{mm} environ de la ceinture ; l'ouverture est de 180^{mm} environ ; la hauteur totale de la poche environ 380^{mm} ; largeur environ, en haut, 100^{mm} ; plus grande largeur 170^{mm} environ ; largeur à la base 120^{mm}.

La martingale portant la boucle est percée à son extrémité libre d'une boutonnière avec bouton correspondant, cousu au-dessous

de la martingale et dans laquelle vient s'engager la partie postérieure de la boucle qui pourra ainsi s'enlever ou se replacer à
volonté avant et après le lavage de l'effet. Le gousset de montre,
les poches, les doublures de la brayette et les pièces intérieures,
servant à consolider l'attache des martingales, sont en toile grise
de forte qualité présentant une résistance dynanométrique de
55 kilogr. en chaîne et 70 kilogr. en trame ; au centimètre 14 à
15 fils en chaîne et en trame.

La hauteur de la ceinture est d'environ 0^m,050 sur le devant et
0^m,035 sur le derrière.

Ce pantalon est ourlé par le bas de chaque jambe sur 0^m,020
de hauteur environ.

Le rabattement de l'ourlet est fait à la main. Les devants et les
derrières doivent être coupés de façon qu'ils comportent chacun
une lisière sur le grand côté ; dans le cas contraire, la couture d'assemblage devrait être surfilée.

Tous les boutons sont en os et à trous de 0^m,013 pour la brayette
et de 0^m 016 pour les autres parties de l'effet.

Le tableau ci-après donne les dimensions des effets confectionnés :

TYPES	SUBDIVISIONS	LONGUEUR de côté.	LONGUEUR d'entre-jambes	MONTANT.	DEMI-GROSSEUR de ceinture, non compris le soufflet.	LARGEUR à l'enfourchure.	LARGEUR au genou.	LARGEUR au bas.	OBSERVATIONS.
1	2	3	4	5	6	7	7	8	10
		m	m	m	m	m	m	m	
A	1	1,23	0,94	0,29	0,51	0,41	0,32	0,26	Les dimensions indiquées dans les colonnes 3, 4 et 6 sont celles de l'homme augmentées de :
A	2	1,23	0,94	0,29	0,48	0,405	0,305	0,26	0m,03 pour la longueur de côté.
A	3	1,23	0,94	0,29	0,45	0,395	0,29	0,26	0m,02 pour l'entre-jambes,
B	1	1,20	0,91	0,29	0,51	0,41	0,32	0,26	0m,01 pour le montant,
B	2	1,20	0,91	0,29	0,48	0,395	0,305	0,26	0m,02 pour la demi-grosseur de ceinture,
B	3	1,20	0,91	0,29	0,45	0,38	0,29	0,26	0m,02 à l'enfourchure,
C	1	1,17	0,88	0,29	0,50	0,405	0,315	0,26	à cause du retrait de l'étoffe.
C	2	1,17	0,88	0,29	0,47	0,39	0,31	0,26	Dans les commandes, on devra indiquer les types,
C	3	1,17	0,88	0,29	0,44	0,375	0,285	0,26	subdivisions et demi-grosseur de ceinture des panta-
D	1	1,13	0,85	0,28	0,50	0,405	0,315	0,26	lons à recevoir.
D	3	1,13	0,85	0,28	0,47	0,39	0,30	0,26	Pour les effets de taille extra-
D	3	1,13	0,85	0,28	0,44	0,375	0,285	0,26	ample, il pourra être commandé des
E	1	1,10	0,82	0,28	0,49	0,40	0,31	0,26	pantalons présen-
E	2	1,10	0,82	0,28	0,46	0,385	0,295	0,26	tant, comme gros-
E	3	1,10	0,82	0,28	0,43	0,37	0,28	0,26	seur de ceinture :
F	1	1,07	0,79	0,28	0,49	0,40	0,31	0,26	12, 8 et 4 centi-
F	2	1,07	0,79	0,28	0,46	0,385	0,295	0,26	mètres de plus que
F	3	1,07	0,79	0,28	0,43	0,37	0,28	0,26	la subdivision 1 de
G	1	1,03	0,76	0,27	0,48	0,395	0,305	0,26	chaque type.
G	2	1,03	0,76	0,27	0,45	0,38	0,29	0,26	
G	3	1,03	0,76	0,27	0,42	0,365	0,275	0,26	
H	1	1,00	0,73	0,27	0,48	0,395	0,305	0,26	
H	2	1,00	0,73	0,27	0,45	0,38	0,29	0,26	
H	3	1,00	0,73	0,27	0,42	0,365	0,275	0,26	

	A	B	C	D	E	F	G	H
Poids minimum du pantalon confectionné (de la subdivision 2 de chaque type).	0k.915	0k.895	0k.875	0k.855	0k.835	0k.815	0k.795	0k.775

ART. 448. — PANTALON DE TOILE BLANCHE (Supprimé)
Faisait double emploi avec la description donnée par l'art. 278).

ART. 449. — QUART.

En tôle emboutie (épaisseur après étamage 56 à 66/100ᵉˢ de millimètre) étamée à l'étain fin, de la contenance d'un quart de litre au minimum. Il a la forme d'un tronc de cône renflé et il est muni d'une anse rivée à ses deux extrémités (épaisseur de l'anse 1^{mm}).

Dimensions :

Diamètre { de l'ouverture, dans œuvre	.	0^{m}090
{ du fond, hors œuvre (environ)	.	0.048
Hauteur mesurée le long de la paroi —	.	0.060
Largeur de l'anse dans le haut	.	0^{m}010 à 0.012
Saillie de l'anse en dehors du quart	.	0.025
Poids	.	0^{k}090 à 0^{k}100

ART. 450. — SABOTS-GALOCHES.

Faits sur deux formes, l'une pour le pied droit, l'autre pour le pied gauche.

La semelle est en bois dur de l'espèce en usage dans la contrée ; l'empeigne est en vache lissée.

La semelle et le talon comportent une garniture en cuir de bonne qualité d'une largeur de 0^m.025 et d'une épaisseur de 0^m,03 fixée au moyen de petits clous à tête ronde.

Une rainure pratiquée autour de la semelle reçoit l'empeigne qui y est fixée par des pointes, lesquelles sont maintenues au moyen d'un filet en bordure.

L'indication de la taille ou pointure est portée au crayon, à la sanguine ou à l'encre, à la partie extérieure la plus apparente de chaque sabot (1).

ART. 451. — SAC A AVOINE.

Le sac à avoine est en toile de lin ou de chanvre teinte en fil au cachou décatie. Il présente deux coutures dans le sens de la longueur du sac, c'est-à-dire deux laizes assemblées sur les côtés à l'aide d'une couture rabattue ; afin d'éviter une trop grande épaisseur, la couture rabattue n'aura pas de rempli, elle devra laisser voir les deux lisières

---

(1) Les prescriptions ci-dessus n'ont rien d'absolu ; il est loisible aux corps de troupe de faire choix de modèle de sabots-galoches de fabrication courante dans la contrée.

de la toile ; le haut du sac, remplié et piqué, forme un ourlet d'une largeur apparente de 10mm environ.

Sur l'un des côtés du sac, à 45mm environ de l'ouverture, sont placés à droite et à gauche de la couture deux œillets surfilés et espacés entre eux de 25mm environ. Ces œillets donnent passage à un cordeau de coton de 3mm formé de 4 torons (longueur développée 0m,83), arrêté au milieu par un double nœud plat. A 50mm environ du fond et du même côté, un second cordeau, semblable au premier (longueur 0m,83), est fixé à l'endroit de la couture par un morceau de cuir fauve de forme ovale (longueur 40mm, largeur 30mm) solidement cousu à une pièce de renfort en toile cachou appliquée sur le sac.

Cette pièce est de même forme que le morceau de cuir, mais le débordant tout autour de 10mm. Le morceau de cuir présente deux trous percés à l'emporte-pièce espacés de 20mm ; la ficelle passe par ces trous, entre le cuir et la pièce de renfort ; son jeu est arrêté par un nœud fait au milieu. Chaque extrémité des cordeaux est surliée sur une longueur de 10mm environ.

Les coutures peuvent être faites à la main ou à la machine. Le fil, de première qualité, employé pour la confection du sac à avoine, est de couleur cachou.

Dimensions :

Hauteur du sac confectionné.	1m200
Largeur.	0.560
Poids minimum de l'effet confectionné.	0k720

La toile employée à la confection du sac à avoine doit présenter par centimètre carré, 16 à 17 fils doubles en chaîne et 14 à 15 fils simples en trame.

La force dynamométrique doit être au minimum de 220 kilogr. en chaîne et 190 kg. en trame, sur des bandes préalablement immergées

ART. 452. — SERVIETTE.

Confectionnée en toile de fil crémée d'environ 0m,60 de large sur 0m,70 de longueur y compris les ourlets. Elle présente, par centimètre carré, 14 à 15 fils de chaîne et 16 à 17 fils de trame.

A environ 55mm de chaque lisière court un liteau rouge de 8 à 9mm de large.

A l'une des extrémités est solidement cousue un ruban de fil de coton dit « risata » pour suspendre la serviette.

Son poids est de 135 grammes au minimum.

ART. 453. — SOULIERS.

Les souliers sont confectionnés sur deux formes, l'une pour le pied droit l'autre pour le pied gauche.

Les différentes pièces qui compose le soulier sont : l'empeigne, le quartier, le contrefort, la semelle extérieure ou semelle forte, dite seconde, la semelle intérieure dite première, la trépointe, la cambrure et le cambrillon, le bon-bout, les sous-bouts et le fer à cheval du talon.

Empeignes. — En cuir de vache corroyé et nourri, d'un seul morceau, d'une épaisseur régulière de $1^{mm},7$ à $2^{mm},3$; elle pourra être en veau non scié.

La longueur de la fente de l'empeigne est fixé à 10^{mm}, qu'elle ne devra pas dépasser. Cette fente sera arrêtée par un trou rond fait à l'emporte-pièce, afin qu'elle ne puisse se déchirer. Ce trou est compris dans la longueur de la fente indiquée ci-dessus.

Quartier. — En cuir de vache corroyé et nourri, d'un seul morceau d'une épaisseur régulière de $1^{mm},7$ à $2^{mm},3$.

Le quartier doit mesurer, suivant la pointure, de 60 à 70^{mm}, après confection, au dessus de l'emboîtage jusqu'à la partie supérieure qui sera légèrement abaquarrée, pour éviter les coupures à l'arrière du pied.

La partie antérieure du quartier comporte de chaque côté deux œillets en cuivre étamé, de manière à permettre le laçage du soulier quand il est porté sans guêtre.

Le quartier est réuni à l'empeigne par une couture extérieure dite jointure, ne laissant à l'intérieur aucune aspérité pouvant blesser le pied de l'homme.

Les lacets de soulier sont en cuir fauve, nourri, de bonne qualité, passé à la filière ; leur diamètre est de 3^{mm} environ et leur longueur de $0^m,60$ environ.

Contreforts. — Le quartier est renforcé au talon par un contrefort en vache lissée de 2^{mm} à $2^{mm},5$ d'épaisseur, placé fleur en dehors s'arrêtant à 20^{mm} du bord du quartier et se terminant à hauteur des bords du talon. Il doit être assez ferme et assez rigide à la partie inférieure pour maintenir le pied en empêchant le soulier de s'éculer, mais il devra être fortement paré à sa partie supérieure à l'endroit des coutures.

Semelle extérieure, dite seconde. — En cuir fort, ou cuir à la jusée, tanné seulement et bien battu.

Elle est d'un seul morceau dans toute la longueur du pied ; son épaisseur, après battage, devra être de 4^{mm} à $4^{mm},5$. Cette semelle sera marquée sur fleur par l'entrepreneur d'un timbre-sec apposé immédiatement à gauche de la pointure pour qu'elle ne puisse pas être confondue avec les semelles de brodequins.

La semelle seconde est à lisse un peu forte jusqu'à la cambrure, à partir de laquelle les arêtes sont arrondies jusqu'au talon.

Le clouage de la semelle se compose, selon la pointure, de 40 à 45 clous galvanisés au zinc, dont 25 à 30 en bordure, semblables, comme forme et dimensions, à ceux de la bottine.

La cambrure vissée contient deux rangs de vis : le premier est de 6 à 8 vis en dehors et de 8 à 10 en dedans ; il est placé à 8^{mm} environ de l'extrémité des bords de la semelle seconde. Le deuxième rang, à 3^{mm} du premier rang, comporte 3 vis en dehors et 4 vis en dedans.

La couture de la semelle forte à l'avant-pied, avec la trépointe, doit être faite à 3 ou 4^{mm} du bord de la semelle, à raison de trois points sur une longueur de 15^{mm}.

Semelle intérieure, dite première. — En cuir de vache lissé, bien tanné, d'une épaisseur de $2^{mm}5$ à 3^{mm}, d'une régularité convenable et sans être trop serré afin de mieux tenir la couture.

Trépointe. — En vache lissée de très bonne qualité, d'un seul morceau, de 3^{mm} à $3^{mm},5$ d'épaisseur.

La semelle seconde et la trépointe ne doivent pas se disjoindre.

Cambrure et cambrillon. — Chacun d'un seul morceau, pris dans les parties basses de la peau ; la cambrure est en cuir de vache lissé et le cambrillon en cuir fort.

La cambrure et le cambrillon doivent avoir des dimensions suffisantes pour remplir exactement le vide qu'ils ont à combler, afin de produire un remplissage convenable du soulier.

Ce remplissage pourra être complété au moyen d'un petit morceau de cuir dit « chiquet », collé au bout et au-dessus de la cambrure.

Talon. — Le talon comporte un bon-bout, deux à trois sous bouts et un fer à cheval.

Bon-bout. — En cuir fort, d'une épaisseur, après battage, $4^{mm}5$ à $5^{mm}5$.

Sous-bouts et fers à cheval. — En cuir fort ou en vache lissée ; ces pièces et le bon-bout ne doivent pas se disjoindre.

Le talon est vissé, moins le bon-bout qui est tenu par des chevilles ; le nombre des vis du talon est de 10 à 12.

La hauteur extérieure du talon est de 20^{mm}, sa hauteur en cambrure est de 9mm.

Chaque talon est renforcé, selon la pointure, de 20 à 22 petites chevilles en fer galvanisé au zinc au premier rang, de 10 à 12 au deuxième rang. Le triangle central comporte 5 chevilles dont 3 à la base et 2 au-dessus.

Fil à employer. — Le fil de chanvre d'excellente qualité, dont on doit se servir pour les coutures, est formé par la réunion, au moyen de poix, de 10 brins ou branches de fil n° 6 pour la semelle première, de 8 brins de fil n° 6 pour la semelle seconde, et de 5 brins de fil n° 9 pour la pointure de l'empeigne et du quartier et les piqûres du contrefort.

Le soulier doit tomber d'aplomb, c'est-à-dire que l'avant de la semelle et la surface entière du talon doivent toucher le sol quand la chaussure est posée à plat.

Pointures. — Les souliers doivent avoir, après confection, les mêmes dimensions que celles du brodequin des troupes à pied, consignées au tableau de pointures et indiquées plus haut.

La longueur apparente de l'empeigne est égale à la moitié de la longueur exprimant la pointure, ce qui oblige l'empeigne découpée à avoir une longueur totale de 10^{mm} environ en plus.

La largeur des oreilles du quartier sur le cou-de-pied est d'environ 40^{mm} à partir de la jointure.

Poids. — Le poids des souliers ne doit pas excéder, une fois secs : 925 grammes pour les pointures 26 et 27 ; 1000 grammes pour les pointures 28 et 29 ; 1100 grammes pour les pointures 30 et 31, et 1200 grammes pour les pointures 32 et 33.

Marques. — Les différentes marques à apposer sur les souliers sont appliquées sur les parties déjà indiquées pour les brodequins.

L'entrepreneur n'a pas à opérer le clouage, il se borne à indiquer, par un léger estampage, les emplacements où les clous seront plantés. En temps de paix, les clous seront posés dans les ateliers d'après les indications et les instructions spéciales faisant suite à la description des souliers. En temps de guerre les souliers sont employés sans clous.

ART. 454. — SOUS-PIEDS EN CUIR (Supprimé).

ART. 455. — SOUS-PIEDS EN TOILE.

En toile blanche redoublée de 30^{mm} de largeur piquée sur trois côtés.

Longueur du sous-pied	1^m130
Largeur	0 040

ART. 456. — SAC DE PETITE MONTURE GARNI.

En toile de lin écrue, semblable à la toile à doublure, présentant une résistance dynamométrique de 132 kilogr. en chaîne et 150 en trame sur des bandes préalablement immergées et au centimètre 19 à 20 fils en chaîne et en trame ; largeur 250^{mm} environ, hauteur 400^{mm} environ.

En haut, est une coulisse avec une tresse plate noire de fil de lin se fermant en double ; ce sac est destiné à renfermer, dans les chambres, les effets de petite monture.

Poids minimum du sac de petite monture : 65 grammes, tresse de la coulisse comprise.

Sa composition comporte :

1 boîte à graisse, 1 brosse à boutons, 1 brosse à reluire, 1 brosse pour armes, 1 brosse à dents, 1 brosse à tête, 1 brosse à habits, 1 brosse à laver, 1 brosse double à chaussures, 1 cuiller, 1 fiole à tripoli, 1 fourchette, 1 martinet, 1 patience, 1 trousse garnie.

Boîte double à graisse et à cirage. — En fer-blanc, épaisseur de 2 à 3/10es millimètre, de forme ovale (largeur 53^{mm}, longueur 85^{mm}, profondeur 30^{mm}, hauteur totale 0^m0335). Elle est à double compartiment et chacune de ses faces ovales forme couvercle avec charnière sur le même côté (épaisseur du fil des charnières 1^{mm}).

Brosse à boutons. — En hêtre. Longue et étroite, terminée en pointe et plaquée en dessus ; quatre rangées d'épis en sanglier raide, au centre, et d'une saillie de 20^{mm}, reliés en ficelle à la tête ; longueur 270^{mm} ; plus grande largeur 35^{mm}.

La ficelle de chanvre logée dans les rainures doit être de première qualité.

La rangée du pourtour comporte 52 épis.

Poids de la brosse à boutons : 80 grammes (pouvant varier de 75 à 85 grammes).

Brosse à reluire. — En hêtre, même forme que celle à habits, et plaquée en-dessus ; cinq rangées d'épis de sanglier doux, d'une saillie de 30mm environ.

Dimensions : 150mm sur 55mm pour les troupes à pied et 170mm sur 60mm pour les troupes à cheval.

La ficelle de chanvre logée dans les rainures doit être de première qualité.

La rangée du pourtour comporte 30 épis pour les troupes à pied et 34 pour les troupes à cheval.

Poids de la brosse à reluire pour les troupes à pieds 105 grammes, pour les troupes à cheval 130 grammes (pouvant varier de 5 grammes en plus ou en moins).

Brosse pour armes. — Cette brosse est de forme allongée, courbée sur 5 à 6mm de flèche et composée de 24 épis de soie de sanglier disposés en trois rangées parallèles sur le côté convexe, dans le sens de la longueur.

Les épis sont fixés dans une semelle en bois de hêtre de bonne qualité se prolongeant en forme de poignée. Ils sont solidement maintenus par une forte ficelle de chanvre de première qualité, entièrement logée dans une rainure.

Le dessus de la brosse est recouvert d'un placage en même bois, de 1mm d'épaisseur environ, solidement collé.

L'extrémité de la semelle est arrondie et la poignée se termine en pointe.

Dimensions :

Longueur (avec tolérance de 1mm en plus ou en moins)	de la semelle		0m070
	de la poignée		0 090
	totale de la brosse		0 160
Largeur (avec tolérance de 1mm en plus ou en moins)	de la semelle	à la naissance de la poignée	0 022
		à 10mm de l'extrémité arrondie	0 019
	de la poignée à sa partie	rétrécie	0 008
		la plus large	0 018

Épaisseur courante (y compris le placage) avec tolérance de 1mm en plus ou en moins. — 0 008

Saillie des épis — 0 020

Poids de la brosse (pouvant varier de 19 à 22 grammes). — 20 gr.

Brosse à dents. — Montée sur os blanc de forme allongée. L'une de ses faces est garnie sur une longueur de $0^m,050$ de quatre rangs d'épis de pure soie blanche. Les deux rangées extérieures comprennent 21 épis et les deux intérieures 23 épis (longueur totale de la brosse $0^m,155$).

Brosse à tête. — En chiendent de forme ovale ; l'une des faces est garnie de six rangs d'épis en chiendent.

Le rang du pourtour comporte 20 épis ; la saillie du chienden est de 0^m024.

```
Longueur de la partie garnie.                        0m110
    —     de la poignée                              0 100
Largeur au petit diamètre.                           0 050
    —     totale de la brosse.                       0 210
```

Les épis sont assemblés par un fil de laiton de 0^m0005 d'épaisseur et sont montés sur une semelle en bois de hêtre qui déborde la rangée du pourtour de 5^{mm}.

La semelle présente une épaisseur de $8^{mm},5$; elle est recouverte d'une plaque en hêtre d'environ $1^{mm},5$ d'épaisseur collée à la colle forte sur cette semelle.

Brosse à habit. — De forme oblongue, à coins arrondis (environ 170^{mm} sur 55^{mm}), le bois en hêtre, plaqué dessus en noyer ou peuplier verni et plus épais au milieu qu'aux deux bouts, est garni dans sa largeur de sept rangées d'épis de sanglier de 20^{mm} de saillie apparente, reliés en ficelle à la tête. La rangée du pourtour comporte 44 épis.

La ficelle de chanvre, logée dans les rainures, doit être de première qualité.

Poids de la brosse à habits 90 grammes (pouvant varier de 85 à 95 grammes).

Brosse à laver. — La brosse à laver, de forme oblongue, est composée, sur sa partie plate, de six rangées de mèches en pure soie forte. La rangée du pourtour contient 32 mèches et les autres rangées vont en diminuant jusqu'au centre. Chaque mèche a 15^{mm} de saillie sur bois. La semelle de la brosse est en bois de hêtre sec et bien franc ; sa partie convexe est pourvue de rainures servant de logement à la ficelle de chanvre de première qualité destinée à fixer les mèches de la brosse.

Semelles en bois.	Longueur mesurée à la partie plate		0^m180
	Largeur au milieu		0^m058 à 0^m060
	Epaisseur	au milieu	0^m018 à 0^m020
		aux extrémités arrondies	0^m009 à 0^m011

Poids de la brosse à laver : 145 grammes (pouvant varier de 140 à 150 grammes).

Brosse double à chaussures. — En hêtre, de forme triangulaire allongée, avec un manche à la base (longueur totale, 210^{mm}; largeur à la base, 50^{mm}; longueur du manche, 100^{mm}); elle est garnie sur ses deux faces d'épis de sanglier rangés parallèlement à la base et au nombre de quatre pour les six premiers rangs, de trois pour le septième rang et d'un seul à la pointe. La saillie des épis sur le côté à décrotter est de 15^{mm} et de 30 sur le côté à étendre le cirage.

La ficelle de chanvre logée dans les rainures doit être de première qualité.

Poids de la brosse double : 85 grammes (pouvant varier de 80 à 90 grammes).

Cuiller. — En fer battu bien poli sans bavures et d'une seule pièce, étamée à l'étain pur.

Épaisseur minimum de la partie centrale du manche, 4^{mm}; longueur totale 200^{mm}.

Fourchette. — En fer battu bien poli sans bavures et d'une seule pièce, étamée à l'étain pur. Epaisseur minimum de la partie centrale du manche 4^{mm}. Longueur totale, 200^{mm}.

Martinet. — Manche en bois tourné (longueur 250^{mm}), sur lequel sont assemblées six bandelettes de cuir, de 12 à 14^{mm} de large et de 2 à 3^{mm} d'épaisseur, en vache lissée ou en veau fauve, de 400^{mm} environ de longueur.

Chaque bandelette, solidement clouée au manche, est divisée, à 15 à 20^{mm} environ au-dessus de la basane de pourtour, en quatre lanières aussi égales que possible.

Les bandelettes sont recouvertes à leur attache par une basane (épaisseur, 1^{mm} environ) de 20^{mm} de large environ, fixée au manche par plusieurs pointes à tête large.

Patience. — En planchette de bois dur, bien sec et bien franc, percée de deux trous circulaires réunis par une rainure de 6^{mm} de largeur sur 150^{mm} de longueur, y compris les trous; le diamètre de l'un des trous de 25^{mm} environ, l'autre de 8 à 9^{mm} ; longueur de la patience environ 230^{mm}, largeur environ 45^{mm}, épaisseur environ 3^{mm},5.

Trousse en basane garnie. — Faite d'un seul morceau de basane de mouton noircie et lustrée sur fleur, bien souple, d'une épaisseur de 0^{m}0008 à 0^{m}0018, présentant une poche et une patelette triangulaire à laquelle est cousue une lanière de fermeture de même cuir, d'une épaisseur de 1^{mm} à 1^{mm},5.

Les coutures sont faites à la main ou à la machine.

Dimensions :

Largeur de la trousse	0^{m}200
Profondeur de la poche	0^{m}085 à 0 090
Hauteur de la patelette à la pointe	0 080
Longueur de la lanière, environ (y compris la partie cousue)	0 500
Longueur de la partie cousue	0 035
Largeur de la lanière à la partie cousue	0 012

Elle renferme :

Une bobine en buis, longueur 135 à 140^{mm}, dans laquelle se loge une alène en acier demi-dur, trempé dont le manche, vissé sur la bobine, forme étui et renferme six aiguilles en acier bien trouées et bien appointies. L'alène doit être très solidement fixée sur le manche.

Une paire de ciseaux en acier demi-dur trempé, d'un poids de 40 à 45 grammes et de 135 ^{mm} de longueur environ, à deux branches réunies par une vis centrale.

L'une des branches est effilée en pointe et l'autre est arrondie. Les branches des ciseaux doivent être polies et sans bavures.

Longueur des anneaux arrondis et bien adoucis, dans œuvre :

Dans le sens du grand axe (environ)	0^{m}026
— petit —	0 021

Les ciseaux doivent être convenablement aiguisés.

Un dé à coudre en fer ou acier extra doux, embouti et plaqué intérieurement de laiton.

Dimensions du dé à coudre :

Hauteur (environ)		0 016
Diamètre	plus grand	0 020
dans œuvre	plus petit	0 016

Quatre écheveaux en fil de lin retors à trois bouts, jaune, noir, rouge et blanc.

Un peigne à décrasser en corne, d'une nuance brillante, avec dents solides à arêtes adoucies, pouvant supporter une flexion convenable sans se briser.

Dimensions du peigne :

Longueur	0^m080 à 0^m085
Largeur	0^m040 à 0^m045
Hauteur des dents (environ)	0^m012

TABLE DES MATIÈRES

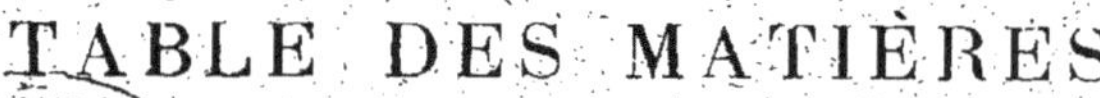

PREMIÈRE PARTIE

OFFICIERS
ET EMPLOYÉS MILITAIRES SOUS-OFFICIERS

TITRE Ier. — Modèles généraux à l'infanterie, à l'artillerie et aux divers corps des troupes coloniales.

CHAPITRE IV. — ARMEMENT.

TITRE II. — Etat-major général des troupes coloniales

HABILLEMENT, COIFFURE, ÉQUIPEMENT, ARMEMENT.

TITRE III. — Service d'état-major.

CHAPITRE Ier. — OFFICIERS DES ÉTATS-MAJORS PARTICULIERS DE L'INFANTERIE ET DE L'ARTILLERIE COLONIALES NON EMPLOYÉS AU SERVICE D'ÉTAT-MAJOR.

Officiers de l'infanterie coloniale.

Officiers de l'artillerie coloniale.

CHAPITRE II. — OFFICIERS DES ÉTATS-MAJORS PARTICULIERS DE L'INFANTERIE ET DE L'ARTILLERIE COLONIALES AFFECTÉS AU SERVICE D'ÉTAT-MAJOR.

TITRE IV. — Infanterie coloniale.

CHAPITRE Iᵉʳ. — HABILLEMENT.

CHAPITRE II. — COIFFURE.

CHAPITRE III. — ÉQUIPEMENT.

CHAPITRE IV. — ARMEMENT.

TITRE V. — Artillerie coloniale.

CHAPITRE Iᵉʳ. — HABILLEMENT.

CHAPITRE II. — COIFFURE.

CHAPITRE III. — ÉQUIPEMENT.

CHAPITRE IV. — ARMEMENT.

TITRE VI. — Officiers d'administration d'artillerie coloniale.

CHAPITRE Ier. — HABILLEMENT.

CHAPITRE II. — COIFFURE.

CHAPITRE III. — ÉQUIPEMENT.

CHAPITRE IV. — ARMEMENT.

TITRE VII. — Stagiaires Officiers d'administration d'artillerie coloniale (1re et 2e classes).

CHAPITRE Ier. — HABILLEMENT.

TITRE X. — Officiers d'administration de l'Intendance des troupes coloniales.

CHAPITRE Ier. — HABILLEMENT.

CHAPITRE II. — COIFFURE.

CHAPITRE III. — ÉQUIPEMENT 92

CHAPITRE IV. — ARMEMENT.

TITRE XI. — Service de Santé des troupes coloniales.

1° Médecins inspecteurs.

CHAPITRE Ier. — HABILLEMENT, COIFFURE, ÉQUIPEMENT, ARMEMENT.

2° Médecins et pharmaciens de tous grades (Inspecteurs exceptés).

CHAPITRE II. — HABILLEMENT

CHAPITRE II. — COIFFURE.

CHAPITRE III. — ÉQUIPEMENT.

CHAPITRE IV. — ARMEMENT

TITRE II. — Corps de discipline des troupes coloniales.

ART. 257 à 264 (Supprimés).

TITRE III. — Artillerie coloniale

CHAPITRE Ier. — HABILLEMENT.

CHAPITRE II. — COIFFURE.

CHAPITRE III. — ÉQUIPEMENT.

Maîtres ouvriers de l'artillerie coloniale.

Art. 351 à 357 (Supprimés).

Infirmiers militaires des troupes coloniales.

CHAPITRE Ier. — HABILLEMENT.

CHAPITRE II. — COIFFURE.

CHAPITRE III. — ÉQUIPEMENT.

CHAPITRE IV. — ARMEMENT.

Secrétaires et ouvriers de l'intendance des troupes coloniales.

CHAPITRE Ier. — HABILLEMENT.

CHAPITRE II. — COIFFURE.

CHAPITRE III. — ÉQUIPEMENT.

CHAPITRE IV. — ARMEMENT.

Secrétaires d'état-major des troupes coloniales.

CHAPITRE Ier. — HABILLEMENT.

CHAPITRE II. — ÉQUIPEMENT.

CHAPITRE III. — ARMEMENT.

Vélocipédistes.

Effets de gymnase.

Effets de natation.

TITRE V

§ 1er. — Rubans de croix et médailles.

§ 2. — Brassards.

TITRE VI. — Effets de petit équipement.

Vannes. — Imprimerie LAFOLYE Frères.

www.ingramcontent.com/pod-product-compliance
Lightning Source LLC
Chambersburg PA
CBHW051513050726
47595CB00002B/312